페이스북은 facebook👎
어떻게 우리를 단절시키고
민주주의를 훼손하는가

페이스북은 facebook 👎
어떻게 우리를 단절시키고
민주주의를 훼손하는가

시바 바이디야나단 지음 ┃ 홍권희 옮김

아라크네

나의 부모님에게

어떤 사람들은 세상이 날이 갈수록 하나로 합쳐지고, 그래서 거리가 줄어들고 허공으로 생각을 전달하는 형제 같은 관계가 돼 갈 것이라고 주장합니다. 아아, 인간이 그렇게 뭉쳐질 수 있다고 믿지 마십시오. 자유가 인간의 필수품목 숫자와 그것을 재빨리 충족하는 정도에 의존하는 것으로 여긴다면, 인간성을 곡해할 뿐입니다. 그런 해석이 인간들 사이에서 무의미하고 어리석은 숱한 욕망과 습관, 그리고 가당찮은 이야기들이나 키워 왔기 때문입니다. 점점 더 사람들이 현재의 질투나 물질 욕구 충족, 그리고 자만심에 따라 움직이게 됩니다.

— 표도르 도스토옙스키Fyodor Dostoevsky,
『카라마조프 가의 형제들The Brothers Karamazov』(1880)

옮긴이의 말

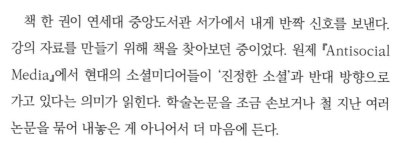

책 한 권이 연세대 중앙도서관 서가에서 내게 반짝 신호를 보낸다. 강의 자료를 만들기 위해 책을 찾아보던 중이었다. 원제 『Antisocial Media』에서 현대의 소셜미디어들이 '진정한 소셜'과 반대 방향으로 가고 있다는 의미가 읽힌다. 학술논문을 조금 손보거나 철 지난 여러 논문을 묶어 내놓은 게 아니어서 더 마음에 든다.

학생들에게 책의 요점만 소개할까 하다 번역하기로 마음을 바꿨다. 우리나라에서 소셜미디어의 영향과 부작용이 미국에 비해 크면 컸지, 작지는 않을 것이다. 더 많은 사람이 읽어 볼 필요가 있겠다 싶어 밤 잠을 줄여 작업했다.

저자 시바 바이디야나단Siva Vadhyanathan 교수는 미국 버지니아 대학University of Virginia 미디어학과에 재직 중이다. 성을 보면 짐작되듯, 부친이 인도 출신이다. 뉴욕 주 버펄로Buffalo 출신으로 오스틴 텍사스대University of Texas at Austin에서 역사학을 공부한 뒤 미국학으로 박사학위를 받았다. 역사학도의 예리한 관찰과 통찰력 있는 정리 덕분에 책이 수필처럼 편하게 읽힌다. 그가 쓴 책과 칼럼에 묻혀 몇 달을 지내다 보니 그의 문체에도 익숙해졌고 그와 오래 대화한 느낌마저 든다. 용서된다면, 한국의 독자들이 기억하기 쉽게 '시바 교수'라고 부르고 싶다.

시바 교수는 대학생 시절 학생신문과 오스틴의 일간지에서 저널리스트로 활동했다. 교수 재직 중에도 「뉴욕타임스New York Times」「뉴요커New Yorker」「워싱턴포스트Washington Post」'블룸버그 뷰Bloomberg View''슬레이트Slate'*를 비롯해 20개 가까운 매체에 주로 미디어 분야의 시사적인 토픽을 다루는 글을 써 왔다. 2019년에도 영국 「가디언Guardian」에 주로 페이스북Facebook에 관한 칼럼을 썼다. 그런 경험이 이 책을 칼럼 스타일의 에세이로 만들어 준 것 같다. 이 책은 그의 여섯 번째 책이다.

시바 교수는 〈BBC〉〈CNN〉 등 여러 텔레비전 뉴스와 쇼, 라디오, 팟캐스트 등의 프로그램에 자주 출연했다. 다큐멘터리 영화 여러 편에

---

* 미국의 정치 웹진.

얼굴을 내밀었고 뉴욕 연극무대에 서기도 했다. 연구결과를 다양한 방식으로 전파하기 위해 노력하는, 다재다능하고 흥미로운 학자이다.

시바 교수는 2016년 도널드 트럼프Donald Trump 미국 대통령 당선에 페이스북이 어떻게 도와주었는가를 분석하기 위해 이 책을 썼다. 페이스북의 개인정보를 활용한 정치 광고를 업고 엉뚱한 대통령이 태어나 화가 많이 났던 듯하다. 책은 더 다양한 관점에서 페이스북을 해부한다. 그가 말하려는 핵심이 원저의 부제에 그대로 드러난다. '페이스북은 어떻게 우리를 단절시키고 민주주의를 훼손하는가'.

페이스북이 2004년 서비스 시작 후 10여 년 만에 세계 최강, 최대의 소셜미디어로 성장하다 보니 성공스토리, 현황, 미래, 활용법, 문제점 등등 책이 대거 쏟아져 나왔다. '페이스북'을 제목에 넣은 책만 검색해도 아마존 도서에서 7,000건이 넘고 네이버 '책'에서도 197건이 나온다. 페이스북이 다양한 면모를 가진 데다 계속 성장, 변신 중이고 활용도 계속 달라지기 때문일 것이다. 페이스북이 당신에게는 무엇으로 다가왔는가. 그것은 무슨 기계인가.

시바 교수는 페이스북을 일곱 가지 성격의 '기계machine'로 파악했다. 그의 해부는 독특하다. 정치, 경제, 사회 등 여러 측면에서 페이스북의 목표, 관행, 영향, 미래 등에 관한 사례를 들고 학술적 분석을 곁들여 문제를 드러내고 비판하며 일부 대안을 제시한다. 그는 우선 낮은 수준의 기쁨을 자주 제공하면서 계속 돌아오게 만들어 피드백을 받는 페이스북의 교묘한 솜씨를 파헤친다. 그것은 카지노의 도박 기계 수준으로 설계된 '오락 기계'이다. 이것은 시작에 불과하다.

페이스북은 사용자가 열심히 다듬어 올리는 프로필과 오락과 피드에 참여하면서 보내 주는 온갖 정보를 축적한다. 여기에 상업용 데이터를 덧붙이고 분석해 역사상 가장 널리 확산된 '감시 기계'로 군림한다. 페이스북을 통해 우리는 상업적 또는 정치적 광고주, 다른 사용자, 민주적 또는 권위적인 각국 정부 등 세 가지 유형의 감시에 노출된다. 흔히 프라이버시를 침해하는 감시를 말하면서 판옵티콘panopticon(원형감옥)을 거론한다. 한 곳에서, 또는 한 사람이 모든 것pan을 본다opticon는 의미이다. 시바 교수는 지금은 당하면서도 당하는 줄 모르는 감시, 소셜미디어를 활용한 다수에 의한 다수의 감시 시대라고 지적한다. 인터넷의 브라우저 쿠키, 통신회사의 데이터 스트림 data stream, 위성사진, GPS 자료, 모바일 앱이 감시 기록을 축적한다. 이런 감시를 그는 '크립톱티콘cryptopticon'이라고 부른다. '암호화' 숨겨져 있다'는 의미를 가진 'crypto'를 덧붙인 개념이다. 우리의 모든 클릭, 표현, 관심이 축적되고 분석되는 '감춰진 감시의 세계'가 독자들을 놀라게 하고 으스스하게 만들 것이다.

감시는 주목 경제attention economy를 열어 준다. 현재 광고는 피크 수준이고, 경쟁력은 데이터 기반의 맞춤식 타깃광고에서 나온다. 22억 명, 현재는 24억 5,000만 명의 사용자를 가진 페이스북은 이들을 잘게 쪼개 타깃팅할 수 있는 최고의 '주목 기계'이다. 사용자가 좋아한다고 표시해 준 아이템을 그에게 더 많이 뿌려 준다. 필터 버블filter bubble 방식, 깔때기 방식이다. 사용자들은 점점 더 세상을 모르게 되고 자신과 다른 사람들과 토론을 하지 않게 된다. 민주주의 기반의 훼손이다. 여기서 그칠까. 시바 교수는 페이스북을 포함한 IT 거물들 사이에 웹이나 모바일의 운영체제OS(Operating System)가 되려는 경쟁은 넘어섰다고 본다. 사물인터넷IoT, 가상현실VR 등 인간의 삶의 OS가 되기 위한 경쟁이 벌어졌고 세계 최대 미디어 회사인 페이스북이 가장 유리하다는 것이다. 페이스북은 계획이 다 있었다. 프라이버시 보호는 말로만 사용자 통제에 맡겨진다. 시바 교수의 걱정이 커지는 이유이다.

페이스북은 스스로 어떻게 생각할까. 페이스북의 창립자 마크 저커버그Mark Zuckerburg는 '페이스북은 세상을 더 개방적이고, 더 연결되도록 만든다는 사회적 책무를 다하기 위해 만들어진' 것이며, 이런 선의를 가진 페이스북이 하는 일은 선한 것이라고 여긴다고 시바 교수는 지적한다. 저커버그와 그의 기업이 '자선 기계'를 추구하지만 현실은 다르다. 이런 착각 때문에 인도에서 취약계층에 기본 인터넷 접속을 무료로 제공한다는 프리베이직free basic(인터넷닷오그internet.org) 프로젝트는 네트워크 중립성의 원칙 위반 등 논란 끝에 실패했다는 것이다. 시바 교수는 기업이, 특히 개인 지배하의 기업이 오너의 세계관에 맞춰 세계를 구한다는 식의 목표를 추진하는 것을 말린다. 그 부담이 투자자, 노동자, 소비자에게 지워지기 때문이다.

페이스북이 북아프리카의 연쇄 시민혁명에서 큰 역할을 했다는 주장과 보도가 국내에도 한동안 소개됐다. 호스니 무바라크Hosni Mubarak 이집트 대통령의 30년 철권통치를 끝낸 2010~2011년 이집트 시위 성공이 트위터Twitter나 페이스북 덕분이라는 보도가 많았다. 하지만 시바 교수는 페이스북은 시위를 촉진하고 부추겨 주는 역할은 잘하지만 정치적 숙고나 조직화를 돕지는 못한다고 지적한다. 소셜미디어를 활용하고도 실패한 대중운동도 많았다. 권위주의 정부도 소셜미디어를 능숙하게 활용한다. 결국 사람들은 당대의 가장 편리한 미디어를 활용하는 것이고 페이스북 등 소셜미디어의 한계는 뚜렷하다는 것이다. 그래서 시바 교수는 페이스북을 '시위 기계'라고 풀이한다. 민주화 기계나 혁명 기계는 아니라는 것이다.

오히려 페이스북은 반민주적 정부, 권위주의 정부의 도구가 될 가능성이 높다. 시바 교수는 2016년 대선 때 도널드 트럼프 캠프는 케임브리지 애널리티카Cambridge Analytica(CA)라는 문제의 컨설팅 회사의 지원, 실제로는 '정치 기계' 페이스북의 도움을 받았다고 주장한다. 지난 수년간 각국 선거에서 유권자 타깃팅 시도와 논란이 많았다. 광고업계와 정치인들은 타깃팅 메시지 발신과 유권자 조작을 원한다. 사이코그래픽스psychographics 같은 기법이 이들을 지원한다. 개인정보의 축적에서 세계 최고이며 타깃팅 기법도 내부에 확보한 페이스북이 정치컨설팅을 주름잡게 될 것으로 시바 교수는 예측한다. 동시에 그런 것이 민주주의를 위협할 것이라고 우려한다. 2020년 이후 미국 등지의 선거 때 페이스북을 잘 지켜봐야 한다. 트위터는 정치 광고를 중단했지만 페이스북은 계속 하겠다고 거듭 밝혔다.

세계 각국에서 선거 때면 유독 심해지는 병이 생겼다. 바로 허위 뉴스fake news를 포함한 허위정보disinformation이다. 사기성 정보라도 반기는 사람이 있다. '허위정보 기계'인 페이스북의 알고리즘algorithm*은 논란이 되는 게시글을 더 뿌려 대는 속성이 있다. 허위 뉴스가 더 빨리, 더 멀리 퍼지는 하나의 이유이다. 그런데 이런 허위 뉴스의 주요한 생산자가 권위주의 정치지도자들이라고 시바 교수는 폭로한다. 나렌드라 모디Narendra Modi, 로드리고 두테르테Rodrigo Duterte, 훈 센Hun Sen, 아웅산 수지Aung San Suu Kyi 같은 이들이 페이스북을, 특히 '무료 기본 서비스'를 어떻게 활용했는지를 보여 준다.

알고 보니 페이스북은 일곱 가지의 골칫덩어리라는 것이다. 그것도 글로벌 골칫거리이다. 치유가 가능할까. 시바 교수는 페이스북을 '난센스 기계'라고, 허튼 기계, 말도 안 되는 기계로 보면서 '단기 치료 불가' 판정을 내린다. 페이스북이 너무 커져 저커버그도 스위치를 끌 수

---

* 주어진 문제를 논리적으로 해결하기 위해 필요한 절차, 방법, 명령어를 모아 놓은 집합.

없게 되었고, 내부 개혁 의지는 기대하기 어렵기 때문이다. 세계가 코로나19에 시달리고 수많은 기업들이 타격을 받던 때에도 페이스북은 꿋꿋하게 성장했다. 코로나19 이후에도 페이스북은 장기적으로는 더 좋아질 것이라고 시장분석업체들은 전망한다. 시바 교수는 난센스 기계를 개혁하기 위해서는 '혁신' 소리에 돈을 팍팍 밀어주던 잘못된 관행을 끊어야 한다고 지적한다. 그 대신 장기적으로 도서관, 대학, 박물관, 언론기관을 더 지원해 숙의를 강화할 것을 주장한다. 수십 년이 걸리더라도.

정책적으로는 규제에 의지할 수밖에 없다고 그는 본다. 미국식이 아니라 유럽연합EU 방식으로 가야 한다는 것이다. 그래서 EU식 프라이버시 보호법과 데이터 보호법을 여러 나라가 채택하고 반反독점을 강화하며 페이스북의 다각적인 서비스를 해체해 서로 경쟁하도록 해야 한다고 주장한다. 미 학계나 행정부 내에서도 비슷한 주장이 나온다. 데이터 보호와 관련해 CA의 미국 유권자 타깃팅을 도와준 페이스북은 8,700만 명의 개인정보 유출로 미국 사상 최대인 50억 달러(약 6조 500억 원)의 벌금을 두들겨 맞았다. 페이스북은 EU와 미국의 다른 조사도 받고 있다. 세계적으로 강화돼 가는 데이터 보호법과 인식에 따라 페이스북의 비즈니스 여건이 달라질 것이다.

시바 교수는 책에서 테크노폴리technopoly(기술의 인간 지배)의 위험과 기술원리주의의 악영향을 경고하고 싶어 한다. 이것을 위해 그는 미디어와 기술의 관계, 기업과 사회의 관계를 파고들었다. 신문 같은 레거시 미디어와 소셜미디어의 관계, 프라이버시와 개인 데이터 사용의 문제, 권위주의 국가의 소셜미디어 활용 문제 등 사례를 곁들였다.

이 책이 한국 상황을 분석하는 데 조금이나마 도움이 되길 바란다. 이것이 번역의 가장 큰 동기였다. 온라인 및 SNS 전쟁, 그 저변의 확증 편향과 필터 버블, 그에 따른 찬반집회 등이 문재인 정부 들어 극심해졌다. 시바 교수의 표현대로 소셜미디어의 잘못은 아니지만 그것이 증폭시키고 동기부여 해 왔다. 2019년 '조국 사태', 2020년 코로나19 사태와 4월 총선을 전후해 "헛소리하는 페친(페이스북 친구)을 혼내줬다" "무조건 욕하는 페친을 끊었다"는 소리가 더 많이 나왔던 데는 이런 영향이 컸을 것이다. 편 가르기 명수들은 유튜브YouTube로 몰려들어 웃는 얼굴로 허위정보를 뿌려 가며 분열 지수를 높여 놓았다. 이런 데 노출된 사람들은 극화, 양극화, 집단극화 되기 쉽다. 당분간은 갈수록 더 심해질 것 같아 안타깝다.

번역에는 편집진과 협의해 다음 기준을 적용했다.

① 한국식 용어가 이미 익숙한 경우 한국식으로 했다. 다만, '소셜미디어'는 국내에서 SNSSocial Network Service라고 쓰지만 원저의 제목이기도 하고 구미에서 더 보편적으로 쓰이고 있어 그대로 두었다. ② 일부는 의역했다. ③ 문단을 더 잘게 나눴다. ④ 긴 문장은 짧게 쪼갰

다. 짧은 문장을 즐겨 쓰는 시바 교수도 설명할 때는 한 문장을 대여섯 줄까지 썼다. 이 경우 뜻을 해치지 않도록 주의하면서 과감히 분리했다. ⑤ 원저에는 무려 37쪽에 이르는 미주가 달려 있었는데 국내 독자가 참고할 만한 책 위주로 55개만 수록했다. 10쪽에 이르는 인덱스는 싣지 않았다. 충실한 주석을 살리지 못해 그의 학문적 완성도를 떨어뜨릴 수 있다는 우려를 하면서도 번역원고 분량과 일반 독자의 관심을 우선시했다. ⑥ 시바 교수가 설명하지 않은 용어와 개념 일부를 각주로 보충설명을 했다. 저자가 원고를 마무리한 이후 전개된 상황은 국내외 보도를 참고해 각주로 간략히 추가해 놓았다. 각주는 순전히 역자의 책임이다. ⑦ 저자와 학문적 관심이 많은 독자에게는 미안하지만, 일단 완역한 뒤에 국내 독자들의 관심이 크지 않을 것으로 보이는 미국 위주의 사례, 미디어 이외 분야 이론의 상세한 설명, 감사의 말씀 등에서 일부를 삭제했다. ⑧ 각주에서 달러당 원화 환율은 1,219원(2020년 4월 29일 기준)을 적용하고 적절히 반올림했다.

이 책의 한국어판이 나오기까지 도와주신 모든 분들께 감사한다.

2020년 5월
홍 권 희

목   차

서론

페이스북의 문제는
페이스북이다

ANTISOCIAL MEDIA

2017년 6월 27일 오후 마크 저커버그는 자신의 페이스북 페이지*
에 짤막한 글을 올렸다. "오늘 아침을 기해 페이스북 커뮤니티는 공식
적으로 20억 명이 되었습니다!" 페이스북 설립자 겸 최고경영자CEO인
그는 이렇게 썼다. "우리는 세계를 연결하는 데 진전을 이루고 있습니
다. 이제 세계를 서로 더 가깝게 합시다. 당신과 이 여정을 함께하게
되어 영광입니다."

세계를 서로 더 가깝게 만든다는 생각이 처음부터 저커버그에게 생
기와 추진력을 불어넣었다. 그의 연설, 투자자에게 보낸 서한, 페이스
북에 올린 글, 언론 인터뷰, 그리고 2017년 초 조용히 미국 전역을 돌
아본 것은 모두 그 주제와 잘 통한다. 그는 자신의 회사가 전 세계 사
람들을 하나로 묶을 수 있다고, 그래야만 한다고 믿는다. 또한 그 결
과는 예측가능하고 대체로 유익할 것이라고 믿는다.

저커버그는 2017년 초 페이스북 페이지에 공개한 성명서에서 "지난

---

* 페이스북의 일반 개인계정과는 달리 비즈니스, 팬 관리, 홍보 등의 용도로 쓸 수 있는 계정
  으로 홍보, 예약, 타깃 설정 등의 기능이 있다.

10년간 페이스북은 친구들과 가족을 연결하는 데 집중해 왔다"고 썼다.1 "그 기초 위에서 우리가 다음에 집중할 것은 공동체를 위해, 우리를 지원하고, 안전하게 하고, 정보를 제공하고, 시민사회에 대한 참여를 돕고, 우리 모두를 포함하는 소셜 인프라를 발전시키는 것이 될 것이다." 이것은 저커버그와 페이스북으로서는 전환의 표시였다.

저커버그는 2016년 내내 페이스북이 영국의 EU 탈퇴 국민투표와 미국의 도널드 트럼프 선출에 영향을 미친 선전선동에 자리를 깔아주고 부추겨 왔다는 점을 인정하라는 압박을 받았다. 페이스북은 라이브 비디오 스트리밍live video streaming 서비스 때문에도 상당한 비판을 들었다. 많은 사람들이 자살 또는 살인 장면을 이 서비스를 통해 공개한 때문이었다. 페이스북은 무책임하다는 욕도 먹었다. 그래서 저커버그는 자신의 플랫폼에 전력했다. 더 잘하겠다고 약속하기 위해, 대부분의 일반적인 거래조건의 문제점을 설명하기 위해, 그리고 가능한 곳으로 비난의 책임을 돌리기 위해서였다.

저커버그는 2017년 성명서에서 "투표 이상으로 가장 훌륭한 기회는 사람들이 투표소에서 몇 년마다가 아니라 날마다 중요한 문제에 잘 참여하도록 돕는 것"이라고 밝혔다. 그는 "우리는 국민과 선출된 지도자들 간의 직접적인 대화와 책임감 확립을 도울 수 있다"고 강조했다. 저커버그는 이어 페이스북이 민주정치 과정에 유용하다는 점을 믿게 된 가장 놀라운 사례들을 거론했다. "인도의 모디 총리는 장관들에게 회의와 정보를 페이스북에 공유해 국민의 직접적인 피드백을 들으라고 지시했다." 저커버그는 이렇게 덧붙였다. "케냐에서는 국회의원을 포함한 주민 모두가 페이스북의 메시지 앱인 와츠앱WhatsApp 그룹에 가입해 있다. 인도와 인도네시아에서부터 유럽을 거쳐 미국에 이르기까지 세계적으로 최근 선거에서, 페이스북에서 참여도가 가장 높은 팔로워를 가장 많이 가진 후보들이 대부분 승리하는 것을 우리는 봐 왔다. 텔레비전TV이 1960년대 시민 소통의 주요 미디어가 되었듯 21세기에는 소셜미디어가 그렇게 되고 있다."

전 세계적으로 권위주의의 부상과 민주주의의 놀라운 침식을 연구하거나 관찰하는 사람들은 페이스북이 인종과 종교를 둘러싼 폭력적 민족주의, 권위주의적 정치지도자의 부상, 중요 이슈에 관한 공공의 숙의 방해 및 기관과 전문가에 대한 신뢰 약화 등 일종의 불협화음에 직접적인 원인을 제공했다고 볼 것이다. 그들은 그런 현장으로 2017년의 인도, 인도네시아, 케냐, 폴란드, 헝가리, 그리고 미국을 명단에 올릴 것이다.

어쨌든 저커버그는 이런 것들 전부를 놓쳐 버렸다. 2017년 11월 페이스북 관계자들이 수사를 받았다. 그들은 최소한 1억 2,600만 명의 미국인에게 정확하게 도달하도록 설정된 페이스북과 인스타그램Insta-gram의 광고를 구입한 러시아가 미국 대선을 얼마나 방해했는지를 공개하라는 압박을 받았다. 그때까지 저커버그는 침묵했다.

저커버그는 페이스북이 더 이상 세계 최강의 정치적 플랫폼이라고 외쳐 대지 않았다. 페이스북이라는 회사는 여전히 정치문화의 개선을 주장하면서 '페이스북의 더 많은 서비스, 페이스북에 대한 더 큰 믿음'을 내세웠다. 회사는 단지 더 잘하겠다는 약속만 했다.2

페이스북의 핵심적인 문제들이 바람직하지 않은 국면으로 전개되자 저커버그는 성명서에서 이렇게 표현했다. "이러한 실책들은 우리가 사회와 조화되지 않는 이념을 갖고 있기 때문이 아니며, 운영 측면의 규모의 문제들입니다." 페이스북은 다스리기에는 너무 크다. 우리는 페이스북 성공의 희생양이다.

페이스북은 좋게, 자주 이야기가 된다. 그러나 중대 국면에서는 심층적이고 비판적으로 분석돼야 마땅하다. 페이스북은 하버드대Harvard University 학생들에 의해 해킹당한 순수한 친교 사이트에서 권력으로 바뀌었다. 그것이 개인생활을 약간 더 재밌게 해 주는지는 모르지만, 민주주의를 훨씬 더 힘들게 한다. 이 책은 선의, 선교사 정신, 그리고 컴퓨터 코드를 모든 인간 문제의 보편적 해결사로 여기는 이념의 자만심에 관한 이야기이다. 또한 '소셜미디어'가 전 세계에서 어떻게 민주적 지성적 문화의 타락을 부추겼는지에 관한 고발장이다.

실리콘밸리Silicon Valley는 광범위한 문화적 헌신으로부터 데이터 주도의 의사결정과 논리적 사고로 발전하였다. 그곳의 문화는 명쾌하게 범세계적이고 상호간의 차이와 반대에 관대하다. 시장의 성향도, 노동자들도 모두 범세계적이다. 실리콘밸리는 선교사의 성향도 강하게 풍긴다. 연결성의 강점, 삶의 질을 개선할 힘을 인간에게 줄 지식의 확산을 설파하는 경향을 마음껏 드러내는 것이다.

실리콘밸리의 가장 위대한 성공 스토리는 어쩌다 세계주의에 반대하는 급진적, 국수주의적, 반계몽주의적 운동에 맞닥뜨렸는가? 그토록 계몽주의적인 기업이 어쩌다 도널드 트럼프, 마린 르 펜Marine Le Pen, 나렌드라 모디, 로드리고 두테르테, 그리고 ISIS* 같은 국수주의자의 부상에 연루돼 버렸는가. 페이스북은 실리콘밸리의 이념적 패러다임의 정수이다. 어떤 기업도 글, 생각, 이미지, 계획들을 '공유'하면서

---

* 이슬람 국가라고 불리는 수니파 극단주의 무장조직. 2014년 ISIslamic State라는 국가를 세웠다고 주장한다.

완벽하게 연결된 지구라는 꿈을 더 잘 표현하지 못한다. 어떤 기업도 그런 생각들을 지렛대로 활용해 부¹와 영향력으로 바꾸는 것을 페이스북보다 더 잘하지 못했다. 어떤 기업도 숙의와 민주주의의 기본적 교리의 역설적 붕괴에 페이스북보다 더 크게 기여하지 못했다.

오염

버락 오바마Barack Obama 미국 대통령이 두 번째 취임 선서를 하기 1년 전이자 이집트의 호스니 무바라크 대통령이 퇴임한 지 1년 후인 2012년 2월 2일, 저커버그는 주주들에게 주목할 만한 서한을 보냈다. "더 많이 공유하는 사람들이, 비록 가까운 친구나 가족들과 공유를 하더라도, 더 열린 문화를 창조하고 생명과 타인의 관점을 더 잘 이해하게 됩니다." 그는 이어 이렇게 썼다. "우리는 이것이 사람들 사이에 더 강력한 관계를 훨씬 더 많이 만들어 내며, 사람들이 훨씬 더 많은 수의 다양한 시각들에 노출되도록 돕는다는 것을 믿습니다. 우리는 이러한 관계 형성을 지원함으로써 사람들이 정보를 확산하고 소비하는 방법을 재구축하기를 희망합니다."

이 편지는 페이스북의 160억 달러 규모 기업공개*를 수 주 앞두고

---

* 기술기업 사상 최대 규모였던 페이스북의 나스닥 등록은 2012년 5월 18일 이뤄졌다. 페이스북 주식은 많은 이야기를 낳았다. 2004년 피터 틸Peter Thiel(페이팔PayPal 창립자, 페이스북 이사)이 지분 10%를 받고 당시 6억 원이 채 안 되는 50만 달러를 투자했는데 이것의 가치가 수조 원으로 커졌다. 2006년 글로벌 미디어그룹 비아콤Viacom이 회사를 7,500만 달러에, 야후Yahoo는 10억 달러에 사겠다고 했으나 저커버그는 거절했다. 그해 『비즈니스위크Businessweek』는 가치를 20억 달러로 평가했다. 2007년 마이크로소프트Microsoft

발표되었다. 저커버그는 당시 8년 차에 불과했던 자신의 회사에 대해 갖고 있던 목표들을 가장 강력하고도 명확하게 표현했다. 페이스북은 매출이나 이익에 함몰된 기업으로 커 가지 않을 것이라고 저커버그는 약속했다. 페이스북은 세계를 더 열리고 더 연결되게 만든다는 세계적인 사회적 과업을 갖고 있다고 그는 선언했다.

그런데 실제로는 정반대의 일이 벌어졌다. 겨우 4년이 지났는데, 페이스북이 사람들을 연결할수록 점점 더 사람들을 갈라놓는다는 점이 분명해진 것이다. 사람들이 더 많은 사람과 정보를 공유한다는 이상적인 비전은 국가나 글로벌 문화를 발전시키지도, 상호 이해를 넓히지도, 민주주의 운동을 강화하지도 못했다.

상황은 역설적이다. 페이스북은 경영진이 세상을 더 좋은 곳으로 만드는 일에 너무 깊숙이 빠져든 탓에, 수많은 병폐의 원인을 제공해 왔다. 만일 저커버그가 노골적으로 회사의 성장과 이익에 더 집중하고 자만심에 그만큼 눈멀지 않았다면, 그는 너무 쉽게 장악되고 제어가 안 되는 글로벌 시스템의 확장을 달리 생각했을 것이다.

페이스북 리더들과 통상적인 실리콘밸리의 리더들은 자신의 전능함과 자비심을 너무나 강하게 믿은 탓에 이처럼 용납될 수 없는 상황을 초래하고 말았다. 이들 리더 자신의 성실성과 능력에 대한 절대적 믿음, 그리고 최선의, 가장 유용한 세상 정보를 공유, 토론하는 인간

는 지분 1.6%를 2억 4,000만 달러에 인수했다. 페이스북 가치가 150억 달러로 인정받은 셈. 2011년 골드만삭스Goldman Sachs에 의해 500억 달러로 평가되었다. 기업공개 직후 회사 가치는 1,089억 달러(약 132조 원)로 사내에 백만장자, 억만장자가 대거 탄생했다. 2019년 12월 말 2,050억 달러(약 248조 원) 수준. 저커버그 지분은 약 28.2%, 약 580억 달러(약 70조 원)에 이른다. 만 35세로 세계 10대 부자 중 유일한 40세 이하인 그의 총 재산은 약 740억 달러(약 90조 원)로 알려져 있다.

의 힘에 대한 맹목적 믿음이 합쳐졌기 때문이다. 그래서 제품 설계에 관한 가공할 만한 결정이 내려지고 말았다. 자신의 능력과 정직성에 대한 믿음과 자신감을 포기하기 전에는 이들이 이 문제에 대응할 것으로 기대할 수 없다.

우리의 각종 모니터, 우리의 삶, 우리의 정신에 대한 페이스북의 지배는 여러 위험성을 띤다. 첫째는 오보나 거짓정보가 페이스북을 통해 매우 쉽게 확산될 수 있다는 점이다. 미국 대통령 선거 이후 '허위 뉴스' 돌풍을 다룬 기사들에서 우리는 이것을 목격했다. 그런 기사들은 실제로는 허위정보 '공해'라는 표현이 더 맞을 것이다. 페이스북 '뉴스 피드News Feed'의 콘텐츠들은 때로 유형의 구분이 잘 안 된다. 작은 화면에서 뉴스 피드를 급히 읽을 때 특히 그렇다. 유튜브에서부터 「워싱턴포스트」, 타깃스토어Target store에 이르기까지 모든 항목들이 똑같은 프레임으로, 똑같은 글자체와 글자크기로, 똑같은 포맷으로 다가온다. 이용자들이 콘텐츠의 출처나 형식을 구별해 내기 쉽지 않다. 또한 「워싱턴포스트」 신문이 제공하는 블로그에 수십 개의 글 중 하나로 올린 의견 쪼가리와 그 신문의 1면에 실렸을 수도 있는 진지한 탐사보도 기사를 구별해 내는 것 역시 불가능하다. 그래서 2016년 미국 대선 후, 주요 대선 후보들에 관한 터무니없는 거짓말을 담은 사진과 글들이 페이스북 주위에서 얼마나 쉽게 메아리쳤는지에 관한 분석과 보도가 쏟아져 나왔다.

두 번째 구조적인 문제점은 페이스북이 기쁨이건 분노건 간에, 감성을 강타하는 콘텐츠를 키워 준다는 점이다. 페이스북에서 재빨리, 멀리까지 전파되는 것들은 귀여운 애완동물, 귀여운 아기, 유익한 리스티클listicles*과 생활상식 퀴즈, 그리고 혐오 발언이다. 페이스북은 강한 반응을 일으키는 항목을 대놓고 띄워 주도록 만들어졌다. 혼란을 주는 헛소리와 뭔가 하도록 자극하는 선전으로 페이스북을 오염시키고 싶다면 그것은 너무나 쉽다. 첫걸음은 가장 극단적이고 양극화하는 메시지와 이미지를 선택하는 것이다.

극단성은 긍정적인 반응과 부정적인 반응 모두, 즉 '참여engagements'를 창출할 것이다. 페이스북은 클릭, '좋아요', 공유, 그리고 댓글 숫자로 참여 정도를 측정한다. 이러한 설계의 특성 또는 결점 탓에 선전선동이 페이스북에서 자유롭게 돌아다닐 수 있게 보장을 받는다. 세상에 대한 멀쩡하고 훌륭한 설명들은 페이스북에서는 기회가 없다. 페이스북이 세상과 모임에 대한 우리의 감각을 지배하는 한, 우리 모두가 의미 없는 말들의 전달자가 돼 버릴 가능성이 높다.

셋째로, 더 쉽게 이해되는 현상이 '필터 버블'이다. 이 용어는 작가이자 기업인인 일라이 파리저Eli. Pariser가 고안한 것이다. 사용자들이 자신이 원하는 것을 구글Google과 페이스북에 말하면 이 회사들이 사용자에게 그런 것들을 더 많이 제공하는 식으로 보상을 내려 준다. 결과적으로 시야를 좁게 하고 재강화된 신념의 반향실echo chamber을 만들어 내게 된다.

페이스북과 구글은 당신이 좋아한다고 말한 것을 당신에게 더 많이 제공하도록 설계되었다. 페이스북이 글에서 진보적 또는 보수적 관점을 찾아낸다는 의미가 아니다. 당신은 버릇처럼 특정 사이트나 친구들, 홈페이지에 '좋아요' 또는 하트 이모티콘을 보내 준다. 때로는 그 콘텐츠를 당신의 페이스북 페이지에 공유하거나 특정 페이지에 댓

---

* 주제별로 목록을 작성해 기사를 쓰는 방식. 목록list과 기사article의 합성어.

글을 단다. 그러면 페이스북은 당신이 그것에 상당히 참여하고 있다고 인식한다. 그래서 페이스북은 당신에게 당신이 참여한 것들을 더 많이 제공하고, 당신이 참여하지 않은 것들은 덜 제공한다. 친구가 올린 항목이든, 광고 항목이든 관계없다. 항목별 예상점수에 따라 페이스북이 공급 여부를 정할 뿐이다. 당신의 선호는 시간이 갈수록 페이스북에 분명해진다. 페이스북은 당신이 관심을 표하지 않은 것들로 당신을 귀찮게 하지 않는다.

친구들과 사이트들이 올리는 것들은 정치적으로 일관된 경향을 보인다. 따라서 시간이 흐르면 당신의 뉴스 피드는 시야가 더 좁아진다. 친구들의 뉴스 피드를 읽는다는 것은 우리가 세상과 이슈에 관해 알아 가는 것이다. 우리 집단 밖에서 오는 정보를 덜 접하게 되면 반대되는 논거와 주장들에 대해 알 수 없게 되고 만다. 어떤 필터 버블도 봉인되어 있지 않고, 어떤 뉴스 피드도 페이스북 사용자가 표현한 관심에만 제한돼 있지 않다는 점에 주목하는 것이 중요하다.

때로는 놀라운 사건이 버블을 터트린다. 또한 필터 버블은 단지 정치에 관한 것이 아니다. 북미나 서유럽 사람들에게 익숙해 보이는 좌-우 이념 축을 따라 형성되는 것만도 아니다. 버블은 사용자가 습관적으로 관심을 보이는 어떤 것에 관해서도 만들어질 수 있다. 그래서 필터 버블은 사람에 따라 제각기 다른 영향을 미친다. 많은 사람들이 필터 버블의 형성을 막는 데 열심이다. 그런 사람들은 새로운 영향력이나 다양한 페이스북 친구를 찾아 나선다. 그러나 페이스북은 편한 쪽으로 기우는 경향이 있으며, 우리가 평소처럼 비슷하게 생각하는 사람들과 마구 어울리면 보상을 준다.

선전 현상과 필터 버블을 결합해 보면 유독성 혼합물이 떠오르는 걸 볼 수 있다. 즉 페이스북 이용자들은 인정된 진실의 공유에 서로 관여할 수 없다. 스놉스닷컴snopes.com에 올라온 포스팅은 프란시스코 교황이 도널드 트럼프를 지지했다는 주장이 틀렸음을 드러냈다. 하지만 이 내용은 그것을 가장 필요로 하는 사용자들에게는 결코 도달하지 않는다. 우리 대부분은 잘못된 정보라는 지적을 받는 기사 원문을 보기도 전에, 그것이 잘못됐다고 주장하는 것을 더 많이 발견하게 될 가능성이 높다. 필터 버블은 우리와 다른 사람들 간에 거리를 두게 한다. 페이스북은 다양한 부류의 사람들이 모여 차분하고, 정보에 입각한, 생산적인 대화를 하는 것을 더 어렵게 만든다.

동기부여와 숙의

페이스북은 구조와 기능상 동기부여의 역할을 강력하게 해낸다. 대의명분을 내세워 사람들을 불러 모으거나, 기부를 간청하거나, 어떤 후보에 대해 투표를 권고하거나, 물건을 팔고 싶을 때 페이스북보다 더 잘 해낼 수 있는 미디어 기술은 거의 없다. 페이스북은 유도에 탁월하고 숙의에는 끔찍하다.

민주공화국에는 동기부여와 숙의가 모두 필요하다. 민주공화국은 지식과 메시지, 행동을 조정할 참여적 시민이 필요하며, 공론장에서 주목과 지지를 얻어 내기 위해 경합하는 대항세력이 필요하다. 건강한 민주공화국이라면 갈등이 빚어질 경우 다른 견해를 가진 사람이 논박하고, 협상하고, 설득할 수 있는 토론의 장이 필요하다. 이때는 공통으로 인정된 사실, 합의된 조건, 명확히 정의된 논점, 그리고 선택 가능한 다수의 대응방안과 해법을 기반으로 한다. 공화국이라면 이견을 가진 사람들이 서로 존중하지는 않더라도, 과정을 서로 존중한다는 규범이 필요하다.

페이스북은 글로벌 미디어 생태계에서 가장 중요하고, 구석까지 스며드는 요소이다. 이런 페이스북이 이번 밀레니엄 들어 첫 20여 년간 숙의의 관행을 향상시킨 게 전혀 없다. 페이스북 포스트의 구조와 그 아래 달리고 있는 댓글 가닥들이 완전하고 침착한 숙고를 못하게 한다. 포스트와 댓글은 단지 바로 위의 댓글에 답장을 쓰도록 설계되었다. 그래서 어떤 토론자도 전체 답장을 고려하지 못하게 제약받는다. 참여자들은 성급하게 반응하도록 부추겨지며, 그래서 그들은 때로 버릇없이 답장을 보낸다.

문제는 페이스북에서 벌어지는 것들보다 훨씬 크고 광범위하다. 페이스북은 다른 미디어 기업, 미디어 산업, 미디어 기관들에 대해 파괴적 영향력을 미친다. 그래서 대중의 건전한 숙의를 지원하는 그들의 능력까지도 약화시킨다. 페이스북은 민주공화국이 의존하는 뉴스와 정보의 원천을 왜곡시킨다. 한편으로 페이스북은 책임 있고 평판이 좋은 뉴스 매체로부터 광고 수익을 재빠르게 빼내 가고 있다. 이 때문에 광고예산이 적은 회사라면 고객참여도의 측정법을 제시하지 못하는 디스플레이 광고display ad*를 떠나, 구글과 페이스북처럼 광고목표를 타깃팅하고 책임감이 있는 시스템으로 갈아탈 듯하다.

페이스북이 타깃팅 광고와 주목 끌기에 워낙 출중하다 보니, 광고

---

* 인터넷상에 띠 또는 박스 형태의 이미지로 노출되는 광고. 온라인 광고마케팅의 초기 방식으로 국내에서는 2000년대 초반 본격 도입되었다.

회사들은 메시지의 '입소문viral'에 광고 예산 전체를 집어넣는다. 평판이 좋은 뉴스 매체들마저 기자들을 일시해고하고 프리랜서 근무 수당을 줄일 수밖에 없다. 그러면서 페이스북 알고리즘에 들어 있는 편향성의 약점을 이용하기 위해 보도·논평의 방향과 전략을 수정해 간다. 또 한편으로 매체의 편집인, 발행인들은 페이스북에 올릴 콘텐츠를 고안하는 일에 시간을 쏟고 있다. 그들은 단지 독자와 시청자를 유지하고 그동안 벌어 왔던 돈 한 푼을 지켜 내기 위해 자신들의 종말을 불러온 근원의 약점을 이용해야만 한다.

페이스북은 매체들을 불러 공동사업에 끼워 줬다. 페이스북의 서버는 매체의 콘텐츠를 배달해 주고 수익은 매체와 나누는 방식이었다. 그래 봤자 매체들은 콘텐츠가 페이스북 사용자들 사이에서 잘 번져 가도록 만들라는 소리나 들었고 수익 감소는 아주 조금 늦춰졌을 뿐이었다. 페이스북은 우리를 건강하게 해 줄 수 있는 기관들은 굶게 하면서 우리에게는 가장 나쁜 음식을 제공한다.

2016년 말부터 페이스북 관계자들은 선동, 오보, 일반적인 쓰레기 정보의 확산을 제한하는 다양한 시도와 개입 방안을 제안했다. 기사의 출처와 내용이 옳다는 것을 증명하는 방안도 제시했다. 미국과 독일에서 선거광고 구입 자격의 제한 방안도 내놓았다. 이어 모욕적인 콘텐츠의 완화와 차단을 위한 시스템의 개선과 강화 작업을 하느라 발버둥 쳤다. 그 후 그들은 서비스 환경을 개편하고, 사용자들의 선의가 생겨나기를 기대하면서, 뉴스를 억제하고 페이스북 친구들의 포스팅을 확장하기도 했다.

저커버그는 2017년 성명서에서 "페이스북에서 우리의 임무는 기술과 소셜미디어가 분열과 소외를 키울 여지를 줄이고, 인류가 위대한 긍정적 영향을 만들어 내도록 지원하는 것"이라고 했다. 그러면서 그는 "페이스북은 현재 진행 중인 작품이며, 우리는 학습과 개선에 전념하고 있다"고 덧붙였다. 페이스북의 내부 개혁 노력에 보태, 미국 의회와 감독당국은 소셜미디어상의 정치 광고도 TV 광고와 똑같은 수준의 투명성 기준을 따르게 하는 법안을 통과시켰다. 하지만 이러한 시도들은 화장품에 불과했다. 그 어떤 것도 문제의 뿌리를 건드리지 못했다. 그 어떤 시도도 단순하고도 강력한 진실, '페이스북의 문제는 페이스북이다'라는 말에 접근하지도 못했다. 수백 개 국에 걸쳐 22억 명을 연결해 모든 이용자가 무차별적으로 콘텐츠를 게시할 수 있게 한다. 잔뜩 격앙된 콘텐츠를 선호하는 알고리즘을 개발한다. 대규모 감시와 정교한 개인별 서류를 활용해 정밀한 표적광고 방식의 셀프서비스 광고 시스템에 의존한다. 이런 글로벌 시스템은 곁가지로는 개혁할 수 없다.

중요하고 중독성 있는 서비스들을 늘려 놓아 전 세계에 경쟁자가 없는 회사가 지배적인 지위에서 스스로 내려올 것으로 예상할 수는 없다. 페이스북은 너무 크고, 너무 강력하고, 너무 침투적인 데다, 일까지 너무 잘해서, 얕은 개혁으로는 영향을 줄 수 없다. 페이스북이 예상된 방식 그대로 작동했기 때문에, 페이스북이 증폭시킨 모든 문제들은 더욱 심해졌다.3

저커버그는 페이스북의 곁가지 개혁이나 개선만으로 문제들을 해결하지 못할 것이란 점을 무시했다. 22억 명 이상의 사람들에게 습관처럼, 되는 대로, 갖은 목적으로 사용해 보라고 초대하는 서비스라면, 그 모든 사람들이 올바르게 처신하기를 기대할 수는 없다. 페이스북은 너무나 거대하고, 사용자들은 너무나 다양하다. 또한 페이스북은 역대 광고서비스 중 가장 강력하고 효율적이며 값싼 방식으로 돈을 번다. 그런 페이스북으로서 광고 구매자들이 혐오와 파괴가 담긴 선전의 정밀한 타깃팅에 반대할 것으로 기대할 수는 없다.

이 책은 그런 일이 왜, 어떻게 벌어졌는지를 설명한다. 기본적으로 페이스북에 잘못된 것이 두 가지 있다. 페이스북의 작동 방식과 사람들의 사용 방식이다. 그 회사는 그만한 책임을 지는 한이 있더라도, 작동 방식을 바꿀 유인이 없다. 페이스북 사용자도 개인으로서, 생활 속에서 그것을 좋은 용도에만 쓰도록 자제할 유인이 별로 없다. 페이스북은 우리 문제에 대해 우리가 집단적으로 사고할 능력을 약화시킨다. 특히 그 문제 중 하나가 페이스북인 경우라면 더욱 그렇다.

페이스북의 고통스런 역설이 있다. 세계를 더 좋게 만들려고 진지하게 헌신한 결과로 증오와 혼란을 확산하려는 범죄 집단들을 불러들여 페이스북을 장악하게 했다는 점이다. 저커버그와 페이스북은 자신들이 가능하게 하고 원인이 되었던 피해를 제대로 바라보지 못했다. 자신의 전문 지식, 권위, 핵심 윤리에 대한 저커버그의 굳건한 믿음 때문이었다. 만일 세상을 개선하는 일에 덜 집착했더라면, 페이스북은 세상을 더 악화시킨 세력들을 지원하는 일은 피할 수 있었을지도 모른다.

증거를 제시하기 위해, 이 책은 많은 사람들이 왜 페이스북과 페이스북 소유의 인스타그램과 와츠앱에서 많은 시간을 보내기로 결정하는지 따져 보는 것으로 시작한다. 그리고 페이스북이 왜, 어떻게, 우리의 모든 움직임을 지켜보고 기록하는지, 그것은 우리의 사회적, 경제적, 정치적 운명에 무엇을 의미하는지를 설명한다. 이를 위해 우리의 주목, 그리고 '주목 경제'가 우리에게 부과한 높은 비용을 페이스북이 어떻게 연결 짓고 현금을 챙겼는지를 짚어 본다.

사회적 책임에 대한 페이스북의 약속은 사회공학social engineering의 형태를 띤다. 이 이념에 따라 페이스북은 사람들이 페이스북을 활용해 엘리트 세계주의자들이 반길 만한 2011년 튀니지 혁명 같은 정치적 변화를 밀어붙인 것에 대해 스스로 칭찬해도 무방하다. 그러나 그 이념 탓에 페이스북의 결정권자들은 세계 각국 정치에 미치는 자신들의 영향을 확인하지 못한다. 이 책 뒷부분 3분의 1은 북아프리카의 길거리 시위, 브렉시트Brexit 투표와 도널드 트럼프의 선출을 거쳐, 페이스북이 세계 각국에서 인종적 민족주의자들과 폭력적 전제군주들에게 힘을 실어 줘 혼란하게 하고 파괴적 언사와 이미지들을 증폭시킨 방법까지 다룬다. 이 책은 몇 가지 소박한 정책 제안을 결론으로 제시하고, 아날로그 속도의 깊은 사고를 촉진하는 기관들에 대한 재투자를 청원하면서 끝맺는다.

궤변의 시대

누군가가 이 현상을 '허위 뉴스' '선전' '쓰레기' 또는 '허위정보'라고 불러도 결과는 똑같았다. 즉 전문적 지식, 이성적 숙의, 토론 가능성에 대한 대중 신뢰의 지속적이고 걱정스러운 약화를 말하는 것이다. 진실 주장과 신뢰 구축의 기준과 방법을 강화하기 위한 투쟁이 2016년 미국에서 벌어졌다. 도널드 트럼프가 대선 기간에 페이스북을 능수능란하게 활용해 왔다는 사실과, 러시아와 손잡은 세력이 민주주의의 믿음과 신뢰를 약화시키겠다는 목표로 여러 페이스북 그룹에 잘못된 정보를 퍼뜨렸다는 사실을 미국인들이 깨달은 뒤였다. 그러나 폭풍은 우크라이나, 인도, 미얀마, 필리핀, 캄보디아와 세계 다른 곳들도 휩쓸고 갔다. 그 폭풍은 소셜미디어, 주로 페이스북의 연결 능력을 먹고 살았다.

미국의 45대 대통령의 취임 며칠 후, 조지 오웰George Orwell*의 소설 『1984』의 판매가 갑자기 크게 늘었다는 보도가 나왔다. 무엇이 69년 된 영국 소설에 대한 갑작스런 관심을 촉발시켰을까? 숀 스파이서Sean Spicer 백악관 대변인이 대통령 문장紋章 뒤에 서서, 도널드 트럼프가 2017년 1월 20일 취임 선서를 할 때 환호한 군중의 규모에 관해 엄청난 거짓말을 했다. 베테랑 백악관 출입기자들은 믿지 못하겠다는 듯이, 너무 놀라서 말문이 막힌 듯이 질문을 쏟아 냈다. 그래도 스파이서는 일축했다. 군중의 규모에 관한 모든 공식적인 계산, 기자들이 찍은 사진과 동영상, 행사에 참석한 수천 명뿐 아니라 TV로 워싱턴 D.C. 내셔널 몰National Mall의 널따란 공간을 지켜본 수백만 목격자들의 계산까지 무시했다. 기자들은 교활하고 의도적인 거짓말들을 헤쳐 나가는 데 익숙한 데도 이번엔 당황해했다. 기자들은 대통령의 신뢰를 지키는 임무를 띤 사람이 별로 중요하지도 않은 내용에 관해 미국 국민들에게 직접 발언하면서, 왜 그렇게 대담하게 거짓말을 하고자 했는지 이해하지 못했다.

---

* 영국 소설가(1903~1950). 본명은 에릭 블레어Eric Blair. 유명한 이튼 스쿨을 졸업하고 인도 제국경찰로 미얀마에 부임해 근무하다가 제국주의의 모순과 한계를 체감하고 작가의 길로 들어섰다. 스페인 내전이 벌어지자 프랑코의 파시즘에 맞서 의용군으로 참전했다. 사회주의자를 자처했으나 참전 경험으로 스탈린주의에 비판적 입장을 갖게 되었고 스페인 공산당 고발서도 펴냈다. 대표작 『동물농장Animal Farm』(1945)과 『1984』(1949)는 부패하는 절대 권력에 대한 비판과 풍자를 앞세운 우화적인 작품이다.

며칠 후 트럼프의 최측근 중 한 명인 켈리앤 콘웨이Kellyanne Conway 가 〈NBC〉 뉴스 프로그램에 출연했다. 그녀는 스파이서를 두둔했다. 베테랑 언론인 척 토드Chuck Todd가 백악관의 상황대처 능력에 몹시 화난 얼굴로 그 문제에 관한 한 팩트가 분명하며, 청중 수는 앞선 두 차례의 취임식 때보다 분명히 적었다고 주장했다. 그러자 콘웨이는 스파이서가 거짓말을 쏟아 낸 게 아니라 '대체적 사실들alternative facts' 을 제시했다고 분명히 말했다. 이 표현은 그녀가 그 순간 떠올린 것으로 보였다. 그러자 토드가 쏘아붙였다. "대체적 사실은 사실이 아닙니다. 그것은 거짓말입니다."

많은 미국인들은 그 순간에 오웰이 그린 전체주의 국가를 즉각 떠올렸다. 독재자와 그의 부하들이 모순된 것들을 논리적이라고, 거짓말을 진실이라고 주장해 대는 나라였다. 국가는 너무나 강력해서 진실에 대한 유일한 시험은 강제력이라고 주장해도 된다는 메시지에 시민들은 굴복했다. 그 책을 읽은 대중들의 반응은 이해할 만했다. 사람들은 격동과 불안의 시대에 대한 이해의 근거를 마련하기 위해 『1984』 같은 안정적이고 친숙한 우화로 손을 뻗고 있었다.

백악관 참모와 트럼프는 트럼프가 공론장에 대한 자신의 우위를 주장할 수 있는 방법을 제시했다. 즉 입증할 수 있거나 입증된 팩트라도 트럼프가 딱 잘라서 부인한다. 트럼프가 세계의 미디어에 허튼소리로 넘쳐나게 한다. 그는 모든 사람들이 환호 아니면 끔찍한 거부로 자신에게 반응하게 만든다. 그는 빗발치는 소음을 만들어 내고 훨씬 심한 메아리와 반응에 불을 붙일 것이다. 모든 소음, 모든 반응은 그의 명예가 될 것이다. 그것은 재빠른 반응을 보이도록 설계된 미디어 생태계를 활용할 것이다. 대통령의 말이 다양한 뉴스 채널과 소셜미디어 서비스들을 돌아 로켓처럼 날아가는 데 하루면 될 것이다. 뉴스 매체들은 소셜미디어를 먹여 살릴 것이고, 소셜미디어는 뉴스 매체를 먹여 살릴 것이다. 그리고 사람들이 전날 토론했던 것들은 모두 집단적 의식으로부터 쓸려 나갈 것이다.

그 문제는 도널드 트럼프보다 훨씬 더 위험하고, 미국보다 훨씬 더 크다. 독재자, 탈脫영토* 테러리스트 조직, 반란 집단, 못된 장난꾼, 그리고 인터넷 트롤troll**은 '진실'에 대한 관계를 공유한다. 즉 그들은 모두 '진실'을 중요하지 않은 것으로 바라본다. 우리가 균형을 찾아가느라 헐떡거리면, 그들은 목적을 달성하게 된다. 민주주의에, 그리고 민주주의를 가능하게 하는 숙의와 토론에 반대하거나 묵살하는 사람들은, 주장이 진실이건 거짓이건, 심지어 주장이 얼마나 폭넓게 진실로 받아들여지는지에 관심이 없다. 중요한 것은, 큰 목소리가 담론의 흐름을 방해하며, 이후의 모든 논쟁은 사실을 다루기보다 주장 자체의 진실성에 집중된다는 점이다.4

진실과 신뢰의 침식은 캐나다, 영국, 프랑스나 독일보다 미국에서

---

* 영토territory는 생산이 이루어지는 환경으로 생산에 불가결한 조건이다. 욕망은 끝임없이 새로운 접속을 향해 뻗어나간다. 주어진 영토의 경계를 벗어나려는 운동이 탈영토화de-territorialization이다. 프랑스의 철학자 질 들뢰즈Gilles Deleuze와 정치운동가 펠릭스 가타리 Felix Guattari가 사용한 용어이다.

** 북유럽 신화와 스칸디나비아 전설에 등장하는 상상 속의 괴물. 게임에 덩치가 크고 힘이 세며 끈질긴 생명력을 가진 괴물종족으로 나온다. 인터넷에서 고의적으로 논쟁을 만들거나 선동적이거나 엉뚱하게 주제에서 벗어난 내용, 공격적이거나 불쾌한 내용을 올려 사람들의 감정적인 반응을 유발하는 사람. 인터넷 토론방에서 남의 화를 부추기기 위해 보낸 메시지 또는 그런 메시지를 보낸 사람. 게임할 때 도움이 되지 않고 오히려 아군에게 피해를 주는 플레이어. 한국 인터넷 커뮤니티에서는 '어그로aggro'라는 말을 주로 쓴다. 온라인 게임에서 몬스터가 자신에게 가장 많은 피해를 입힌 플레이어를 타깃으로 공격하는 것을 어그레시브aggressive라고 부른 데서 유래한 표현이라고 한다.

더 극심하다. 세계의 나머지 국가들도 흔들리기는 마찬가지다. 권위주의 정부가 터키, 헝가리와 폴란드를 장악하였다. 또 최근 몇 년 동안의 경제적, 정치적 혼란은 스페인, 포르투갈, 이탈리아, 그리스에 있는 기관들을 시험하고 있다. 다원론적 자유민주주의는 최근 러시아, 인도, 필리핀 또는 베네수엘라에서 거의 인기가 없다. 과거 브라질과 멕시코에서도 민주주의가 한창이던 때가 있었다. 모두 경쟁 선거와 평화로운 정권 교체에 맞춰 잠깐 춤을 추기도 했지만, 결국 사기와 부패의 악습이 되살아났다. 이집트는 민주주의에 대한 관심을 잠깐 비췄다가 잔인한 군부 통치로 재빠르게 복귀하였다. 튀니지와 미얀마는, 우리가 최근 새롭게 떠오르는 규범이라고 찬양한 민주주의와 법치로의 전환에 어느 정도 희망을 준다. 하지만 양국에서의 인종적이고 종파적인 투쟁이 이러한 희망을 위협한다.

요즘은 괴로운 시기이다. 최근 진실과 신뢰의 동요와 침식 사이의 관련성은 무시하기 어렵다. 2016년 미국에서는 저널리즘, 종교 조직, 노조, 정부, 기업, 은행, 학교, 의료계 같은 필수적인 기관에 대한 신뢰도는 사상 최저치였다. 어떤 하나의 기관이라도 매우 신뢰한다는 응답은 설문조사 대상자의 20% 미만에 그쳤다. 그리고 2017년 미국인은 기본적인 예의에 대해 매우 낮은 신뢰감을 보였다. 그것은 한 국가가 차별을 넘어 회의를 하고 타협하기 위해 필요로 하는 규범들의 집합이다.

궤변은 현재의 지배적인 문화적 관행이 됐다. 오래된 기관들에 대한 신뢰가 침식돼 가는 데도 불구하고, 진실이라고 주장하는 힘들의 내부에서 커 가는 신뢰의 근원은 두 가지가 있다. 미국인들은 전통적 뉴스 매체들에 비해 구글 검색 결과와 링크를 훨씬 더 믿는다. 그리고 페이스북 사용자들은 자신의 뉴스 피드를 통해 올라오는 정보의 진실성을 내용의 출처보다는 누가 글을 올렸느냐에 따라 판단한다. 많은 사람들이 하나의 주장을 구글이 얼마나 두드러지게 보여 주는지에 따라, 또는 이것을 다른 사람에게 보낸 페이스북 친구가 누구인지에 따라, 그것이 진실인지 거짓인지를 판단한다.

세계에서 가장 돈이 많은 글로벌 기업 두 개가 돈과 영향력은 물론이고 대중의 신뢰라는 거대한 비축창고마저 확보했다. 구글과 페이스북은 자신에 집중하며 자신을 확장시킨다. 그 사이에 우리가 허튼소리나 잡음을 걸러 내기 위해, 생각과 행동의 합의를 구축하기 위해, 주의를 기울여 건설해 왔고 유지해 온 기관들은 말라 죽어 가고 있다. 이런 일이 바로 20, 30년 사이에, 마침내 계몽주의가 만연해 민주주의, 자유주의, 다원주의, 그리고 보편적 존엄성이 꽃피울 기회를 맞을 것이라고 여겨지던 20세기 말의 그 순간 이후에 발생했다.[5]

대혼란

페이스북은 각종 사람들, 각종 움직임들이 공연하는 하나의 무대이다. 결국 무대는 생태계이며 동시에 그 자체로 매개체이다. 페이스북은 이 모든 불협화음 속에서 중요하고 힘이 커 가는 인자이다. 만일 페이스북이 다른 방식으로 설계되었다면, 페이스북은 오늘날 전 세계 정부에서 벌어지고 있는 최악의 무절제들을 완화시켜 줄 수 있었을 것이다. 만일 대부분의 사람들이 페이스북을 개인적인 문제들과 오락용으로만 제한적으로 참여하면서 다른 방식으로 사용했다면, 그것은 행복well-being을 향상시키는 강력한 도구가 될 수 있었을 것이다. 페이스북은 그러지 않고 약자 따돌리기나 심한 편견 드러내기를 포함해 우리를 괴롭히고 있는 가장 유해한 트렌드 일부를 키우고 확대시켜 왔다. 이러한 트렌드는 페이스북보다 수십 년이나 수 세기는 아니라도, 수년은 앞서서 나타났다. 페이스북은 그것들의 속도를 높이고 성장시켜 왔다. 페이스북이 이러한 골칫거리들의 근원은 아니다. 하지만 페이스북은 오염된 정보와 파괴적인 헛소리의 가장 널리 퍼져 있고 가장 강력한 촉매이다. 페이스북은 동기 유발된 사람들의 연결자로서, 선동의 배포자로서, 경쟁 상대가 없다.

페이스북이 모든 사람에게 언제나 나쁜 것도 아니다. 사실 그것은 개개인에게는 이득을 준다. 페이스북은 친구나 가족에게 버림받은 사람, 지리적으로 고립되어 있는 사람이라도 지지와 공동체를 찾을 수 있게 해 준다. 페이스북은 여전히 귀여운 아기와 강아지 사진의 주요한 원천이다. 그러나 페이스북에서는 아기들과 강아지들이 인종주의와 테러리즘의 호소, 개인적인 재정지원과 의료지원 호소, 선거 후보자들에 대한 찬반 광고들과 함께 똑같은 칸에 나온다.

페이스북 문제를 단기간에 고칠 희망은 거의 없다. '미디어 리터러시media literacy'*를 내세우는 것은, 약 20억 명에게 좋은 콘텐츠와 나쁜 콘텐츠를 구별하도록 훈련시킬 방안이 있을 수 있다고 가정하는 것이다. 페이스북의 작동에 중요한 차이를 가져온 프라이버시 보호의 개선 외에 감독 당국이 개입한 바는 거의 없다. 페이스북은 자기 개혁

---

* 미디어를 이해하고 사용할 수 있는 능력. 인터넷 시대 이후 유통되는 정보량이 급증하고 콘텐츠의 가공이 쉬워지면서 미디어 콘텐츠에 쉽게 속거나 영향받지 않으려면 다양한 뉴미디어를 이해하고, 메시지를 분석, 평가할 수 있는 능력을 키워야 한다는 것이다.

의 유인이 전혀 없다. 그리고 페이스북 불매운동의 추진은 별것도 아니고 역효과도 나올 것이다.

장기적으로는 희망이 있다. 건강한 사회적 정치적 삶을 회복하려면, 페이스북이 끼친 피해에 대한 합의된 인식과 페이스북의 마법을 넘어서겠다는 캠페인이 필요하다. 수백만 명이 조언에 따라 페이스북을 정치적 지식이나 행동주의의 원천이 아니라 친교와 가족 간 연락을 위한 수단처럼 더 맞는 자리에 갖다 놓는 것이다. 그러면 우리는 스스로 버릇을 고칠 수 있을 것이다. 규범의 확립이 기술 발전에 비해 훨씬 어렵다. 그래도 그것이 우리가 저지른 문제에 대한 유일한 효과적인 대응이다. 최종적으로 더 건강한 공공 문화를 바라는 우리는 도서관, 학교, 대학, 시민사회단체 같은 다른 기관들을 더 강화해야 할 것이다. 그 기관들은 지식과 사회에 더 큰 참여를 제공한다. 강화 노력의 완수에 수십 년이 걸릴 것이다.

모든 것을 감안할 때, 페이스북은 개인에게는 좋을 것 같다. 하지만 모든 것을 감안할 때, 페이스북은 집합적으로 우리 모두에게 좋지 않았다. 모든 것을 감안해 볼 때, 페이스북의 긍정적인 효과가 부정적인 효과를 능가하지 못했다면, 당신은 지금쯤 그것을 그만두었을 것이다. 전 세계 20억 명이 넘는 사람들에게 페이스북은 그들의 개인적인 삶을 향상시키는 것처럼 보인다. 하지만 우리는 페이스북 때문에 전반적으로 형편이 더 나빠졌다. 만일 수백만 명의 사람들에게 선전물을 뿌리고, 중요한 문제로부터 그들의 주의를 흩어 놓고, 증오와 편협성을 키워 주고, 사회적 신뢰를 갉아먹고, 저널리즘을 훼손하고, 과학에 대한 의심을 키워 주고, 대규모 원스톱 감시에 관여하는 기계를 만들고 싶다면, 페이스북과 비슷한 것을 많이 만들 수 있을 것이다.

42

페이스북은 우리의 사회적 세계, 상업적 세계, 그리고 정치적 세계를 어지럽힌다. 우리는 커 가면서 부모님과 편안하게 공유할 수 있는 어떤 정보를 친구들에게 털어놓아서는 안 된다는 것을 깨닫는다. 우리는 사회적 맥락social contexts을 형성한다. 직장에서 우정이 꽃필 수 있듯, 이러한 맥락은 때로는 교차한다. 그러나 일반적으로 우리는 이러한 여러 영역들 사이에서 자신을 표현하는 방법을 자율적으로 결정한다. 페이스북은 모든 사람들을 하나의 큰 방에 두고 그들을 '친구들'이라고 부른다. 페이스북은 우리에게 페이스북 친구의 구분 방법을 제공하지만, 우리는 거의 그렇게 하지 않는다. 페이스북은 또한 광고 경제를 지배하고 다른 뉴스와 정보의 원천으로부터 수익을 끌어감으로써 상업 세계를 어지럽히고 있다. 페이스북은 공동체를 혼란시키고 분열시키려는 의도를 가진 오보와 허위정보를 퍼뜨려 정치 세계를 어지럽히고 있다. 페이스북은 방향을 잃고 있다. 그래서 편안하게 결론을 내릴 수 있다. 페이스북이 없는 세상은 책임감 있는 미디어가 유권자들에게 영향을 주고 계몽하기 위한 더 나은 기회를 가질 수 있는 세상이라고. 페이스북이 없는 세상은 편협함과 극단주의를 확대하기보다 이들 두 가지 모두를 약화시킬 수도 있다.

그러나 페이스북은 사라지지 않는다. 마크 저커버그조차도 스위치를 꺼 버릴 힘이 없다. 그래서 페이스북이 우리에게 더 나은 서비스를 제공하고, 해는 덜 끼치도록 활용하기 위해, 전 세계의 규제에 의지해야 한다. 아주 적은 돈만 받고도 우리에게 많이 주겠다고 하지만, 결국엔 주는 것보다 훨씬 더 많은 돈을 가져갈 것 같기 때문이다. 우리는 멈춰서 생각해야 한다.

미디어와 기술, 어떻게 봐야 하나

맨해튼Manhattan 남쪽 그린Greene 가街에 있는 옛 공장건물의 7층 엘리베이터에서 내린 나는 안내직원에게 닐 포스트먼Neil Postman 교수의 사무실 위치를 물었다. 그녀는 미로 같은 작은 사무실들을 지나 구석의 사무실을 가리켰다. 나는 어떤 질문에 맞닥뜨릴지 확신하지 못한 채 숨을 깊이 들이쉬며 천천히 걸었다.

미국 저작권법copyright law의 문화사에 관한 박사학위 논문 심사를 받은 지 몇 주 만인 1999년 늦은 봄이었다. 나는 코네티컷 주에 있는 웨슬리언 대학Wesleyan University의 역사학과에서 1년 동안 학생들을 가르치고 있었다. 음악비평에 몰두하고, 컴퓨터 수십 대에 윈도95를 설치하고, 초창기의 인터넷 웹사이트를 구축한 전문기자였지만, 나는 오래전부터 스스로를 신진 역사학자로 생각해 왔다. 학자로서의 장래에는 별로 흥미가 없었다. 그러다 보니 이 학과가 나의 능력에 관심을 가질 것이라고 확신하지 못했다. 그리고 나는 포스트먼과 친해지기 어려울 것이라고 확신했다.

나는 여전히 냉전 이후 1990년대의 낙관적인 분위기를 타고 있었다. 미국은 자유, 독창성, 투지의 가치로 세계를 지배하던 중이었다. 고용은 호황이었다. 미국의 실질임금이 25년 만에 처음으로 조금씩 오르고 있었다. 그리고 나는 계몽주의의 완전한 민주화를 내세우는 운동의 지지자였다. 세계의 많은 곳이 지식의 부족과 표현의 진입 장벽 문제 때문에 폭정과 무지의 이불에 덮여 있었다. 이 문제에 디지털 기술이 해결책을 제공하는 것 같았다. 레이저 프린터의 온기가 남아 있던 나의 논문은 저작권법의 제한을 강화하면 창조성이 억압될 것이라고 결론짓고 있었다. 기술에 대해 낙관적인 각국의 공동체들은 이 주장을 빠르게 받아들였다. 나는 해커, 사서, 시민 자유주의자들이 내 아이디어를 옹호하고 내 프로필을 끌어올리기를 바랐다. 나는 그들의 기질을 공유했다.

내세울 경력도 없는 문화사학자인 나는 검은 배기 슈트 차림으로 미래를 위해 헌신하는 고명한 학과의 취업 면접을 앞두고 있었다. 학과 학생들과 교수진은 미디어의 세계적 영향에 대한 총체적, 생태적인 설명을 해내는 데 일생을 보냈다. 나는 그 학과 교수들이 쓴 책을 몇 주 동안 탐독했다.

나는 내가 긍정적이고 혁명적이라고 여긴 모든 것들을 가장 먼저, 그리고 가장 큰 목소리로 꾸짖은 전설적인 대중적 지식인인 포스트먼을 만날 참이었다. 그는 1985년 베스트셀러 『죽도록 즐기기Amusing Ourselves to Death』*를 썼다. TV가 모든 것을 오락으로 정의하면서 각종 유형의 숙고를 흡수해 버려 대중 담론을 마비시킨 것을 다뤘다. 그는 사람들이 부작용 걱정을 하지 않고 모든 컴퓨터들을 서둘러 연결하는 것에 대한 우려를 제기하기 위해 10년 후의 세계를 미리 가 봤다. 이 유명인사와 나는 어떤 공통점이라도 있을까? 나의 학자 경력이 흥미 만점인 이 도시에서 크게 늘어날지, 아니면 조금 덜 흥미로운 곳에서 시작할지를 막 결정하려던 사람이 그였다.

그는 활짝 웃으며 따뜻한 악수로 나를 맞았다. 그는 편한 회색 플란넬 양복을 입고 있었다. 나중에 보니 일종의 유니폼이었다. 사무실에 컴퓨터를 두고 있었지만 그는 쳐다보지 않았다. 넓은 책상에는 노

---

* 닐 포스트먼 저, 홍윤선 역, 『죽도록 즐기기』, 굿인포메이션, 2009.

란색 메모용지와 일정 수첩이 쌓여 있었다. 컴퓨터는 그의 왼쪽으로 1~2미터 정도 떨어진 별도의 책상 위에 있었다. 그 자리에 앉아 있던 그의 조수는 우리가 대화할 수 있게 방을 떠나면서 자신을 내게 정중하게 소개했다. 나는 닐이 e메일을 절대 읽지 않는다는 것을 곧 알게 되었다. 조수가 그것을 읽어 주자 그는 답장 내용을 불러 줬다.

인터뷰는 내가 전에 경험했던 것과는 달랐다. 그것은 한 시간 이상 지속되었다. 그는 나의 연구 과제, 강의 스타일, 출판 계획 등 뻔한 질문을 하지 않았다. 닐은 내가 14년간 살았고 학위를 땄던 텍사스에 대해 물었다. 자기가 열정적으로 좋아하는 마크 트웨인Mark Twain*에 대해, 그리고 나의 논문 주제들에 관해 물었다. 우리는 야구에 대해 토론했는데, 그는 메츠Mets 팬이었고, 나는 양키즈Yankees 팬이다. 그가 질문 하나를 던졌다. 그것이 나를 사로잡았고, 나의 직업으로 이끌었다.

"시바, 우리는 여기서 미디어의 문제에 대해 가르치고 글을 쓰는 데 많은 시간을 보낸답니다. 미디어가 우리를 어떻게 제한하는지, 모든 것이 얼마나 피상적인지, 기업의 이익이 어떻게 우리 민주주의의 본질을 좌우하는지에 대해 논의하면서요. 그러면서도 우리가 비판하는 바로 그 산업 분야에서 우리 학생들이 일자리를 얻기를 기대하고 장려한답니다. 이것을 어떻게 정당화할 수 있겠습니까?"

내가 왜 잠깐 멈추고 생각을 가다듬지 않았는지 모르겠다. 닐은 친밀감과 느긋한 태도로 나의 방어를 해제했다. 그래서 나는 즉각 대답

---

* 미국 소설가(1835~1910). 미시시피 강을 배경으로 한 일련의 자전적 소년소설로 이름을 날렸다. 『톰 소여의 모험The Adventures of Tom Sawyer』(1876), 『허클베리 핀의 모험The Adventures of Huckleberry Finn』(1884) 등이 그의 대표작이다.

했다.

"네, 우리는 많은 면에서 성직자와 같습니다. 때로는 성직자들이 자신의 일을 통해 기대할 수 있는 모든 것은 신도들이 저지르려고 하는 나쁜 짓에 대해 조금이나마 죄책감을 느끼게 하는 것입니다."

닐은 씩 웃고 몸을 뒤로 젖히며 "그래요, 그래"라고 대꾸했다.

그날 수다를 떨었던 것이 교수 생활 내내 나에게 도움이 되었다. 나는 입법, 포기, 채택, 또는 다른 성과를 내겠다는 현실적인 희망을 갖고 기술에 관한 책이나 논문을 쓴 적이 없다. 그 대신 내가 가장 바라는 것은, 그것이 몇몇 사람들로 하여금 그 현상을 다르게, 어쩌면 생태학적으로 보게 하고, 앞으로 다른 질문을 하게 만들어 주는 것이다.

닐의 질문이 이어졌다. "포스트모더니즘postmodernism을 어떻게 정의하시나요?" "21세기에는 인도가 미국보다 더 우세할 것이라고 생각하나요?" "미국은 너무 세속적인가요, 아니면 너무 종교적인가요?" 이 질문들 어느 것도 정답은 없었다. 그가 문답에 이해관계가 있는지조차 확신하지 못한다. 그는 내가 흥미로운 사람인지, 내가 흥미를 느끼는지 궁금해했다. 그리고 이제야 깨달았다. 그는 내게 가르치는 법을 가르쳐 주고 있었다는 것을.

닐 포스트먼은 단연코 선생님이었다. 그의 모든 글은 토론과 논쟁을 촉진하고 자극하기 위한 것이었다. 그는 결코 유머 감각을 잃지 않았고, 연구 주제에 자신을 던져 넣은 것 같았다. 그와의 모든 대화는 소크라테스 방식이었다. 그는 질문 후 또 질문, 꼬리를 물고 질문을 해 댄다. 그 후 몇 년 동안 닐과 함께 피노 그리지오 와인 강화 점심식사를 하면서, 취업 면접이 아직도 끝나지 않았거나 아예 시작조차 되지 않았음을 깨달았다. 그가 수십 년간 수백 명의 사람들과 나눈 긴

대화에 나는 방금 참여했던 것이다. 그는 항상 다른 사람에게 무언가를 가르쳐 달라고 부탁하고 있었다. 그것이 그가 다른 사람을 가르치는 가장 좋은 방법이었기 때문이다. 가르친다는 것은 의도된 춤이었고, 끊임없이 이어지는 대화였고, 즐거움이었다는 것을 나는 곧 알게 되었다. 선생님은 학생처럼 질문을 할 때 가장 잘 가르쳤다.

2003년 닐이 세상을 떠나기 전, 몇 년 동안 우리가 나눈 많은 대화는 당연하게도 인터넷과 디지털 기술의 발전과 영향에 관한 것이었다. 닐은 또 트럼프 대통령 취임 후 오웰의 『1984』 책을 사기 위해 뛰쳐나온 모든 사람들처럼, 내가 그동안 잘못된 책에 관심을 가져왔다고 가르쳐 주었다.

트럼프 대통령 취임 일주일 뒤, 닐의 아들 앤드류 포스트먼Andrew Postman은 「가디언」에 '1985년 나의 아버지가 트럼프를 예언했다 — 그가 경고한 것은 오웰이 아니라 멋진 신세계My Dad Predicted Trump in 1985 - It's Not Orwell, He Warned, It's Brave New World'라는 에세이를 썼다. 닐은 1985년 베스트셀러 『죽도록 즐기기』에서 미국인들이 오웰의 소설에서 묘사하고 있는 전체주의에 관한 불길한 전망에 대해 너무 많은 관심을 기울이지 말았어야 했다고 주장했다. 소비, 표현, 선택에 충실한 사회에서는 중앙 집중화된 폭력과 공포에 의한 사회적 통제가 확산되지 않을 것 같다는 것이다. 대신 닐은 1932년 올더스 헉슬리Aldous Huxley가 미래 소설 『멋진 신세계Brave New World』에서 보여 준 경고에 주의를 기울여야 한다고 주장했다. 닐은 1985년 "오웰이 두려워한 것은 책을 금지하는 사람들이었다"고 썼다. 이어 이렇게 부연했다. "헉슬리가 두려워한 것은 책을 읽으려는 사람이 없을 것이기 때문에 책을 금지시킬 이유가 없다는 점이었다." 헉슬리는 감정에 의해 죽어 가고, 자극에 의해 지루해지고, 공허한 쾌락에 의해 산만해진 문화를 묘사했다고 닐은 설명했다.

그저 편하게 사는 사람들을 위협하는 것은 오락만큼 잔인하지 않다. 나는 닐이 『멋진 신세계』를 끌어낸 것에 마침표만 덧붙일 것이다. 즉 우리 문제들을 충분히 생각하지 못하는 집단적 무능력, 문제를 무시해 버리는 우리의 능력이 잔인성을 불러일으킨다는 것이다. 혹은 잔인성이 도래했는데 우리들 사이에서 눈에 띄지도, 귀에 들리지도 않을 때, 그러한 무능, 그러한 능력 때문에 잔인성에 대응하는 것이 훨씬 더 어려워진다는 것을 덧붙이고 싶다.

닐은 오락 매체entertainment media와 배포 시스템delivery systems 자체가 우리의 사고방식을 서서히 왜곡시켜 왔고, 책임 있는 시민으로서 서로 관여하려는 우리의 능력과 의지를 꾸준히 약화시켰다고 주장한다. 또 닐은 TV가 20세기 후반 수십 억 명의 일상생활을 지배하면서 '메타 미디어meta-medium'로 변모했다고 썼다. 메타 미디어란 이전의 미디어 전부는 아니더라도, 여러 미디어 형태를 포함하고, 구조화하고, 변형하고, 전달한 기술이다. TV는 1985년 '세상에 대한 우리의 지식뿐만 아니라 우리의 학습 방법에 관한 지식도 지시하는 기계'가 되었다.6 2018년 페이스북은 과거의 TV처럼 되려고 한다.

TV는 어떤 방에 놓여 있든 그곳을 지배했을 뿐만 아니라, 그 방의 일부로 흡수되어 버리기 때문에 우리가 세심하게 주의를 기울여야 한다고 닐은 경고했다. TV는 거의 어디서나 볼 수 있고, 기대되고, 눈에 띄지 않는 것이 돼 버렸다. 그래서 20세기 후반 TV는 롤랑 바르트Roland Barthes가 '신화myth'라고 부르는 것이 되었다고 닐은 썼다. "바르트가 TV를 신화라는 표현한 것은, 문제가 없고, 완전히 의식하지 않는, 한마디로 자연스러워 보이는 세상을 의미한다. 신화는 우리의 의식 속에 너무 깊이 박혀 있어 눈에는 보이지 않는 사고방식이다." 우리는 TV의 존재에 더 이상 매료되지도, TV의 도래에 놀라지도 않게 되었다. TV가 우리 집에서 더 이상 특별하게 자리 잡지 않게 됐다. 그래서 우리는 더 이상 TV가 없는 삶을 기억할 수 없게 되었고, 그것이 우리에게 미치는 영향을 깊이 검토할 수 없게 되었다.7

　이 책을 쓰게 된 나의 동기 중 하나는, 페이스북이 신화가 되고 그것이 없는 삶을 상상할 수 없게 되기 전에 바로 그런 대화를 촉발시키기 위한 것이다. 너무 늦을까 봐 걱정이다.

　닐은 나의 질문들에 영감을 주었고 나의 시야를 넓혀 줬다. 그러나 나를 믿음으로 이끌지는 않았다. 닐은 '정통파' 미디어 생태학자 orthodox media ecologist였다. 반면에 나는 '개혁파' 미디어 생태학자 reform media ecologist다. 정통 미디어 생태학자들은 글쓰기와 라디오 같은 강력한 신기술이 인간을 근본적으로 변화시킨다고 믿는다. 닐은 자신의 지적 스승 마샬 매클루언Marshall McLuhan*과 마찬가지로 기술 결정론자technological determinist였다. 그는 강력하거나 지배적인 기술이 문화나 사회에 들어가면서 일상생활을 재구성할 뿐만 아니라, 그 사회 구성원들의 인지 능력을 크게 변화시킨다고 믿었다. 그 변화는 점진적으로 일어난다고 정통 미디어 생태학자들은 주장한다. 그 변화

---

* 매클루언(1911~1980)은 캐나다의 미디어 이론가이자 문화비평가이다. 저서 『미디어의 이해 Understanding Media』(1964)에서 TV가 사회를 거대한 거미줄 망으로 연결해 지구 전체가 지구촌으로 변할 것이라고 예견했다. 그는 '미디어가 메시지이다'라는 명제를 통해 의사소통을 가능하게 하는 것을 모두 미디어로 파악했으며, 미디어가 커뮤니케이션 자체의 성격을 변화시킨다고 봤다. 『구텐베르크 은하계Gutenberg Galaxy』(1962), 『지구촌의 전쟁과 평화War and Peace in the Global Village』(1968) 등 많은 저작을 남겼다.

는 깊숙하게 일어나며, 그래서 우리는 그 사회 구성원들의 사고와 소통을 구조화하는 기술에 의해 그들을 표시하거나 분류할 수 있다. 기술이 먼저 오고 정신적, 사회적 특징은 기술에서 나온다.

매클루언의 기술결정론은 기술낙관론자techno-optimist인 클레이 셔키Clay Shirky로부터 기술비관론자techno-pessimist인 니콜라스 카 Nicholas Carr에 이르기까지 최근의 많은 저술가들과 사상가들에게 영향을 끼쳤다. 강력한 기술결정론이 가진 문제들 중 하나는, 신기술이 깊이 뿌리내리면, 낡은 사고방식의 수정 또는 그것으로의 복귀는 고사하고, 놀랄 일도 거의 만들지 않으면서 사회를 변화시킨다고 믿는다는 것이다. 경제적, 정치적 요인 외에 다른 일에 기술을 집중해 보면, 누구나 복잡한 일련의 변화를 일목요연하게 설명할 수 있다. 기술결정론의 또 다른 문제는 마지막 기술에 의해 야기된 문제들을 바로잡기 위해 신기술을 장려하려는 그들의 의지에 있다. 그런 전략이 인간의 상태에 심대한 영향을 미칠 수 있는 것으로 생각하는 것이다. 나는 이 개념을 '기술원리주의techno-fundamentalism'라고 부른다. 이런 생각이 널리 퍼져 있고, 부유하고 영향력 있는 많은 사람들 중 마크 저커버그는 이것을 정기적으로 드러낸다.

문화, 정치, 경제, 기술의 관계는 역동적이고, 동반 상승적이며, 예측하기 어려운 것이다. 페이스북의 알고리즘이 어떤 재앙이나 혁명, 사회적 변화를 야기했다는 내용은 이 책에 없다. 페이스북은 개발하고 유지하는 사람들뿐만 아니라 사용자들까지 포함한 사람들과 컴퓨터 코드로 구성되어 있다. 그 코드는 사람이 형성한 것이고, 사람들은 코드에 의해 형성된다. 나는 기술이 그것을 설계, 유지, 사용하는 사람들, 그들이 운영하는 문화, 사회, 경제, 정치적 영역과 구별되지 않는 것으로 본다. 그러나 면밀히 조사할 가치가 있는 특정한 행위자가 있다. 여기에는 가장 잘 알려진 몇몇 글로벌 기업들처럼 기술을 발명하고 휘두르는 기관들이 포함된다.

　내가 닐과 공유했던 사고방식은 미디어를 생태계로, 즉 인간관계 속에 내재되어 있고 인간관계에 영향을 미치는 것으로 보는 것이다. 닐과 나는 문제의 미디어를 넘어서는 요소를 얼마나 고려해야 하는지에 대해 의견이 항상 달랐다. 나는 인간관계, 편견, 이데올로기, 정치력에 의해 미디어 시스템이 어떻게 형성되는지도 추적한다. 미디어가 그런 현상을 어떻게 만들어 내는지 만큼이나 중요하게 다룬다. 그것을 이 책에서 보게 될 것이다. 닐은 기술의 편향성biases of technologies이 잘 고쳐졌고, 명확하게 식별할 수 있으며, 강력하다고 보았다. 나는 그러한 편향성이 많은 요소들에 달려 있다는 것을 발견한다. 예를 들어, 사람들이 일단 손에 넣은 기술을 활용하고 변경하기 위해 선택하는 방법 같은 것이다. 내가 보기에 '기술'과 '문화' 간에는 거리가 없다. 기술은 문화의 필수적인 요소이며, 문화 내부의 힘이다. 문화는 기술을 만든다.

　나는 마크 트웨인에서 트위터까지, 미국의 정신사와 문화사로부터 디지털 미디어와 커뮤니케이션에 관한 연구까지, 나의 호기심과 학문시장을 따라갔다. 그렇지만 방법론과 기질로는 여전히 역사학자이다. 지난 10분을 다루는 역사학자일 뿐이다. 앞서 펴낸 책들과 마찬가지로 이 책도 당시의 직접적인 증언과 간접적인 2차 자료들을 토대로 정리한 서술적 논증이다. 나는 소셜미디어와 디지털 미디어 분야의 가장 훌륭한 학자들 사이에서 몇 년을 보냈다. 나는 수백 명의 엔지니어, 법률가, 활동가, 그리고 비즈니스 리더들과 인터뷰하고 토론하고 대화를 나누었다.

이 책은 언론인풍의 설명을 많이 붙인 글, 또는 최근 실리콘밸리와 소셜미디어를 비꼬는 에세이의 분량을 늘려 놓은 것과는 다르다. 이 책은 우리가 페이스북과 그 환경을 평가하기 위해 사용하는 사회과학, 문화적 가정, 그리고 대중적 수사학에 대한 나의 신중한 판단에 의존한다. 그리고 최근 몇 년 동안 페이스북, 소셜미디어, 실리콘밸리에 관한 많은 주목할 만한 제목의 책들과 달리, 이 책은 세계적이고 다국적적인 관점을 갖는다. 닐은 미국의 주류 문화와 미국의 지배적인 서구적 지적 전통에 대한 분석에 초점을 맞추면서 종종 보편화된 어조를 전개했다. 반면에 나는 전 세계의 특정 조건에 대한 인식을 갖고 미디어 생태계를 보는 것을 선호한다.

마크 저커버그의 잘못된 교육

닐이 세상을 떠난 지 불과 2주 후에, 매사추세츠 주 케임브리지Cambridge에 사는 마크 저커버그라는 젊은이가 하버드 대학 네트워크를 이용해 간단한 서비스를 만들었다. 그는 그것을 페이스매시Face-mash라고 불렀다. 그것은 한 웹사이트에서 집단적 표현의 집단적 힘을 끌어낸 저커버그의 첫 번째 시도였다. 페이스매시는 학생들에게 상대적 매력을 서로 평가하라고 요구했다. 그것 때문에 저커버그는 하버드 대학에서 초기 악명을 얻게 됐다. 페이스북은 페이스매시가 처음 선보인 지 겨우 13주 후인 2004년 2월 초, 하버드 대학생 전용 소셜 네트워크로 출범했다.

나는 마크 저커버그를 결코 만난 적이 없다. 만남을 기대하지도 않는다. 그의 연설과 인터뷰 수백 건, 에세이와 기사, 그의 이름으로 실린 페이스북 포스팅 수십 건을 몰입해서 봤다. 그와 시간을 보낸 여러 작가들에 동의하지 않을 수 없다. 그는 매우 사려 깊고 진지하며, 이상을 추구하고, 의식이 있는 사람이다. 그의 성격은 2011년 데이빗 핀처David Fincher의 영화 〈소셜 네트워크The Social Network〉에서 묘사한 대로, 능수능란하고, 공격적이며, 표현이 불분명하고, 외골수라는 것과 아주 동떨어지지 않았다.

저커버그의 인터뷰와 연설을 읽고 나는 관대하지 않은 결론을 하나 더 얻었다. 저커버그는 교육을 제대로 받지 못했다. 그는 미묘한 차이나 복잡성, 비상상황, 심지어는 어려움에 대한 공감이 부족하다. 그러면서 저커버그는 강렬한 도덕적 열정을 갖고 있다. 하지만 그에게는 인간 상호간에, 그리고 지구에게 벌일 수 있는 무시무시한 일에 대한 역사적 감각이 결여돼 있다. 그는 성공적인 건축가이다. 그러나 어떤 사람이 그렇게 빨리, 그렇게 큰 부자가 되면, 권력자들은 그가 이해하지 못하는 문제에 관해 그를 심각하게 여기기 시작한다.

저커버그는 '해커 중의 해커'라고 오랫동안 자처해 왔다. 그는 오래된 해커의 신조를 받아들인다. 즉 어떤 제품도 완성되지 않은 상태인데, 더 많은 데이터와 더 나은 코드만 있으면 무엇이든 개선할 수 있다는 식이다. 그가 직원들에게 내린 가장 유명한 명령은 "빨리 움직여서 물건을 부수라"는 것이었다. 급하고 대담하게 생각하고 행동하며, 잘못은 나중에 고치라는 요구였다. 이 격언은 페이스북이 창사 이래 해 온 모든 것을 이끌어 왔다.

페이스북은 결국 부적절한 회사들에게 사용자 데이터를 마구 유출하고, 뉴스 산업을 훼손하고, 대량학살을 조장하는 것에 대해 세계적으로 공개적인 조사를 받게 되었다. 그 때문에 저커버그의 일은 정말로 엉망이 된 것 같다. 저커버그는 세계에서 가장 널리 퍼진 미디어 기술 현상을 구축하는 데 평생을 보냈다. 그럼에도 불구하고 그는 미디어나 기술에 대해 아무것도 이해하지 못하는 것 같다. 아마도 이 책이 그를 도와줄 수 있을 것이다.

고백

50세 이상의 남자에게는 내가 소셜미디어의 파워 유저power user로 여겨질 수 있겠다. 나도 와츠앱, 링크드인LinkedIn, 스냅챗Snapchat 계정이 있다. 나는 개를 위해 인스타그램도 한다. 구글이 오르컷Orkut의 문을 닫기 전까지 거기에도 계정을 갖고 있었다. 나는 얼리어답터early adopter이다. 2003년까지 마이스페이스MySpace의 개인페이지인 프로필을 갖고 있었다. 2004년 @nyu.edu e메일 주소를 가진 사람들도 페이스북을 이용할 수 있게 되었을 때, 나는 즉시 가입했다.

그 당시에는 소셜 네트워킹에 대해 깊이 생각하지 않았다. 그러나 내 인생과 20억이 넘는 다른 사람들의 삶에 있어서 그것의 중요성 때문에 그것을 정복해야만 했다. 나는 페이스북 친구가 너무 많고, 홍보와 대중적 확인을 위해 트위터에 너무 많이 의존하는 사람이다. 페이스북의 설정과 기능을 능숙하게 다룬다. 페이스북에서 후딱 홍보를 시작해 성공시킬 수도 있다. 나는 누구보다도 페이스북을 통해 내 인생을 살아왔다. 페이스북은 내 삶의 운영체제였다. '사람이 페이스북에서 산다'는 것은 무엇을 의미하는가? 가족, 공동체, 국민의 대부분, 그리고 전 세계 인구의 약 30%가 페이스북을 통해 살아가는 결과는 무엇인가? 만약 페이스북이 우리 삶 전체의 운영체제가 된다면 어떻게 될까?

ANTISOCIAL MEDIA   1

MEDIA

페이스북은
오락 기계이다

Pleasure
Machine

ANTISOCIAL MEDIA

독일 프랑크푸르트Frankfurt에서 미국 노스캐롤라이나 주의 샬럿 Charlotte으로 가는 비행기 안에서 나는 이코노미석 뒤쪽으로 걸어갔다. 2016년 10월이었다. 4시간 연달아 비디오 화면을 응시하느라 피어난 졸음을 다리를 쭉 뻗고 몸을 흔들어 떨쳐 내고 싶었다. 기지개를 켜며 걸어갔다가 8열의 내 자리로 되돌아갔다. 어두컴컴한 기내에서 앞으로 걸어가면서 보니 대중의 특이한 집착증이 드러났다. 약 250명의 승객 중 50명의 두 손으로부터 아주 똑같은 빛이 나오는 것이 보였다. 너무 기묘해서 숫자를 세어 봤다. 이들 50명은 휴대폰과 태블릿 같은 모바일 기기에서 캔디크러쉬사가Candy Crush Saga 게임을 하고 있었다. 페이스북 플랫폼에 런칭된 게임 중 가장 유명한 것이다. 애플 운영체제나 구글 모바일 플랫폼에도 들어 있다.

이 게임을 하려면 다른 모양과 색깔의 캔디를 그리드를 가로질러 움직여 같은 종류 3개를 한 줄로 만들어야 한다. 캔디가 박살나면 포인트가 올라간다. 플레이어가 캔디 판을 다 깨면 레벨이 올라간다. 플레이어들은 입을 다물지 못한 채, 주변 상황과 연결을 끊고 화면만 노려보는 경향이 있다. 마약에 빠진 것과 크게 다르지 않아 보인다. 나는 동료 승객들을 비웃고 싶었다. 그런데 그들은 멍한 상태가 아니라 집중하고 있었다. 딱히 행복해하는 것은 아니었지만 불편해하지도 않았다.

가장 충격적인 것은 그들 모두가 똑같은 게임을 했다는 사실이었다. 서브웨이서퍼Subway Surfers나 클래쉬오브클랜Clash of Clans을 하는 사람은 전혀 보지 못했다. 아마도 이런 게임들은 어린이나 10대가 할 만한 것이었고 캔디크러쉬사가 게임은 모든 연령층이 즐기는 것 같았다. '즐긴다'는 용어는 틀린 것 같았다. 사람들은 게임 경험에 몰두한다. 그들의 표정은 차분했고 몸도 흔들리지 않았다. 그들은 장거리 비행에 잘 대처하도록 도와줄 무언가를 캐내고 있었다. 승객들 뒤에 숨어 한참을 지켜보다가 얌전하게 내 자리로 돌아왔다. 에어버스 A330기가 샬럿에 착륙하자마자 나는 휴대폰을 켜고 페이스북에 접속했다. 동행 승객들 사이에 캔디크러쉬사가 게임이 확산된 것을 목격한 이야기를 올렸다.

페이스북은 문제를 조장하고 증오를 증폭시키지만, 그럼에도 가치가 있다. 사람들은 옛 친구들과 다시 연락을 하면서, 새로운 페이스북 친구들과 교류하면서, 어울릴 이유를 찾으면서, 우스운 동영상을 보면서, 게임을 하면서 가치를 끌어낸다. 이러한 오락 기능과 서비스 기능을 가볍게 봐서는 안 된다. 이런 것들과 강아지와 아기 사진들은, 대부분은 아니라도 많은 페이스북 사용자들이 가입한 첫째 이유들이다. 이러한 교류의 구조를 만들어 준 페이스북 알고리즘에 의해 삶의 변화가 찾아온다. 페이스북은 우리가 가급적 깊숙하고 오랜 시간 동안 페이스북에 참여하기를 원한다. 페이스북은 서비스의 대가로 우리의 주목을 붙잡아 둔다. 우리는 기꺼이, 상당히 많은 주의를 기울인다.

페이스북은 우리를 조종한다. 페이스북 설계의 모든 측면은, 페이스북 뉴스 피드를 채우는 이미지와 감정의 흐름으로 우리를 다시 끌어가도록 돼 있다. 페이스북은 서비스에 대한 우리의 상대적 행복 또는 만족도 측정 기술을 개발했다. 페이스북의 연구원들은 우리를 더 행복하게 만드는 것을 확인해 그것들의 노출을 최대화하기 위해 노력해 왔다. 아울러 불안이나 불행을 야기하는 것들에 대한 노출을 최소화하기 위해서도 노력해 왔다.

2017년 12월 페이스북의 리더들은 정신건강 전문가들과 소셜미디어 학자들이 한동안 예상해 왔던 것을 마침내 인정했다. 아주 오랜 시간 계속해서 인간적 고통이나 국제 뉴스의 세례를 받는 사람은 초조하고 불행해질 수 있다는 내용이었다. 페이스북 홈페이지의 '최근 소식Newsroom'란에 이런 글이 올라왔다. "우리는 페이스북이 친구, 가족들과의 의미 있는 상호작용을 위한 장소가 되기를 원한다. 오프라인에서의 교류의 가치를 손상시키면서가 아니라 높여 가면서." 글은 이렇게 이어진다. "이것이 페이스북이 항상 관여해 온 것이다. 개개인의 건강과 행복은 그들의 관계의 건강성에 깊이 의존한다는 것을 우리는 알고 있다. 그래서 이런 것이 중요하다." 페이스북의 연구원들은 소셜미디어 사용과 행복감에 관한 학술 문헌들을 조사했다. 그러고는 페이스북에 깊숙이 관여하도록 유지하는 핵심 요인은 뉴스 피드의 우울한 게시물들을 훑어보는 것이라기보다 다른 사람들과 교류하는 것에 있다고 결론지었다.

결국 페이스북은 뉴스 피드에서 뉴스 콘텐츠의 노출 빈도를 줄였고 중요한 댓글을 창출하는 포스팅을 권장하였다. 2018년 1월 페이스북은 사용자들 표본을 만들어 뉴스 출처의 신뢰도 등급을 매기는 조사를 시작한다고 발표했다. 자체 관리 의무에서 벗어나기 위한 조치였다. 페이스북 관계자들은 자신의 알고리즘이 20억 이상의 사람들의 경험을 효율적으로 편집한다는 사실을 결코 쉽게 인정하지 않았다. 그들은 페이스북을 만들고 사용하는 사람들처럼 페이스북 역시 근본적으로 정치적이라는 점은 아직 시인하지 않았다.

중요한 것은, '행복' 연구는 헛된 일이라는 점이다. 행복의 개념이 측정 가능하고 유용하다고 해도 일반적으로 무엇이 사람들을 행복하게 하는지 아무도 모른다. 행복을 연구하는 심리학자와 경제학자들은 행복을 정서적 안정감이라고도 부른다. 연구자들은 스스로 밝히는 행복의 수치에 의존한다. 우리 모두가 머릿속에 읽기 쉬운 행복 측정기를 가지고 있는 것이 아니다. 그래서 연구 대상자들에게는 1~3, 혹은 1~10의 척도로 자신의 상태를 평가하라고 한다.

경제학자 디어드리 맥클로스키Deirdre McCloskey가 지적하듯이, 이것은 비과학적이다. 그런 자료를 모으는 사람들은 '행복하지 않음, 행복함, 매우 행복함'이라는 척도로 행복을 측정한다. 그래서 질문을 받은 사람이 다른 사람, 또는 과거 시점과 비교해 보게 된다. 셀 수 없는 것을 최대화할 수는 없다. 그래서 사회과학자들은 200년 이상 행복 측정법을 개발해 왔다. 페이스북은 계량화 및 공리주의 이념의 지배하에 끊임없이 자료를 수집해 인간의 기분을 계량화하려고 노력한다. 페이스북은 심지어 우리의 뉴스 피드에 나타나는 선택들을 통해 우리의 기분을 다소간 조작할 수 있다는 것을 보여 주는 학술 연구를 지원했다.[8]

스낵 푸드

네 개의 컵케이크와 포테이토칩 한 봉지 중에 고르라고 하면, 아마도 대부분 컵케이크를 선택할 것이다. 그런데 대부분은 그것을 하나만 먹고 그만 먹을 것이다. 드물게 배고픈 사람이라면 두 개를 먹을지도 모른다. 예외적으로 맛있는 컵케이크라면 그 느낌을 표현할 수도 있겠다. 인생 최고의 컵케이크라면 친구에게 말할 수도 있겠다.

이렇게 말하는 사람은 없다. "어제 가장 훌륭한 포테이토칩을 먹었다. 그걸 위해 줄을 서 기다렸다." 더 중요한 것은, 어떤 칩도 인상적이지 않다는 사실에도 불구하고, 하나만 먹고 그만두는 사람은 거의 없다는 점이다. 만일 당신에게 칩 한 봉지를 주면, 그 한 봉지를 다 먹을 가능성이 0보다는 클 것이다. 컵케이크는 경험을 풍부하게 하고, 유익하게 하고, 기억할 만하게 할 수 있다. 소금 친 얇은 포테이토칩은 그걸 할 수 없다. 하지만 우리는 두 가지 모두에서 가치를 발견하고 즐거움을 뽑아내며 기꺼이 돈을 내고 소비한다.

페이스북은 한 봉지의 칩처럼 우리를 끌어들인다. 페이스북은 낮은 수준의 기쁨을 빈번히 제공한다. 우리는 지루할 때 페이스북으로 눈길을 돌리고, 한 시간 후에 그 시간은 어디로 가 버렸고, 왜 중요하지 않고, 즐겁지 않은 경험에 시간을 써 버렸는가를 자책할 수도 있다. 그리고 페이스북에 소비한 시간에 대해 부끄러움을 느꼈더라도, 어느날 마음이 침체되거나 주의가 산만할 때 기꺼이 그것에 클릭해 들어간다. 친구들에게 사진이나 메시지, 농담을 던지거나 댓글을 올린다면, 우리는 다른 사람의 포스팅을 단순히 정독하는 것보다 훨씬 강력하게 페이스북에 참여하는 것이다.

우리는 그때 페이스북에 피드백을 제공하게 된다. 우리는 매번 상호작용을 통해 페이스북을 아주 조금씩 바꾼다. 페이스북은 페이스북과의 다음 번 대화가 조금 더 즐거워질 수 있다고 우리에게 제시하면서, 교묘한 방식으로 우리에게 반응한다. 지금 우리는 다시 끌려 들어간다. 내가 쓴 농담이 얼마나 많은 '좋아요'를 받았을까? 나의 정치적인 게시 글은 통찰력 있는 댓글을 얼마나 많이 만들어 냈을까? 내건강에 관해 띄운 고펀드미GoFundMe* 지원 청원이 반향을 불러일으켜 기부를 유도했을까? 누군가가 내 농담을 이해하고 내 생각을 좋아할까? 나는 중요한 사람인가?

마치 포테이토칩 한 조각 한 조각이 기쁨과 맛을 주듯이, 페이스북의 아이템들도 제각기 나에게 일정한 가치가 있다. 식품 생산업자들은 우리가 다시 돌아오도록, 심지어는 그 식품 맛이 썩 대단치 않은 경우에도 돌아오도록, 소금, 설탕, 지방의 비율을 연구하고 통달해서 잘 다듬어 놓고 있다. 페이스북도 똑같은 방식으로 사용자를 습관화하도록 설계되었다.

스키너 상자

소설가이자 인터넷 자유의 옹호자인 코리 닥터로우Cory Doctorow가 설명했듯이, 페이스북은 스키너 상자Skinner box와 같다. 페이스북은

---

* 창업 등의 목적이 아니라 의료비, 학교수업료, 졸업식 행사비 같이 개인적인 용도의 자금을 모을 수 있는 크라우드 펀딩 사이트.

'간헐적 강화intermittent reinforcement'를 통해 우리를 조건화시킨다. "누를 때마다 사료를 자동으로 배출하는 레버를 쥐에게 주면 쥐는 배고플 때 사료를 하나씩 확보하게 됩니다. 그러나 쥐에게 때때로만 사료를 배출하는 레버를 주면 쥐는 탈진할 때까지 레버를 누르게 될 겁니다. 속임수를 알 리 없는 쥐로서는 레버를 계속 눌러야만 사료를 얻을 수 있다고 생각하기 때문입니다." 닥터로우가 2011년 대중강연에서 이렇게 말했다.

닥터로우는 페이스북의 피드백 메커니즘이 이런 시스템처럼 작동하게 설계되었다고 주장한다. "당신이 삶을 더 많이 미화하면 할수록, 사생활을 더 많이 드러내면 드러낼수록, 당신의 삶을 더욱더 강화, 또는 간헐적 강화를 하게 될 겁니다." 닥터로우는 이런 예를 들었다. "당신이 '수학에서 낙제할 것 같네요' 식의 폭탄성 발언 같은 것을 포스팅할 때는 아무도 관심을 갖지 않습니다. 그러나 '예쁜 새 신발을 샀어요' 식으로 말하고 사진을 올리면 그 신발이 얼마나 멋진지를 말하려고 우르르 달려드는 친구들이 100만 명에 이를 것입니다." 닥터로우는 페이스북이 우리에게 즉각적이고, 지속적이며, 낮은 수준의 피드백을 하도록 조건화하고 있다고 주장한다.

심리학자 스키너B. F. Skinner는 1930년대와 1940년대에 동물들은, 따라서 인간들도 긍정적 또는 부정적 자극의 전달을 통해 반복적인 행동에 관여하도록 조건화할 수 있다고 제시해 악명을 떨쳤다. 이러한 '조작적 조건 생성operant conditioning'의 개념은 쥐들을 '조작적 조건 생성실', 다른 사람들은 '스키너 상자'라고 부르는 방에 넣어 두면 입증이 가능하다.

스키너와 동료들은 조작적 조건을 만들어 주면 어느 정도 복원력을 가진 상태로 행동을 바꿀 수 있음을 보여 주었다. 이는 정치적, 상업적 조작의 가능성에 대한 폭넓은 우려를 낳았다. 스키너의 관찰은 이목을 집중하는 기계와 시스템을 만들어 내려는 설계자들에게 큰 영향을 주었다. 우리는 이 조작적 조건화 이론이 작동하는 것을 카지노에서, 특히 슬롯머신의 설계에서 목격한다. 그러나 사람들 사이에서 조작적 조건 형성 기술이 가장 폭넓게 사용되기로는 페이스북만한 것이 그동안 없었다.

카지노와 슬롯머신, 포테이토칩처럼, 페이스북은 사람이 계속 몰두하게 하고, 몰두한 시간과 강도를 잊어버리도록, 또 혼동하도록 설계되었다. 또 사람이 자기계발에 더 좋고, 보상이 더 많고, 손이 닿을 만한 곳에 시간과 노력에 비해 더 즐거운 선택이 있을 때조차, 때때로 페이스북을 다시 찾아오게 할 정도로만 보상하도록 설계되었다. 이것은 우연이 아니다.

스키너의 연구는 우리 생활의 많은 영역에 영향을 주었고 영향력이 커지고 있는 것 같다. 기술 연구자 나타샤 다우 쉴Natasha Dow Schull은 현재 도박산업을 지배하고 있는 카지노업장과 비디오 포커 게임의 설계는 모두 스키너의 조작적 조건화에 관한 관찰 결과를 구현한 것이라고 말한다. 그녀는 그것들이 돈을 긁어모으는 스키너 상자라고 설명한다. 스키너의 쥐처럼 슬롯머신을 하는 사람들은 어떤 신호를 받는다. 자신들이 수시로 이기고, 대부분은 거의 이긴다는 것이다. 이것은 도박하는 사람에게 기계의 속임수나 유도 때문이 아니라, 자신이 실패한 탓으로 여기는 '인지적 후회감cognitive regret'을 촉발시킨다. 그래서 도박하는 사람은 즉시 더 많은 돈과 시간을 기계에 집어넣는다. 한 도박꾼은 쉴에게 이렇게 말했다. "그래서 도박기계 단추를 계속 누르고 싶게 됩니다. 거의 다 왔으니 계속 시도해 보자는 희망 속에 사는 거죠. 패턴을 배우면 제대로 할 수 있겠다 싶은 겁니다."

쉴은 자신의 저서 『설계에 의한 중독: 라스베이거스의 슬롯머신 Addiction by Design: Machine Gambling in Las Vegas』에서 카지노 단골손님들 이야기를 다뤘다. 단골이 도박기계와 세심하게 설계된 도박장에 의해, 어떻게 마음을 빼앗기고 애착을 갖게 되어 입구로 들어가서는, 결국 시간과 돈, 에너지와 의욕까지 털리고 마는지를 묘사한다. 도박장 단골 한 명은 이렇게 말한다. "시작할 때는 이길 것 같은 흥분이 있습니다. 그러나 도박을 하면 할수록 내가 가진 기회에 대해 더 잘 알게 되죠. 더 똑똑해지지만 또한 더 약해지고, 더욱 멈출 수 없게 됩니다. 오늘 내가 따면, 실제로 때때로 따기도 하는데, 딴 돈을 다시 기계에 집어넣을 뿐입니다. 사람들은 결코 이해하지 못하죠. 내가 돈을 따기 위해 도박을 하지 않는다는 것을 말입니다."

카지노와 도박기계의 강압적 전술과 치명적 효과를 휴대폰과 페이스북의 그것과 똑같이 취급하는 것은 물론 완전히 공정하다고는 말할 수 없다. 페이스북은 카지노처럼 누군가의 은퇴연금 계좌를 텅텅 비게 하지도 않았고, 가정을 파탄 내고 사람들을 홈리스homeless로 바꿔 버리지도 않았으니까 말이다. 사실 페이스북 사용에 대한 개인적 보상은 때로는 상당하고, 개인에 끼치는 해악은 있어 봤자 별것 아니다. 그럼에도 이 자리에 카지노와 도박기계를 불러내는 것은 적절하다. 왜냐하면 우리는 비디오와 알고리즘에 의해 구동되는 도박기계와 함께 카지노의 세계적인 확산을 지켜봐 왔기 때문이다. 그 순간에 바로 또 다른 알고리즘에 의해 움직이는 기계들이 우리의 손과 우리의 마음, 우리의 시간, 우리의 업무, 우리 가족에 대한 의무, 그리고 우리의 돈을 점령하기 위해 찾아온다. 어디에서나 손으로 쉽게 만질 수 있는 전자기구들의 편안한 특성 때문에 사람들은 비디오 도박 기계를 문화적으로 정상적인 것으로 인식하게 된다고 셜은 단언한다. 접점이 너무 친근해서 우리 몸이 기계로 녹아 들어가 있다 보니, 사용자들이 한 걸음 떨어져 있을 때보다 훨씬 편안하게 느끼도록 해 준다.

다른 비교를 해 볼 차례다. 페이스북은 스낵 푸드, 담배, 도박기계처럼 '접착제'로 설계되었다. 그런데 페이스북은 '사회적 접착제 social stickiness'로 설계되었다는 점에서 다른 것들과 차이가 있다. 페이스북의 그동안 기업 인수는, 상호작용을 하는 더 많은 사람들이 페이스북과는 다른 방식으로 더 많은 데이터를 생성하도록 하려는 목적에서 이루어졌다.

오래지 않은 과거에, 힙스타매틱Hipstamatic과 인스타그램이라는 사진 기반의 소셜미디어 앱 두 개가 사용자 및 투자를 끌어들이기 위해 경쟁하고 있었다. 힙스타매틱이 시장 진출은 더 앞섰지만, 인스타그램이 모바일 기반의 주도권을 가진 사진 공유 기능 덕분에 추월에 성공했다. 두 앱이 모두 비슷한 필터와 특징을 제공했는데, 인스타그램은 소셜 기능을 갖고 있었다. 친구들과 팔로워들은 서로 태그를 달 수 있었고, 서로 승인 신호를 보낼 수 있었다.

마크 저커버그는 이 소셜 기능이 인스타그램을 대단한 매력덩어리로 만들어 줄 수 있겠다는 것을 알아차렸다. 그는 이미 사진과 이미지의 소셜 기능이 페이스북에서 큰 관심을 끄는 것을 봤다. 그래서 그는 현금과 주식으로 10억 달러를 내고 인스타그램을 사들였다.[9]

페이스북과 인스타그램에 사진을 포스팅한 경험은 매우 습관적인 것이어서 거부할 수 없다. 사람들은 때로 동료의 승인이나 인정을 갈

망한다. 사진에 '좋아요'를 누르는 것은 "나는 당신에 대해 생각하고 있다"라는 소리다. 댓글은 더 깊은 관심을 보여 준다. 시간과 에너지를 다루는 일종의 '선물 경제gift economy', 즉 관심의 상거래commerce in attention는 강력하고 가치가 있다. 페이스북에서의 '좋아요'나 댓글 같은 보상은 도박기계에서처럼 간헐적이고 예상할 수 없다. 페이스북에 올린 사진 한 장이 아무런 반응을 만들지 못한 반면에, 인스타그램에 올린 사진 한 장이 10여 건의 반응을 얻어 낼 수도 있다. 두 가지 서비스에서 누구의 피드에 어떤 사진들을 올릴지를 결정하는 알고리즘은 불투명하고 예측 불가능하다. 마치 비디오 포커나 슬롯머신 기계의 과일 그림을 뒤섞는 알고리즘 같다.

인스타그램에 대한 저커버그의 관심을 불러일으킨 바로 그 통찰력이 애초에 페이스북을 출범시켰다. 초기부터 그는 수량화되고 반복 가능한 사회적 지지를 위한 추진력을 직감했던 것 같다. 저커버그가 페이스북을 시작하기 4년 전 실리콘밸리의 두 친구가 소셜 피드백이 가능한 간단한 인터넷 홈페이지를 만들었다. 그것은 핫오어낫닷컴HotOrNot.com으로 불렸다. 2000년 말 시작돼 2001년 초 대성공을 거뒀다. 핫오어낫닷컴은 레이트마이훼이스닷컴RateMyFace.com과 앰아이핫닷컴AmIHot.com 등 좀 더 일찍 나온 비슷한 서비스 두 개를 따라한 것이다. 다른 사람의 매력을 평가하는 아이디어, 다른 사람에게 일부러 평가를 해 달라고 하는 아이디어는 1990년대 후반 웹 문화 추종자들 간에 널리 퍼져 있었다.

핫오어낫닷컴의 성공을 통해 저커버그와 많은 사람들은 대다수의 사람들이 '승인 신호'라는 간헐적인 작은 보상을 위해, 창피 가능성을 무릅쓰고 자신의 사진을 평가 대상으로 내놓을 의지가 있다는 사실을 알게 됐다. 이것은 근본적인 것이었다. 많은 사람들이 위험하고 비이성적으로 보이는 사회적 과정에 자기 자신을 노출시킬 준비가 돼 있다는 의미였다.

2003년 11월 저커버그는 소셜 엔지니어링을 위해 평생의 과업이 될 것을 더 깊숙이 캐냈다. 그는 하버드 네트워크를 위해 만들어 낸 서비스에 하버드 학생들의 허락도 받지 않고 학생들의 사진을 게시함으로써 핫오어낫닷컴을 추월해 버렸다. 그것은 '페이스매쉬'로 불렸다. 저커버그는 학교에 공식 등록된 학생들 사진을 건지기 위해 여러 하버드 학생 기숙사의 컴퓨터 서버로 해킹해 들어갔고, 그 사진들을 랩톱 컴퓨터laptop에 다운받았다. 그는 컴퓨터 코드를 통해 두 사진을 나란히 세워 두고 사용자들에게 더 매력적인 것을 고르도록 했다. 그것은 가치 배열 알고리즘에 입각한 표준 컴퓨터 공학 과정을 얼굴에 적용한 버전이었다. 알고리즘 대신 사람이 리얼타임으로 평가를 내리고 컴퓨터는 단지 합계를 내고 결과를 보여 주면 되었다.

몇몇 친구들에게 이 서비스 링크를 보낸 지 불과 몇 시간 만에, 450명 이상의 하버드 학생들이 링크를 클릭하고 동료들에 대해 2만 2,000회의 투표를 했다. 저커버그는 그때 자신의 실험에 상당수가 참여하거나 그렇게 많은 관심을 이끌어 낼 것으로 기대하지 않았다고 한다. 그는 즉각 기숙사 서버의 보안 규정을 어기고, 프라이버시와 동료 학생들의 품위를 침해한 데 대해 하버드 공동체에 사과했다. 그 여파로 저커버그는 훗날 「하버드 크림슨Harvard Crimson」*과의 인터뷰를 통해 "어떻게 하면 온라인으로 돌아갈 수 있는지 모르겠다"고 밝혔

---

* 하버드 대학 신문.

다. "사람들의 프라이버시 침해 이슈는 극복할 수 없을 것 같다. 가장 중요한 문제는 사람들의 기분을 상하게 한 것이다. 누구를 모욕하는 위험을 무릅쓰지는 않을 것이다." 저커버그는 실패한 페이스매쉬 실험에서 하버드대 학생 전용 소셜 네트워크인 더페이스북TheFaceBook으로, 또 페이스북닷컴Facebook.com으로 옮겨 갔다. 그 사이에 적절성과 다른 사람의 기대수준의 한계점에서 왔다 갔다 하는 과정이 수년간 되풀이된다.

더 유명했던 핫오어낫닷컴의 그늘에 있었고 독창성이 없었는데도 페이스매쉬가 재빠르게 확산된 것은 인상적이었다. '소셜 기능'이 강해 저커버그의 통제 범위 이상으로 서비스가 커졌다. 그 바람에 저커버그는 하버드 대학본부 측의 철저한 조사를 받게 되었다. 그러나 이것은 그에게 사회적 접착제의 마술을 가르쳐 줬다. 페이스매쉬는 저커버그의 소셜 엔지니어링의 첫 번째 실험이었다. 그는 이 실험을 통해 그러한 설계로 습관이 형성될 수 있다는 것을 보게 되었다. 이런 가르침이 저커버그에게만 주어진 것은 아니었다. 알고리즘으로 작동되는 소셜 상호작용을 통한 습관 형성의 원칙들은 21세기의 가장 영향력이 큰 발명과 산업들 중 몇 가지를 알려 주었다. 여기에는 캔디크러쉬사가 같은 모바일 게임과 그 게임을 하는 모바일 장치, 그리고 페이스북 플랫폼 자체가 포함된다.

연속 사진

나는 한 달 만에야 내 페이스북 계정에 로그인을 했다. 이 책을 쓰느라 페이스북을 비활성화해 놓았기 때문이다. 내가 거기서 시간을 거슬러 과거로 가며 본 것이 있다. 먼저 6년 된 '기억'을 보았다. 당시 다섯 살 난 딸이 슬프게도 지금은 죽은 개 엘리를 데리고 버지니아 대학 원형건물을 돌며 산책하던 사진이었다. 페이스북은 "시바, 우리는 당신을, 그리고 당신이 여기서 공유한 기억들을 사랑해요"라는 이상한 소개를 하며 이 사진을 보여 줬다. 그러고는 그때 대학원 동료인 친구가 몇 년 걸려 쓴 책을 자랑스럽게 보여 주는 사진이 나왔다.

다음은 버지니아 대학 로스쿨에 기부를 요청하는 것이었다. 그리고 친구의 50번째 생일 축하 사진들이 나왔다. 다음엔 보기 싫은 동영상이 나왔다. 나 같은 사람들이 미국을 약화시키고 있으니 우리에게 공격적으로 맞대응하라고 전국총기협회NRA가 회원들에게 촉구한 선전용 비디오였다. 훨씬 더 환영받은 것은 파리Paris 시장의 과일과 치즈를 찍은 일련의 사진이었다. 그리고 「댈러스 모닝 뉴스Dallas Morning News」의 기사들이 이어졌다. 또 친구의 아이가 멋있는 뉴욕 양키즈 저지를 선물로 받고 웃고 있는 사진이 나왔다. 다음에는 「뉴욕타임스」가 크로스워드 퍼즐crossword puzzle*을 이용해 신문 구독을 권유하는 광고가 나왔다. 이어 가수 돌리 파튼Dolly Parton이 웃고 있는 큰 사진이 보였다. 일상적인 페미니즘을 위해 파튼이 얼마나 중요한지에 대해 내가 존경하는 작가가 쓴 「가디언」 기사의 일부였다. 화면 너머를 힐끗 바라볼 때쯤 나는 내 조카들이 할머니와 함께 뉴욕을 여행할 때 찍은 사진들을 보게 됐다.

만약 당신이 나의 뉴스 피드 속에 있는 자료의 성격을 조사한다면,

---

* 주어진 힌트에 따라 가로와 세로로 글자가 연결되게 채워 가는 퍼즐.

그것은 다양한 수집품처럼 보일 것이다. 일부는 정치적인 것이고, 또 다른 일부는 완전히 상업적이다. 가장 좋아하는 것은 조카들처럼 내가 몹시도 사랑하는 사람들에게서 나온 것들이다. 물론 페이스북이 알아서 다시 띄워 준 것이다. 그 바람에 나는 떠나간 사랑스런 개와 내 딸이 훨씬 작았다는 것과 인스타그램이 없던 시절의 맑은 날을 떠올렸다. 내 딸과 개의 옛날 사진 같은 자료들은 내 심장을 잡아당겼다. 반면에 전국총기협회 동영상은 나를 화나게 했다. 그 어떤 것도 내가 깊이 생각하도록 자극하지 않았다. 대신에 나로 하여금 뭔가 느끼게 했다.

대부분의 이런 게시물들 아래에는 상당히 여러 줄의 댓글이 달린다. 페이스북은 나를 환영하는 댓글의 일부를 메인 페이지에 공개한다. 대부분의 댓글 줄은 GIF 파일 형식의 짧은 동영상으로 몇 초마다 반복된다. 다른 댓글들은 종종 텍스트가 겹쳐진 이미지일 뿐이다. 만약 당신이 뉴스 피드에서 상세한 내용에 거의 주의를 기울이지 않고, 주요 단어와 그림을 슬쩍 쳐다보며, 게시물의 연결 기사를 읽지 않은 채, '좋아요'를 누르고, 공유하고, 댓글을 쓰면서, 내려 읽기를 한다면 어떨까. 당신은 단절되고 맥락이 없는 이미지들의 끝없는 가닥으로서 페이스북을 경험하게 될 것이다.

콘텐츠의 유형과 관계없이 페이스북 뉴스 피드에 대한 전반적인 경험은 일련의 사진들 같다. 마우스의 스크롤 휠을 아래로 내리면서 보게 되면, 소리 없이 재생하기 시작하는 동영상도 스틸 이미지처럼 느껴진다. 대형 사진들은 신문기사와 연결되어 있다 보니, 그 기사의 제목이 긴 기사의 소개가 아니라 사진 설명 역할을 한다. 글로만 연결한 링크는 보는 이의 주의를 끌지 못하거나 기사라기보다는 광고판처럼 글을 찍은 사진의 역할만 한다.

페이스북 뉴스 피드가 사진 롤 같은 역할을 한다는 것은, 콘텐츠가 피드 위에 놓여 있지만 우리가 그것을 깊이 이해할 수 있는 능력에 한계가 있다는 것을 의미한다. 흥미가 있는 이미지와 설명에 끌려 기사를 클릭한다면, 우리는 통찰력, 지식, 감상, 이해를 얻을 수 있을 것이다. 하지만 우리는 얼마나 자주 클릭하는가? 그리고 어떤 아이템을 클릭하는가? 흔히 그렇듯이, 우리가 뉴스 피드에서 제공하는 어떤 아이템도 클릭하지 않는다면, 우리는 단지 이미지의 흐름만 경험할 뿐이다. 그 이미지들은 긍정적, 부정적인 감정을 자극한다. 그것들은 댓글과 반응을 불러일으킨다. 심지어 자신의 페이지에 그 콘텐츠를 공유하게 만들기도 한다. 이렇게 하면 페이스북이 선정한 일부 페이스북 친구들에게 그 콘텐츠를 방송해 주는 셈이다. 이미지들 속에서 스크롤을 하다 보면 콘텐츠와 깊은 상호작용을 하는 길이 막힌다.

페이스북은 콘텐츠의 원본이 있는 페이지가 아니라 페이스북 내에서 댓글을 달도록 한다. 뉴스 피드는 또한 피드의 바로 아래에서 더 크고 더 감정적이며, 어쩌면 더 중요한 자극을 제공한다. 페이스북 바깥에서 글을 클릭하고, 읽고, 참여하는 데는 비용이 든다. 우리가 무언가를 읽기 위해 멈추면 즐거움의 흐름이 끊긴다. 우리가 뉴스 피드로 돌아가면, 그것이 다른 곳으로 옮겨 갈지도 모른다. 가장 귀여운 강아지, 가장 놀라운 범죄 기사, 또는 가족의 가장 최근 소식을 놓칠지도 모른다.

닐 포스트먼은 전신telegraph의 등장으로, 산문의 길이가 급진적으로 줄어들었고, 전혀 새로운 언어, 즉 '감각적, 단편적, 비인격적' 헤드라인headline이 만들어졌음을 상기시켰다. 포스트먼은 우리가 종종 먼

곳에서 어떤 일이 일어난다는 것을, 고르지도 않고, 불연속적으로 알게 된 것이 모두 전신 탓이라고 비난했다. 게다가 우리는 그것을 이해하지도 못하고, 우리 삶이나 미래에 있어서 그것이 얼마나 더 중요한지를 가늠할 명확한 수단도 없는 상태에서 듣게 된다는 것이다. 그는 "전신의 시각에서 지성이란 단어는 많은 일을 들어서 알고 있으면서도 그 일에 관해서는 알지 못한다는 뜻"이라고 말했다.

신문들은 전신에 뒤이어, 전신 덕분에, 전 세계에서 숫자와 영향력이 확대되었다. 전신은 세계적인 인식 같은 것을 가능하게 했고, 흐름이 왔다 갔다 하던 헤드라인에 깊이가 있어졌고, 그에 대한 반응도 제공해 줬다. 맥락, 관련 내용, 역사적 배경 등이 헤드라인과 같은 페이지에 바로 실렸다. 헤드라인이 세계를 바라보는 우리의 능력에 피해를 끼칠 수 있다면, 기사의 텍스트text는 그것을 완화해 줄 수 있었다. 더 풍부하고, 더 책임감 있는 신문들은 독자들에게 가장 많은 문맥과 지식을 제공했다. 사람들이 처음 100단어 정도 지나 읽기를 중단했다고 말하는 자료는 어디에도 없었다.

그러나 우리는 이제 페이스북을 통해, 헤드라인과 각 항목 아래에 있는 '참여' 점수를 얻는다. 그뿐 아니라 헤드라인은 가능한 한 지식을 덜 전달하는 방식으로 틀을 짜고 구조가 만들어지게 되었다. 그것들 중에 가장 성공적인 것은 독자에게 뭔가를 알려 주기보다 놀리거나 자극하는 것이다. 훨씬 더 우세하고 강력한 이미지로 구성되어 대서특필된 헤드라인은 신문에 실렸을 때보다 정보가 훨씬 부족하다. 결국 기사를 읽기 위해 신문에서 클릭할 필요가 없었다. 기사는 바로 거기에 있었다. 그리고 심지어 「USA 투데이USA Today」나 영국 타블로이드판 신문처럼 모든 페이지에 밝고 큰 사진들을 싣는 신문들도 페이스북 뉴스 피드라는 일련의 사진들을 훑어보는 것보다 훨씬 더 많은 텍스트 경험textual experience을 제공한다.

40여 년 전에 수전 손택Susan Sontag은 우리가 세상을 이해하는 능력에 있어 사진이 미치는 영향에 관해 썼다. 그녀는 페이스북의 문제를 거의 완벽하게 설명했다. 사진은 객관적이고 진실하게 '현실'을 나타내도록 만들어졌다. '인증 숏 없으면 무효'라는 댓글이 페이스북에 자주 보이는 것은 포토샵에 의한 편집이나 스냅챗을 활용한 필터사진, 애니메이션의 시대에서도 사진이 여전히 기록하는 힘을 갖고 있다는 것을 보여 준다. 사진은 사실 주장, 문맥의 문제점 또는 논쟁을 지원하는 틀 짓기 같은 것들의 모호성을 모두 무너뜨린다.

모든 사진은 반드시, 또는 정의에 따라, 맥락이 없다. 사진은 도덕적 주장을 담고 있지 않다. 어떤 논쟁도 하지 않는다. 비교도, 대조도 하지 않는다. 사진은 혼자서 줄거리를 전달하거나 이야기를 하지 않는다. 하지만 사진은 틀 밖 세상의 지저분함과는 상관없이, 우리의 깊은 동정을 끌어당긴다. 사진은 공간과 시간에 걸쳐 이상한 일을 한다. 그것들은 바로 그때, 어제 또는 아마도 1914년쯤에 일어났던 일을 현재로 가져와서, 우리의 판단과 타당성의 틀에서 그 이미지를 다루게 한다. 사진들이 페이스북 뉴스 피드를 통해 우리 시야를 가로질러 스크롤 될 때, 그것들은 미술사학자 존 버거John Berger의 표현처럼, 자체 광고가 된다.

맥락과 분리된 사진, 또는 페이스북 뉴스 피드의 일부로 맥락이 바뀐 사진들은 한때 가졌던 중요한 감성적 힘을 잃는다. 손택은 사진들이 설명적 힘도 부족하다고 주장한 바 있다. 주요한 사진 작품들은 감성적 힘의 상징이 될 수 있다. 그것들은 과거에는 매우 중요했지만, 지금은 페이스북에게만, 페이스북을 통해서만 중요하다.

2016년 페이스북은 사이트에서 노르웨이 신문 「아프텐포스텐 Aftenposten」*의 포스팅을 삭제했다. 그때 그 신문에는 20세기의 가장 유명한 사진 중의 하나로 네이팜탄 세례를 받은 베트남 소녀가 벌거 벗은 채 고통 속에 울면서 뛰어가는 장면이 실렸다. 페이스북은 비도 덕적이거나 삭제할 만한 것을 고르는 일에 서툴렀다고 대대적인 비난 을 받았다. 사진기자 닉 우트Nick Ut가 판 티 킴 푹Phan Thị Kim Phúc이 라는 소녀를 찍은 이 사진은 페이스북의 서비스 약관에 위배됐다. 페 이스북의 알고리즘 스캐너는 이 사진에 옷을 입지 않은 소녀가 등장 했다고 지적했다. 가장 단순하게, 문자 그대로의 의미로 보면, 그것은 페이스북에서 삭제돼야 했다.

삭제 소동도, 페이스북의 공식 대응도 모두 대단히 흥미로웠다. 삭 제 결정은 단순했고, 사진의 맥락에 무관심했다. 그것은 이미지의 역 사적 가치와 뉴스 가치를 무시했다. 그리고 그것은 사람들에게 특정 콘텐츠의 확산을 제한할 수 있고, 게시된 메시지의 의미를 바꿀 수 있는 페이스북의 파워를 일깨워 줬다. 그 소동 속에서 잃어버린 것은 페이스북이 세상에서 이미지를 제거하지 않았다는 사실이었다. 그 사 진은 책, 구글이 검색할 수 있는 수백 개의 웹사이트, 그리고 신문과 잡지에 여전히 존재했다. 비평가들은 서투른 결정을 해명하라고 페이 스북에 전화를 걸어 댔다. 그 소동은 페이스북이 이미지 유통에서 차 지하는 중심적 역할을 분명히 보여 주었다.

각종 항의와 뉴스 보도 이후 페이스북은 이 이미지를 포함한 사이

---

* '저녁 뉴스'라는 제호의 노르웨이 최대 신문으로 1860년 창간됐다.

트들을 차단했다. 셰릴 샌드버그Sheryl Sandberg 페이스북 최고운영책임자COO는 "이런 결정은 어려운 것이기 때문에 항상 옳은 것은 아니다"는 주식 격언으로 오류를 설명했다. 두 가지 모두에서 그녀가 옳았다. 아홉 살 난 판 티 킴 푹의 사진은 역사책 등과는 다른 맥락에서 역사적 의미를 담고 있다. 22억 명이 넘는 사람들이 만든 세계적인 콘텐츠 출판사로서의 규모를 감안하면, 페이스북은 어려운 선택에 직면할 수 있다. 지금 이 사진은 페이스북이 그런 상황에 처해 얼마나 어설펐는지를 보여 주는 단순한 호기심이며 질문의 기폭제일 뿐이다.

손택은 1977년 이렇게 썼다. "최근 사진술은 섹스와 춤만큼 널리 행해지고 있다. 모든 대중예술 유형과 마찬가지로 사진이 예술로 행해지지 않는다는 것을 의미한다. 사진은 주로 사회적 의례, 불안으로부터의 방어, 그리고 힘의 도구이다." 손택은 사람들이 삶의 장면과 사건들을 사진에 담고 싶어 하는 욕망을 이해했다. 그녀는 이렇게 설명한다. "사진 촬영은 경험을 증명하는 것이다. 그것은 동시에 경험을 거부하는 것이기도 하다. 잘 나온 사진을 찾는 것으로 경험을 제한하고, 경험을 이미지, 기념품으로 전환해 버리기 때문이다. 사진을 찍는 활동은 마음을 진정시키고, 여행으로 인해 악화됐을 전반적인 방향 감각을 완화해 준다."

손택은 2004년에 세상을 떠났다. 페이스북이 데뷔한 해였고, 애플의 첫 아이폰이 나오기 3년 전이었다. 2004년까지 대부분의 휴대전화에는 이미 기본 카메라가 장착되어 있었다. 그리고 2017년 모바일 기기 대부분의 카메라 품질은 20세기 최고급 아마추어 카메라와 맞먹었다. 2013년 페이스북은 매일 3억 5,000만 장 이상의 사진을 받았다. 2015년에는 전 세계 사람들이 하루 평균 18억 장의 디지털 이미지를 주요 소셜미디어 서비스에 올렸다. 연간 6,570억 장이다. 페이스북의 시각적 설계가 귀여운 모습이든 소름 끼치든, 경외심을 불러일으키든, 폭력적이든, 이미지를 습관적으로 게시하도록 우리를 유도하고 있음을 손택은 이해했을 것이다. 손택은 "총이나 자동차처럼, 카메라는 중독성이 강한 판타지 기계"라고 썼다.

정치와 정체성

컴퓨터과학 전공의 마크 저커버그도 2년 동안 하버드 대학에서 고전 연구에 몰두했다. 사립학교인 필립스 엑시터 아카데미Phillips Exeter Academy에서는 고대 히브리어, 라틴어, 그리스어를 공부했다. 그는 아리스토텔레스Aristotle에게 좀 더 관심을 쏟았어야 했다. 아리스토텔레스는 2300년 후에 저커버그를 돈 많은 권력자로 만들어 줄 컴퓨터 코드의 기반인 논리학을 발전시킨 초기 선구자였다. 아리스토텔레스가 저커버그에게 가르쳐 줄 가장 귀중한 교훈은 정치적으로 생각하는 것, 즉 '정치적이 되라'는 것이었다.

아리스토텔레스가 인간을 '정치적 동물political animals'로 정의한 것은 유명하다. 그는 당시 아테네 철학자들 사이에서는 두드러졌던 자연과 문화 사이의 구별이 잘못되었다는 의미로 그렇게 말했다. 타인을 상대하고, 타인에 대해 권력을 행사하고, 서로 협력하고, 어울리려는 인간의 욕망은 본질적인 현상이라고 그는 추정했다. 인간은 존재의 또 다른 방식을 알지 못했다. 그러나 아리스토텔레스의 생각에는 더 많은 것이 있었다. 정치는 단지 서로에 대한 중립적인 태도가 아니었다. 정치와 건강한 폴리스polis의 형성 및 유지는 사람들을 덕德으로 이끌었다. 인간의 정치적 본성은 본질적일지 모르지만 폴리스의 성격은 구축되어야 하고, 논쟁되어야 하고, 토론되어야 하는 것이었다. 정치는 의도가 있다고 아리스토텔레스는 주장했다. 최고의 정치공동체는 아리스토텔레스가 호모노이아homonoia라고 부른 의견 일치 또는 거의 보편적인 합의에 의해 운영된다.

아리스토텔레스는 지역적 폴리스에 집중한 한계를 갖고 있었다. 이 점을 고려했다면 저커버그는 페이스북이 글로벌한 우정이나 시민의식을 풍부하게 할 수 없을 것이라고 생각했을지도 모른다. 세상을 '더 개방되고 연결되게', 그리고 '세계를 더 가깝게' 만들고자 하는 저커버그에게 아리스토텔레스는 페이스북의 설계 방식이 그런 목표에 반대 작용을 할 것이라는 것을 가르쳐 줄 수 있었을 것이다.

저커버그는 페이스북에 관해, 또는 페이스북의 세계적 영향에 관해 토론할 때, 아리스토텔레스가 자연계를 조사할 때 했던 것과 같은 오류를 범한다. 아리스토텔레스는 식물과 동물의 기능과 구조를 그들의 목적, 또는 그들이 무엇을 할 의도였는지를 갖고 설명한다. 목적론은 사물을 그것이 실제로 무엇을 하는지가 아니라, 무엇을 할 의도였는지에 기초해 설명한다. 저커버그는 페이스북이 세계에서 특정한 종류의 일을 한다고 가정한다. 자신이 그렇게 의도했기 때문이라는 것이다. 하지만 저커버그는 사람들이 페이스북을 실제 사용하는 것이 자신의 명시적인 의도와 얼마나 동떨어져 있는지를 알았어야 했다.

아리스토텔레스는 저커버그가 애초부터 지배체계governance가 중요하다는 것을 깨닫도록 도와줄 수 있었다. 친구 또는 페이스북 친구를 모으는 일이 유지되려면 명확하고 예측 가능한 규칙이 있어야 한다.

우리가 페이스북 활동을 하는 이유를 이해하는 한 가지 열쇠는, 공유할 뉴스 기사를 즉각 선택하는 활동을 문화적 소속감cultural affiliations의 대중적 공연으로 인식하는 것이다. '나는 이 표현을 홍보하는 인간이다'라는 말이 페이스북에서의 모든 공표 행위의 기저를 이룬다. 아리스토텔레스의 말대로 페이스북을 습관적으로 하는 동물은 근본적으로 정치적이라는 것이다. 그들의 소속감은 매우 중요하다. 우리는 부족tribe에 소속되어 있다고 선언하는 데서 위안을 얻는다.*

우리는 페이스북에 올리고 공유하는 것으로 부족원 정신tribal membership을 실천한다. 한 단체에서 회원 자격 강화에 관한 이야기를 포스팅하는 행위는 사회적 가치를 창출한다. 만약 그 포스팅의 진실성에 의문이 제기되면, 그것에 집착하고, 그것을 옹호하고, 비평가를 비판함으로써 집단에 대한 충성심을 증명한다. 비록 많은 비용이 들겠지만, 이것도 사회적 가치를 지닌다. 심지어 우리는 명백한 거짓 이야기와 거짓 주장을 올리고 공유하기도 한다. 진실 여부보다 우리의 사회적 유대관계가 우리에게 더 중요하다고 주장하기 위한 것이다. 진실에 관한 문제는 수십 억 명의 사람들에게 거의 영향을 미치지 않는다. 반면에 사회적 멤버십의 자격 문제는 그렇게 중요하다고 한다. 그럴 때 어떻게 문화적 멤버십보다 진실을 더 가치 있게 여기라고 그들을 교육시킬 수 있을까? 페이스북은 '공동체'의 단순한 버전을 향상시키며 민주주의, 과학, 공중보건에 해가 되는 부족주의를 위한 포럼 역할 외에 무엇을 할 희망이 있는가?

---

* 이런 인식에 바탕을 둔 움직임을 정체성 정치identity politics라고 한다. 즉 종교, 인종, 성별, 생물다양성 등 정파적 정체성을 바탕으로 정치세력을 구축하고 해당 정체성을 가진 사람들의 이익과 권익을 대변하는 것이다. 미국에서 1970년대 민권운동기에 탄생한 개념이다.

페이스북은 오락 기계이다. 즐거움은 가볍고 덧없다. 그게 우리를 페이스북으로 계속 돌아가게 하는 것이다. 그러나 페이스북은 또한 불안 기계, 분노 기계, 그리고 원망 기계이기도 하다. 쾌락은 가볍고 덧없을지 모르지만, 원한은 깊고 오래 간다. 이 공식에는 더 많은 것이 있다. 페이스북은 우리를 끌어들이고, 우리를 낚아채고, 우리의 소속을 선언하도록 권장하고, 우리를 분열시키고, 모든 상호작용을 추적한다. 페이스북의 감시체계는 오락 시스템의 일부분이다. 그것들이 분리될 수 없다.

2

페이스북은
감시 기계이다

Surveillance
Machine

2017년 2월, 미 해병대 현역 여성 간부후보생이 노스캐롤라이나 주의 캠프 르준Camp Lejeune에서 전입신고를 하려고 줄에 서 있었다. 한 남자 해병대 보병장병이 그녀의 몇 발짝 뒤에 서 있었다. 그가 몰래 그녀의 사진을 찍어 '단결 해병대'라는 개인 페이스북 페이지에 올렸다. 그러자 그 간부후보생에 관한 반응과 정보 요청이 빗발쳤다. 순식간에 페이스북의 사진 포스팅에 댓글들이 넘쳤다. 댓글은 거친 단계를 넘어섰다. 몇몇은 강간을 제안했다. 몇 시간 뒤 한때 애정 파트너였던 것으로 보이는 어떤 사람이 가슴을 드러낸 여성 사진을 단체방에 올렸다.

해병대 출신 토마스 브레넌Thomas Brennan은 비영리 웹사이트 '전마 The War Horse'의 기자로 일하고 있었다. 그는 해병대원 페이스북 그룹이 각 부대의 여군 사진 수천 점이 담긴 구글 드라이브 폴더의 링크를 보여 주는 '리벤지 포르노revenge porn'의 온상으로 전락해 버린 사실을 알게 됐다. 그 페이스북 그룹들은 전투 스트레스와 민간인 생활로의 복귀에 대처하는 것을 돕기 위해 만들어진 것이었다. 브레넌이 기사를 쓴 지 며칠 후 해병대는 역겨운 사진들과 링크들을 삭제했다. 페이스북 그룹은 3월에 폐쇄되었다. 그러나 그 사진들은 그룹 회원들 사이에 떠돌아다녔고, 지금은 해병대원 수백 명의 휴대폰이나 하드드라이브에 들어가 쉬고 있다.

이런 종류의 감시와 괴롭힘은 전 세계에서 매일같이 벌어지고 있다. 남자들은 여성 사진 노출 권한을 아무 문제없이 행사한다. 남자들은 방대한 규모로 합심해서 창피 주기에 나선다. 이들이 무장한 소형 카메라는 의욕적인 특정 수용자들에게 즉각 뿌려 주는 앱들과 연결된 모바일 기기에 장착돼 있으며, 쉽고, 고품질이며, 편리하다. '소셜미디어'는 이런 짓의 대상이 되는 여성들에게 즉각적으로 '안티소셜antiso-cial'한 것이 된다. 때로는 페이스북이 관여된다. 때로는 구글 서비스가 이런 것들을 실행한다. 도처에 사진, 동영상, 음성을 기록하는 막강한 기구가 깔려 있다. 조사 연구소인 '데이터와 사회Data and Society'에 따르면 미국 여성의 4%가 리벤지 포르노의 피해를 입었다. 피해자의 10%는 13세 미만이었다.

휴대폰에 달린 카메라를 갖고 다니는 우리가 모두 감시 요원이다. 수전 손택이 페이스북과 인스타그램이 등장하기 오래전에 말했듯이, 카메라를 갖고 있으면 쓰고 싶어진다. 페이스북이나 인스타그램에 일단 올라가 버리면 동료 감시 사진 하나하나가 거대한 공동 감시망의 일부가 된다. 사진에는 촬영 시간과 장소를 보여 주는 메타데이터 정보가 붙어 있다. 그래서 사진 찍힌 사람들의 이름을 사진에 집어넣어 그들이 거기 있었다는 사실과 뭘 했는지를 다른 사람들에게 알려 준다. 카메라는 가만히 앉아서 지속적인 공동 감시를 하도록 설계되어 있다. 대부분의 휴대폰들은 위성위치확인시스템GPS에 연결돼 사용자의 위치를 추적한다. 휴대폰에 있는 페이스북과 인스타그램 앱들은 폰 소지자 정보를 함께 모은다. 이것이 감시체계이다. 그 힘의 핵심은 연관성이다.

만일 버지니아 주 샬러츠빌Charlottesville에서 찍은 사진들을 올리고 거기 나오는 세 친구들을 태그하면, 페이스북은 그들에 관해 긁어모은 정보들을 연결한다. 그래서 페이스북은 우리가 얼마나 자주 만나는지, 우리는 어떤 사이인지, 상호 인식의 다음 단계는 무엇인지, 심지어는 우리의 상대적인 소득과 소비 습관까지도 놀랄 정도로 정확하게 추정해 낸다. 이 모든 것은 페이스북 이용자들이 다른 사람에게 해코지를 하려 하지 않거나, 억압적인 국가권력이 이런 정보의 지배권을 얻지 않는 한에는 유해하지 않은 것처럼 보인다. 하지만 이 두 가지 상황이 모두 벌어지고 있다. 동료 감시는 공동 감시망, 국가 감시망과 연결된다. 페이스북은 우리가 무엇인가를 모으고 퍼뜨리는 것을 쉽게 해준다. 페이스북은 글보다는 사진을 선호한다. 페이스북은 사람들을 취향에 따라 분류한다. 그리고 대부분의 북미인과 유럽인을 포함해 세계 인구의 거의 30%가 페이스북 계정을 갖고 있다. 마크 저커버그는 세계에서 벌어지는 사회의 타락 문제에 대한 해법으로 페이스북 그룹이라는 것을 내놓았다. 하지만 이것이 비밀 사회조직 노릇을 한다.

페이스북은 많은 사람이 다른 사람에게 저지르고 싶어 하는 악의적이고 잔인한 행동들을 증폭시킨다. 이것을 포함해 페이스북이 일을 잘하는 이유는, 막대한 사용자 정보를 효율적으로 분류해 우리가 원한다고 생각되는 콘텐츠를 우리의 뉴스 피드로 보내 주는 지렛대 역할을 하기 때문이다. 페이스북을 훌륭한 것으로 만드는 것이 페이스북을 나쁜 것으로도 만든다. 페이스북을 풍성하게 만드는 것이 우리를 더 잔혹하게 만들기도 한다.

이 모든 것의 근저에, 그동안 우리가 봐 왔던 것들과 달리 감시 시스템이 있다. 그리고 그것은 우리가 맞이할 준비를 하지 못한 채 우리에게 다가왔다. 감시는 국가에서 나온 것이든, 다른 사람, 다른 그룹에서 온 것이든, 괴롭힘과 모욕을 조장한다. 만일 폴리스의 많은 사람이 대중 토론 참여를 시도할 때마다 괴롭힘을 당하고 말도 못하게 되고 위협당한다면, 우리는 공화국에서 책임감 있고, 정보를 가진, 참여적인 시민으로서 행동할 수 없다. 그것이 바로 오늘날의 현실이다. 그것은 우리 삶을 긍정적으로 확장시켜 주는 인터넷 플랫폼의 잠재력에 대한 가장 심각한 제약일 것이다.

페이스북은 세계적으로 가장 널리 퍼진 감시망으로 성장해 버렸다. 그것은 영리 위주의 세상에서 가장 분별없고 무책임한 감시망이기도 하다. 당신은 2014년 이전부터 페이스북에서 활동해 왔고 팜빌Farmville, 마피아워즈Mafia Wars 같은 게임이나 앱으로 소통해 왔는가? 그렇다면, 페이스북은 당신은 물론이고 당신의 페이스북 친구들에 대해서도 두툼한 개인정보 및 페이스북 활동내역 자료 모음까지도 추출해 냈다. 페이스북은 충분하거나 분명한 통지 없이 개인 정보를 수집, 사용, 공유하고 있다는 이유로 세계 각국 정부의 제재를 받고 있다.

페이스북은 인기와 파워에 의존해 사용자를 학대하는 짓을 계속하고 있다. 2018년 초 언론인들이 CA라는 행실이 지저분한 영국의 정치컨설팅 회사가 한 일을 밝혀냈다. 이 회사는 미국 대선 때 돈을 벌기 위해 미국인 5,000만 명 이상의 페이스북 데이터를 뽑아 갔다. 그 바람에 페이스북의 전 범위에 걸친 남용이 마침내 광범위한 대중적 관심과 비난을 불러일으켰다. 소셜미디어 연구자들과 프라이버시 옹호론자들은 최소한 2010년 이후 걱정이 늘어 갔다. 그러나 페이스북이 끼치는 악영향에 대해 깊이 생각하는 사람은 거의 없었다. 제임스 본드James Bond 영화 속의 악당 조직과 완벽하게 똑같은 CA의 스캔들이 터지기 전에는.

미국 트위터 사용자 중 소수의 운동가들이 #페이스북끊기#Quit Facebook를 약속했다. 페이스북 주가는 2018년 3월에 곤두박질쳤다. 유럽과 미국의 당국자들이 다시금 주목했다. 수천 명이 페이스북에 저장된 자신에 관한 기록들을 다운받아 보고, 자신의 안드로이드 기반 휴대폰이 페이스북에 문자와 통화 기록을 제공한 것을 확인했다. 미국에서는 분노가 강했지만, 페이스북의 글로벌 파워는 더 강하게 유지되었다. 2018년 초의 폭로는, 개혁 법안과 공공의 압박을 통해 페이스북과 다른 감시 기반의 기업들이 영업방식을 전환하도록 하기에 최적의 기회를 제공했다.

돈 벌이를 위한 데이터

2008년으로 돌아가 보면 나는 페이스북이 매우 조심스러웠다. 나는 페이스북의 위험요소와 그 혜택을 주로 사회적인 측면으로 파악했다. 당시 페이스북이 나에 관해 알고 있는 모든 내용은, 내가 페이스북을 통해 공개하도록 페이스북에게 골라 준 것들이라고 추정했다.

그것이 옳았다. 나는 페이스북에 활발하게 참여했던 초기 2년간은 나의 나이, 관계 상태, 성적 취향 칸들을 공백으로 남겨 뒀다. 그러던 어느 날 나는 '40대의 기혼 이성애자'라고 밝혀야겠다는 생각이 들었다. 일단 '기혼'을 클릭하니 이상한 일이 벌어졌다. 나의 페이스북 광고 칸이 성관계를 가질 목적으로 여성들과 접촉하려면 들어오라는 다양한 서비스 광고로 꽉 차 버렸다. 수상쩍어 프로필에서 '기혼'을 지웠다. 광고들도 사라졌다. 페이스북은 초기에 데이터 수집과 타겟팅 광고가 너무 투박해, 겨우 걸러 낸 한두 개의 속성을 기반으로 푸시 광고push ad.를 내보냈다. 게다가 초기에 페이스북에 광고를 한 기업들 중에는 때로는 부적절한 회사도 있었다.

이 모든 것이 2010년경 변하기 시작했다. 다른 사람들처럼 나의 페이스북 만족도도 높아졌다. 나는 페이스북 친구를 추가하라는 끊임없는 재촉과 제안에 굴복했다. 재학생들을 여전히 세심하게 피하고 있었지만 나의 페이스북 친구 범위는 넓어졌다. 게다가 나의 소셜 활동과 정치적 활동도 페이스북으로 옮겨졌다. 2010년까지 페이스북 없이 산다는 것은 필수적인 대화와 이벤트 같은 것들을 놓쳐 버리는 것을 의미했다. 나의 부모도 페이스북에 가입했다. 페이스북 사용자 기반이 사회 각계각층으로 퍼졌고 더 많은 나라, 더 많은 언어로 번져 나갔다. 마이스페이스 같은 경쟁자 후보들과 과거의 주요 경쟁자들은 사명감도 없고, 돈 벌 방도도 없는 상태가 돼 버렸다.

사용자의 삶과 습성을 넘어 더 중요한 무엇인가가 페이스북 회사 내에서 진행되고 있었다. 마크 저커버그는 2008년 셰릴 샌드버그를 구글에서 데려와 회사의 비즈니스 부문을 책임지는 COO에 앉혔다. 2010년까지 샌드버그는 효율적인 데이터 수집과 광고 시스템을 구축했다. 나의 페이스북 페이지에 뜨는 광고들이 나의 직업적 관심과 사회적 커넥션을 반영하기 시작했다. 고정적으로 뜨는 한 광고는 영화에서 교수처럼 보이는 사람들이 들고 다니는 묵직하고 비싼 가죽 서류가방이었다. 그것은 나의 관심과 딱 맞는 것은 아니었다. 250달러짜리 가죽 케이스에 돈을 쓰는 교수는 드물다. 그러나 내가 배우자가 있다는 이유만으로 나에게 배우자를 속이라고 재촉하는 광고에 비해서는 훨씬 나아졌다.

타깃 광고 임무를 솜씨 좋게 완수하기 위해 샌드버그는 사용자들이 무엇을 하고, 무엇을 생각하고, 무엇을 사고 싶어 하는지에 관해 더 많고, 더 좋은 데이터가 필요했다. 그래서 그녀는 사용자들의 정보를 추적하고 개인정보를 알아낼 페이스북의 능력을 확장하는 일련의 계획에 착수했다. 2010년이 페이스북이 이익을 낸 첫 해가 된 것은 우연의 일치가 아니다. 샌드버그와 그녀의 가공할 만한 비전과 경영수완이 없었다면 오늘날 페이스북은 빈털터리의 시시한 회사가 돼 버렸을 수도 있다고 해도 과언이 아니다.10

페이스북은 세계 역사상 가장 널리 확산된 감시 기계이다. 20억 명 이상의 사람들과 수백만의 기관, 기업, 정치운동 단체들이 열정과 선호, 편애, 그리고 계획들에 관한 상세한 내역들을 하나의 상업적 서비스에 갖다 바치고 있다. 또한 페이스북은 이 사람들과 단체들 사이의 모든 연결과 상호작용을 추적해 미래의 연결을 예측하고 미래의 상호작용을 조언할 수 있게 된다. 페이스북은 페이스북 계정을 갖지 않은 사람에 관한 접촉 정보까지도 쌓아 놓는다.

페이스북은 우리를 주요한 세 가지 유형의 감시에 노출시킨다. 첫째, 상업적이고 정치적인 단체들은 페이스북의 광고 시스템을 통해 페이스북의 타깃팅 파워와 예측 능력을 활용할 수 있다. 둘째, 페이스북의 다른 사용자들은 우리가 프로필에 적어 보여 준 것들을 통해 우리를 지켜보고 추적할 수 있다. 우리가 다른 사람들과 친구를 맺고 끊는 것, 여기저기 돌아다니는 것, 다양한 게시 글을 추천하거나 댓글을 다는 것, 각자의 의견이나 좋고 싫은 것을 드러내는 것을 다 본다. 셋째, 각국 정부들은 민간인이나 어떤 수상한 사람을 염탐하기 위해 페이스북을 활용해 친구나 협력자의 것으로 보이게 페이스북 계정을 허위로 만들거나, 페이스북 보안을 깨고 들어가 직접 데이터를 모은다.

페이스북은 광고주를 위해 사용자에 대한 상업적 감시 활동도 한다. 페이스북으로서는 사용자가 생산한 게시 글들과 직접적 광고를 추진하기 위한 데이터에 제삼자의 접근을 제안할 동기가 전혀 없다. 페이스북의 상업적 가치는, 인간 행동에 대한 매우 귀중한 설명 자료를 완벽히 통제한다는 데 있다. 그러나 광고회사와 페이스북 페이지 운영자들은 페이스북에게서 제공받은 인터페이스interface를 통해 일반적인 수용자에 관해 상당량의 것을 알게 된다. 또 포스팅과 광고가 창출하는 반응의 수준도 추적할 수 있다.

정밀한 타깃팅에 쓸 사용자 프로필을 확보하기 위해 페이스북은 사용자들이 제공하는 엄청난 데이터를 활용한다. 그것은 태생에 관한 데이터, 다른 사람과 상호작용한 기록들, 포스팅한 글들, GPS를 장착한 모바일의 페이스북 앱들을 통해 확보한 위치 정보, 그리고 '소셜그래프social graph'라 불리는 페이스북 아이템들 사이의 관계 지도들이다. 페이스북 아이템은 사진, 동영상, 뉴스 기사, 광고, 그룹, 페이지, 그리고 22억 사용자의 프로필들을 망라한다. 페이스북은 이런 정보들의 조합 덕분에 비슷한 성향, 비슷한 커넥션을 가진 다른 사람들이 원하고, 생각하고, 행동하는 것이 무엇인지에 기반을 두고 사용자들의 관심과 행동을 예측할 수 있다.11

페이스북 회사는 페이스북, 메신저, 인스타그램, 와츠앱 등 핵심 서비스를 통해 얻어 내는 데이터들 이상으로, '오픈그래프Open Graph' 서비스를 통해 다른 회사들이 페이스북에 직접 접속하도록 허용한다. 오픈그래프는 음악서비스 스포티파이Spotify가 페이스북 사용자 계정과 패스워드를 사용해 서비스에 등록하고 로그인해 페이스북과 상호작용을 하는 방식이다. 이렇게 하면 한 페이스북 사용자가 스포티파이를 통해 듣는 음악을 역시 스포티파이를 사용하는 그의 페이스북 친구도 들을 수 있게 된다. 또 그 페이스북 친구들의 음악적 습관도 다른 사람들에게 공유되기 때문에 스포티파이는 '소셜'해진다. 이것은 취향이 비슷한 음악 팬들 사이에서 발견과 추천을 유도할 수 있는 관심의 그물망을 만들어 낸다.

스포티파이는 새로운 사용자를 찾고 기존 사용자를 유지할 수 있는 능력이 커진다. 페이스북은 사용자 프로파일 확보와 타깃팅에 유용하게 쓸 수 있다. 상호작용, 심지어는 페이스북 외부에서의 상호작용도 늘어나고 더 큰 소셜그래프의 한 부분을 이루기 때문이다. 페이스북은 페이스북 계정에 여간해서는 로그인하지 않는 사람들로부터 거대한 양의 개인정보를 모을 수 있다. 오픈그래프 파트너 관계와 사용자의 인터넷 브라우저에 심는 추적용 쿠키tracking cookies를 통해서다. 우리가 기본적으로 페이스북의 추적 능력으로부터 완전히 벗어나는 방법은 없다.12

개별 기업의 상업용 감시는 그 자체로는 거의 무해한 것처럼 보인다. 페이스북은 경찰력이 없으므로, 사람들을 다치게 하거나 자유권 또는 재산권을 부정하며 권한을 남용할 수 없다. 만일 어떤 사람에 대해 부정확하게 프로파일링하고 부적절하게 광고를 타깃팅하면, 그 회사는 그 행동 때문에 수익을 내지 못할 것이다. 그런데 페이스북 리더들은, 이러한 모든 데이터들이 페이스북에 좋은 도움이 되면, 페이스북은 사용자들에게 더 즐겁고 적절한 경험을 제공하게 된다고 주장한다. 고양이를 키우는 사람은 개 사료 광고 세례를 보고 싶어 하지 않는다. 채식주의자는 햄버거 광고를 보고 싶어 하지 않는다. 우리는 우리가 좋아하거나 좋아한다고 생각하는 사람이 올린 포스트를 보고 싶어 하는 것이 일반적이다. 이런 식의 걸러 내기는 문제가 있는데, 3장에서 살펴보겠다.

그러나 사용자에게는 이들 문제 중 어떤 것도, 긴급한 위험이나 위협의 요건을 갖추지 못했다. 페이스북은 우리에게 고지하지도, 동의를 받지도 않고, 이런 정보를 모으고 잘 써먹는다. 페이스북은 우리의 활동 자료를 어떻게 활용하는지 그 전모를 우리에게 제공하지 않는다. 그리고 페이스북은 이런 만연한 감시에서 면제받는 분명하고 쉬운 방법을 우리에게 제공하지 않는다.

사용자들은 일반적으로 페이스북이 자신이 프로필에 포스팅한 특정 속성들만 보관하고 사용한다고 이해할지 모른다. 대부분의 사용자들은 페이스북이 하는 일의 깊이와 폭에 대해 종합적으로 이해하지 못한 것이 확실하다. 예를 들어, 사용자들은 페이스북이 대형 데이터 마케팅 회사로부터 신용카드 구매 데이터와 프로필 데이터를 사들인다는 사실을 통보받지 못한다. 개별 사용자가 이런 사실을 확인하려면 페이스북의 고객센터 사이트 여기저기를 찔러 보고 다니거나 검색을 해야만 한다. 우리가 페이스북에 제공하는 정보 혼합, 인터넷과 실제 세상에서 우리를 추적하는 페이스북의 능력, 그리고 페이스북이 사들이는 상업용 신용 데이터가 페이스북의 힘을 키워 주고 우리의 힘을 뺀다.

페이스북의 상업용 감시 체계의 가장 주요한 위험은 힘의 집중에 있다. 구글을 제외하고 세상의 어떤 기업도 페이스북만큼 풍부한 개인별 서류 세트 일체를 구축할 생각조차 하지 못할 것이다.* 이들 데이터가 광고업계에서 페이스북의 사업상 우월성을 강화해 준다. 페이스북은 광고 비즈니스의 대부분을 구글과 나눠 갖고 있다. 구글은 추적, 콘텐츠의 타깃팅, 광고를 페이스북과는 다른 방식으로 하면서도 같은 위험과 문제를 다수 낳는다.

우리의 모든 정보를 움켜쥐고 있는 페이스북에는 두 가지의 감시 위치, 즉 동료와 국가에서 나오는 위험이 붙어 있다. 페이스북 친구들의 흔한 행동 때문에 우리는 우리 사진이나 정보를 스스로 통제할 수 없게 된다. 개인정보 설정에 얼마나 주의를 기울이느냐 하는 것과는 무관하다. 어떤 페이스북 사용자들은 악의적으로 행동할 수 있다. 특히 관계가 나빠질 때 그렇다. 또 다른 페이스북 사용자들은 페이스북 친구들의 단단한 서클 너머에 알려지지 않은 사람들의 사진을 별 생각 없이 되는 대로 태그하는 습관을 갖고 있을 수도 있다. 이것 외에도 페이스북 프로필은 공개 창피 주기, 괴롭히기, 또는 외부에 개인정보 노출하기 등 의도적인 남용의 대상이 될 수 있다.

우리가 페이스북에 띄우는 것은 때로는 신중하게 선택되고 관리된 것이며, 정기적으로 진을 빼 가며 만든, 자기홍보와 자기표현의 활동

---

* 데이터가 모여 있으면 유출 우려도 커진다. 우크라이나의 보안 전문가 밥 디아첸코Bob Diachenko는 2019년 12월 19일 페이스북 이용자 2억 6,700만 명의 ID, 이름, 전화번호 등 개인정보가 2주 이상 인터넷상에 공개돼 있었다고 밝혔다. 유출 정보의 99%는 미국인이었다고 〈AP〉, 〈로이터Reuter〉 등이 전했다. 페이스북은 2019년 3월에도 수억 명의 개인정보가 내부 서버에 수년간 공개돼 있었다고 시인한 바 있다.

이다. 그것은 페이스북 프로필이 여간해서는 우리의 실제 생활과 개성을 완전하고 정확하게 묘사하는 게 아니라는 의미이다. 이것이 페이스북이 그렇게 오랫동안 우리의 실제 활동과 움직임을 모니터하고 기록한 하나의 이유다. 페이스북은 우리를 우리 친구와 가족들보다 더 잘 안다고 장담한다. 그럼에도 불구하고 페이스북 프로필이 정확하지 않거나 복잡한 인간의 진짜가 아닌 허상이라는 사실은, 다른 사람들과의 작용과 반작용들이 불공정하거나 해를 끼칠 수 있음을 의미한다.

페이스북은 우리의 상호작용과 노출을 우리가 믿는 사람들의 범위 이내로 제한하도록 설계되었다. 하지만 페이스북은 더는 그런 방식으로 기능하지 않는다. 페이스북의 약속과 달리, 사용자들이 자신의 정보를 통제하지 못한다는 것이 드러나기도 한다. 프라이버시 전문기자 카쉬미르 힐Kashmir Hill은 2017년에 묘한 현상을 발견했다. 페이스북은 그녀가 거의 알지 못하거나 존재도 모르는 사람들과 페이스북 친구를 맺으라고 추천하고 있었다. 그녀가 독자들에게 비슷한 경험을 했는지 물어보자 사회복지사와 치료사들이 그런 사례를 알려 줬다. 자신의 개인 정보를 고객들과 결코 교환하지 않았는데도 그들과 페이스북으로 연결된 적이 있다는 것이다. 한 정자 기부자는 정자를 기부받은 부부가 원치 않는데도 그들의 아이와 연결하라는 강력한 권유를 페이스북으로부터 받기도 했다.

힐은 페이스북의 '알 수도 있는 사람' 기능이 사람들에게 컴퓨터나 휴대폰에서 주소록을 업로드하도록 재촉하고 있다는 것을 발견했다. 거기 있는 e메일 주소와 휴대폰 전화번호들이 페이스북 프로필을 식별해 내는 것이다. 그리고 페이스북의 소셜그래프가 프로필들 사이에서 커넥션을 추적한다. 이 때문에, '알 수도 있는 사람' 기능이 아주 멀리 떨어져 있거나, 별거 중이거나, 적대 관계이거나, 심지어 서로 폭력적 관계인 사람들까지도 연결해 줄 수 있었다. 누구든 다른 사람의 주소록에 들어 있는 정보를 통제할 수 없고, 그 기능에서 벗어날 수 없다. 사용자들은 다른 사람에게, 또한 페이스북의 개인정보 사용 방식에 대한 다른 사람들의 이해에 처분을 맡기고 휘둘리게 된다.

힐은 이렇게 썼다. "수백 명의 연락처 자료를 축적한 것을 보면, 당신이 과거에 살았던 주소, 그동안 사용했던 e메일 주소, 지금까지의 일반전화와 휴대폰 번호, 당신의 별명들, 당신이 관여했던 소셜 네트워크에 써 넣은 프로필, 과거에 사용한 인스턴트 메시지 계정, 그리고 다른 사람이 휴대폰 주소록에 당신에 대해 덧붙여 온 어떤 것 등 일체를 페이스북이 알고 있을 수 있다는 것을 의미한다." 그리고 당신이 이것에 대해 할 수 있는 것은 아무것도 없다. 사용자들은 편의를 위해 자신의 연락처를 업로드하려고 페이스북에 등록하는 그 순간에, 꾐에 넘어간다. 페이스북은 사용자들에게 그 행동의 결과를 생각하라고 결코 알려 주지 않는다.[13]

국가의 페이스북 활용은 한층 더 골칫거리다. 국가는 시민들, 그리고 위협으로 간주되는 사람들을 체포하고 폭력을 행사할 수 있는 힘과 권한을 갖고 있다. 국가 권력은 페이스북을 두 가지 방식으로 다룬다. 첫째는 가장 보편적인 방식인데, 우리는 여러 나라의 권위주의 지도자들이 페이스북 활동을 모니터하고, 미심쩍은 반체제인사들과 언론인들을 추적하는 것을 봐 왔다. 그들은 파악된 정적들과 비판세력 탄압을 위해 페이스북과 와츠앱을 활용한다. 둘째로, 국가는 정부 개혁이나 정부에 이의를 제기하는 데 열심인 페이스북 그룹, 심지어는 동성애자들을 지원하는 그룹에 침투하기 위해 위조된 프로필을 사용할 수 있다. 미국과 영국의 안보 및 정보 기관들이 페이스북, 구글, 애플, MS, 야후 및 다른 기업들의 데이터 흐름에 몰래 들어갔다는 에드워드 스노든Edward Snowden*의 2013년 폭로도 있었다. 이는 페이스북 사용자들이 국가의 감시 권력에 얼마나 취약한지를 보여 주었다. 페이스북이 풍부한 정보 소스를 보유하는 한, 국가들은 그 시스템에 파고들 노력을 할 것이다.

국가의 적들

영화는 프라이버시와 감시의 주요한 개념 몇 가지를 설명하는 데 도움을 준다. 영화 제작자들은 사람들의 생활을 관찰하고 행동과 이미지를 광범위한 대중에게 제시한다. 영화 속에는 오래 이어져 온 감시에 관한 이야기가 있는데, 그것은 프리츠 랑Fritz Lang**의 작품으로

---

* 미 국가안보국NSA의 기밀자료를 폭로한 내부고발자이다. 고졸 학력으로 컴퓨터 개발자로 나섰다. 2004년 그린베레에 자원입대했으나 부상을 입자 국방부가 NSA로 전출시켰다. 미 중앙정보국CIA과 NSA에 있을 때 비밀 프로젝트에 접근하는 과정에서 '프리즘PRISM 프로젝트'의 존재를 알게 되었다. 이 프로젝트가 사실상 빅 브라더big brother를 지향한다고 확신한 그는 홍콩으로 망명해 2013년 언론을 통해 관련 사실을 폭로했다. 미국이 그의 체포에 나서자 러시아는 그에게 2020년까지 망명을 허용했다. 그는 2019년 미국 IT 전문매체와의 인터뷰에서 "페이스북이나 구글 등 거대 IT기업이 사용자의 사생활 자료를 회사의 성장을 위해 이용하고 있으며, 이는 NSA의 행태와 비슷하다"면서 "정부의 대규모 감시는 IT 기업들이 데이터를 수집하지 않았다면 불가능했던 일"이라고 비판했다고 미국 언론이 전했다. 그에 관한 영화로 〈스노든Snowden〉(2016)이 있다. 관련 국내 서적은 루크 하딩 저, 이은경 역, 『스노든의 위험한 폭로The Snowden Files』, 프롬북스, 2014; 글렌 그린왈드 저, 박수민 외 역, 『더 이상 숨을 곳이 없다No Place to Hide』, 모던타임스, 2014; 테드 롤 저, 박수민 역, 『스노든Snowden』, 모던아카이브, 2017. 등이 있다.

시작한다. 1927년 작 〈메트로폴리스Metropolis〉는 노동자에 대한 사회적 통제를 위한 경찰 권력의 감시를 중심 주제로 한다. 그의 1931년 작 〈엠M〉은 모두가 모두를 지켜보는, 오늘날의 페이스북과 인스타그램 같은 것에 관한 것이다. 감시에 관한 최근 영화로는 2014년의 〈캡틴 아메리카: 윈터 솔저Captain America: The Winter Soldier〉가 있다. 페이스북과 다르지 않은 기업에 관한 데이비드 에거스David Eggers가 쓴 반反이상향 소설을 각색한 2017년 작 〈서클The Circle〉도 포함된다.

24년 차이가 나며, 모두 진 해크먼Gene Hackman이 은둔형 감시전문가를 연기한 두 편의 미국 영화를 생각해 보자. 프란시스 포드 코폴라Francis Ford Coppola의 1974년 영화 〈컨버세이션The Conversation〉에서 해크먼은 순진하고 정서적으로 성장이 덜 된 사립탐정 해리 콜Harry Caul을 연기했다. 토니 스캇Tony Scott의 1998년 작 〈에너미 오브 스테이트Enemy of the State〉에서는 불만투성이의 냉소적인 전직 스파이 에드워드 라일Edward Lyle을 연기했다. 영화에서 각각의 주인공들이 한 작업의 차이점은 도구의 문제 이상이다.

콜은 민간인을 조사하는 데 오디오와 비디오 감시를 사용했다. 아날로그식 도구는 특정 대상의 대화와 사진을 포착하는 데는 효율적이다. 그는 개인들을 추적하고 사적 표현까지 녹음할 수 있는 기술과 장비를 갖고 개인회사나 개인에게 고용되어 특정 타깃에 대해 작업을 벌인다. 콜도 라일처럼 감시와 폭로를 통해 누군가의 삶을 망칠 수 있는 힘이 있다. 그러나 콜은 개인들에 대해 정확한 표적 감시 이상의

** 오스트리아 출신으로 미국으로 귀화해 메트로골드윈메이어 스튜디오스MGM 등과 영화를 만든 감독 겸 제작자(1890~1976).

다른 짓은 상상할 수 없었다.

　반면에 라일은 현대의 철저한 종합감시시대를 특징짓는 디지털 기기와 기술을 솜씨 좋게 활용했다. 그는 흔적 없이 사라지기로 결정하기에 앞서, 국가안보국NSA 같은 정부 조직이나 NSA의 청부업자처럼 고차원의 작업을 했다. 정확한 진실은 영화 속에서 완전히 공개되지 않는다. 라일은 영화 속에서 윌 스미스Will Smith가 연기한 로버트 클레이튼 딘Robert Clayton Dean에게, 그리고 이 영화가 나온 1990년대 후반의 영화관객들에게, 지속적인 디지털 데이터 마이닝data mining과 추적으로 유지되는 보이지 않는 웹을 소개한다. 딘이 워싱턴D.C.에서 달려갈 때 그의 추적을 맡은 괴짜 스파이 팀은 신용기록, 휴대폰 신호, 도시 전역에 설치된 수백 대의 감시 카메라를 마음대로 들여다볼 수 있다.

　라일은 빅데이터Big Data 시대의 새벽에 산다. 라일의 정보생태계에서 기업과 국가는 상거래 내역과 사람들의 움직임, 발언 기록을 담은 방대한 데이터베이스를 유지한다. 민간 기업에 의해 수집된 데이터와 NSA가 활용하는 데이터 사이에는 투과성 막permeable membrane이 있다. 전자장비는 지속적이고 총체적인 감시환경을 지원한다. 데이터 수집은 매우 저렴하고 쉬워서 데이터 가운데 중요한 것이 있을지 미리 판단할 필요가 없다. 기업들과 국가들은 먼저 수집하고 나중에 질문한다.

　미국에서 〈에너미 오브 스테이트〉가 처음 상영된 것은 스탠포드 대학원생 두 명이 '구글'이라고 불리는 핵심 위주의 사이트를 발표한 것과 같은 해였다. 구글은 사용자들이 직전의 검색이나 링크, 클릭을 통해 제공한 데이터를 전달하는 방식을 사용했다. 당시 구글은 사람들이 더 빠르고 더 정확하게 월드와이드웹WWW*을 검색하는 데 도움을 줄 수 있다고 했다. 이 영화는 2001년 9월 11일의 공격 3년 전에 나왔다. 9.11은 세계적으로 국가 감시의 지속적인 강화를 촉발시켰다. 이 영화는 미국 애국법USA Patriot Act에 4년 앞서 나왔다. 영화는 미국 정부가 통합정보인식TIA(Total Information Awareness)이라 불리는 프로그램에 막대한 양의 상업용 및 통신용 데이터를 수집하고 추적하겠다는 방침을 발표하기 4년 전에 나왔다. 이 영화는 페이스북에 7년 앞서, 아이폰iPhone에는 9년 앞서, 에드워드 스노든의 폭로에는 15년 앞서 나왔다. 스노든은 미국과 영국 정부가 자국 국민들은 물론이고 전 세계의 무고한 시민 수백만 명에 대해, 막대한 규모의 통신정보를 성공적으로 감청하고 수집해 왔다고 폭로한 바 있다. 지금 보자면 〈에너미 오브 스테이트〉는 거의 코믹영화로 보인다. 아주 정교한 사람들은 오늘날 감시라는 것에 대해 기본적으로 인식하고 수용했겠지만, 영화의 주인공들은 그러지 못했다.

프라이버시 문제

영화 〈컨버세이션〉에서 콜의 몰락은 한 순간의 약점에서 비롯된다. 그는 엉뚱한 시간에, 엉뚱한 사람에게, 엉뚱한 세부 사항을 공개한다. 그의 약점이 그의 양심을 깨운다. 그는 자신의 사생활만 염려하는

---

* 인터넷에 존재하는 문서, 그림, 음성, 동영상 등 각종 자료를 인터넷 주소URL를 이용해 하나의 문서 형태로 통합 관리, 제공해 주는 것. 이것 덕분에 사람들이 정보에 쉽게 접근할 수 있게 되었다.

것이 아니라, 다른 사람들에게 피해를 끼쳐 잘못했다는 느낌을 갖는다. 조지타운대 법학 교수 줄리 코헨Julie Cohen은 이걸 개인적 자주성에 대한 집중으로부터 '프라이버시의 사회적 가치'로의 이동이라고 표현한 바 있다. 콜의 자각에서 그것이 언뜻 보인다. 다른 사람의 개별적 프라이버시에 대한 콜의 관심은 충분하지 않았다.

프라이버시는 단지 우리가 남들에게 내보여 주지 않는 삶의 모습이 아니라는 것을 우리는 안다. 프라이버시는 우리가 자신의 정보에 대해 행사하는 자율성 그 이상의 것이다. 프라이버시라는 말은 우리가 다양한 맥락 속에서 다양한 평판을 다루는 방법이라고 하면 더 정확히 설명된다. 맥락에는 학교, 교회, 공공 영역, 일터 또는 가족이 포함될 수 있다. 이들 맥락은 제각각 이동하고 다른 것들과 겹친다. 경계들도 바뀐다. 맥락들은 섞인다. 그래서 21세기에 '자신self'을 규정하는 것은 과거에 비해 아주 많은 품이 든다. 유동성은 자유롭게 해 주는 것인데, 존재감이 하찮은 사람들을 지원하는 틈새를 찾는 사람들에게는 특히 그렇다. 그러나 그것은 무시무시하고 불안정한 자유가 될 수도 있다. 때로는 기진맥진하게 만들며 위험 가능성도 있다.

디지털로 네트워크화한 세계는 영화 〈에너미 오브 스테이트〉에서 라일이 피하려고 하는 세상이다. 우리의 업무 공간은 너무 쉽게 우리 가족 공간으로 번져, 평판을 관리하고 노출 방식을 통제하기가 어려워진다. 영리적 데이터 기업들이 우리 프로필을 수집해 정당과 선거운동 캠프에 팔기 때문에, 우리의 공적인 맥락도 뒤섞인다.

크립톱티콘

현대의 상업적, 정치적, 규제적 환경하에서 기관들은 인간 활동의 모든 흔적을 수집, 보관, 분석하려는 강력한 자극을 갖는다. 오랫동안 소비자, 시민, 죄수, 사용자 등 대상을 잘 추적하면 보상받을 수 있다는 가능성이 있었다. 학자와 분석가들은 상대적으로 최근에 문제 해결의 도구로서 빅데이터에 주목한 것을 설명하기 위해, 적정기술ap-propriate technologies*의 활용 가능성을 강조한다. 이 기술에는 거대한 서버 팜들surver farms**, 의미 없는 데이터 풀이 돼 버릴 수도 있는 것 안에서 신속히 패턴을 찾아내도록 설계된 알고리즘, 더 커진 주파수 대역폭bandwidth과 더 빨라진 프로세싱 능력 등등이 포함된다.

그러나 이런 기술 중심적 분석은 1980년 이후 세계 정치 경제와 지배적 이데올로기의 중대한 변화의 역할을 놓치거나 경시하는 것이다. 주식시장과 컨설턴트들이 다른 여러 가치들보다 '효율성'을 추켜세울 때, 대중시장을 겨냥한 광고가 투자 대비로 기껏해야 보잘것없는 수익을 거둘 때, 타깃을 정하고, 추적하고, 분리하고자 하는 유인이 힘을 얻는다.

현재의 규제 또는 시장 환경에서는 빅데이터 사용을 저해할 만한 것이 거의 없다. 예를 들어, 빅데이터는 더 빠르고, 더 폭넓은 역학적 평가 같은 분명한 공공의 이익을 제공한다. 그래서 그것과 그 기술적 시스템 및 실제 업무를 사용하지 않는 것은 바보 같이 보인다. 그러나

---

* 첨단기술이 아니라 낙후 지역이나 소외 계층을 위해 지역 환경이나 경제 사회적 여건에 맞게 만든 기술.
** 일련의 컴퓨터 서버와 운영시설을 모아 놓은 곳.

우리는 그 수익과 함께 비용도 이해해야만 한다. 그리고 그것의 신속한 확대와 폭넓은 채택은 허용하지 말아야 한다. 그랬다가는 그것의 사용과 남용에 대한 비판적인 대중적, 정치적 논의의 필요성에 우리가 눈길을 주지 못하게 될 수도 있다.

미셸 푸코Michel Foucault*는 1970년대 이후의 영향력 있는 책 『감시와 처벌Discipline and Punish』에서 판옵티콘의 개념을 빌려 왔다. 현대국가가 국민의 행동을 감시, 감독하고, 최종적으로는 조종하기 위해 사용한 프로그램과 기법을 설명하기 위해서였다. 판옵티콘은 제레미 벤담Jeremy Bentham**이 제안한, 결코 실현될 수 없는 설계를 말한다. 중앙에 있는 감시탑에서 수용자들의 일거수일투족이 언제나 파악되게 만든 원형감옥이다.

그런 감시체제는 푸코가 말했듯이, '무기와 물리적 폭력, 물질적 제한을 할 필요가 없는' 것이다. "필요한 것은 오로지 '시선', 끊임없이 시찰하는 시선이다. 결국 각 개인은 시선을 내면화하게 되고, 그래서 그것은 그들의 지속적인 감독자가 되고 말 것이다. 최고의 공식은 지속적이면서도 최저비용으로 행사된 권력이다." 응시하는 것이 사람들의 행동을 통제하는 데 쇠창살만큼 효과적이다.

프라이버시와 감시에 관해 글을 쓰는 사람들은 대중감시의 최대 해악이 사회적 통제라고 주장하기 위해 가끔 판옵티콘을 들먹인다. 그러나 판옵티콘은 현재 우리의 곤란한 처지를 묘사하는 게 아니다. 우선, 대중감시는 행동을 금지하지 않는다. 즉 사람들은 자신을 가리

---

* 프랑스의 철학자 겸 역사가(1926~1984).

** 영국의 철학자이자 법학자(1748~1832). 공리주의, 공익주의 이론을 제창했다. 통치자가 국민 전체의 이익을 목표로 해야 '최대 다수의 최대 행복'이 실현된다고 주장했다.

키는 카메라의 수와 관계없이 제멋대로 이상하게 행동할 것이다. 거리의 수천 대의 감시카메라는 별난 전위예술가 같은 행동을 막지 않는다. 요즘 리얼리티 TV 프로그램에서 보듯이 감시당하는 것을 안다고 해서 전체주의가 아닌 시장경제 국가에서 상상이 제한받거나, 창의성이 위축된다고 믿을 경험적 근거는 없다.

강압적인 국가적 폭력은 여전히 존재하며, 때로는 확산되는 게 확실하다. 냉전 시기의 동독 슈타지Stasi(비밀경찰)는 일반 대중의 공포심과 순종심을 높이기 위해 감시에 대한 폭넓은 인지를 활용하는 방법을 알고 있었다. 그러나 슈타지가 만든 환경은 지금 우리 대부분이 살고 있는 환경이 아니다. 판옵티콘이 눈에 보이고, 어디에나 존재하는 것이고, 그것을 만든 슈타지처럼 위협적이지 않다면, 그것은 벤담과 푸코가 상상했던 방식으로 행동에 영향을 줄 수 없다. 세계에서 정부와 기업은 판옵티콘과는 거의 반대 방식으로 목적을 달성한다. 유일하고 중앙집중화된 권위의 응시에 대한 개인의 복종을 통해서가 아니라, 최소한의 다수에 의한 개인의 감시를 동원하는 것이다. 나는 이것을 크립톱티콘이라고 부른다. 그것은 기업과 국가의 불가해한 거대 감시 정보 생태계이다.

벤담이 거론한 판옵티콘과 달리 크립톱티콘은 분명하게 드러나지 않는다. 그 규모, 그 편재성ubiquity(어디에나 존재하는 성질)은 물론, 심지어 그 존재조차 감춰져 잘 보이지 않는다. 예컨대, 편의점 계산대 위에 매달린 CCTV는 고객에게 점잖게 행동하지 않으면 체포될 위험이 있다고 대놓고 경고한다. 반면에 크립톱티콘은 인터넷의 브라우저 쿠키, 통신회사들로부터 확보한 데이터 스트림, 위성사진, GPS 추적자료, 위장 녹음감시, 상점의 할인카드, 전자책 리더기, 그리고 모바일의 앱* 등에 의존한다. 각각의 기술은 진짜 목적을 숨긴다. 그것은 놀랄 만한 정밀도로 수백만 명의 행동을 추적하기 위해 데이터를 모으고 제공하는 것이다. 그러면서 각각의 기술은 가치 있고 편리한 무엇인가를 제공한다. 심심풀이로, 때로는 공짜로.14

벤담이 생각했던 죄수들과 달리, 우리는 우리가 감시당하거나 우리에 관한 자료가 쌓여 가는 방식을 모른다. 어쩌면 그것을 알 길이 없다. 그래서 우리는 감시의 눈길 아래서도 우리 행동을 통제하지 않는다. 우리는 신경 쓰지 않는 것처럼 보인다. 크립톱티콘의 작업은 수수께끼 같고, 감춰져 있으며, 뒤죽박죽되어 있고, 미스터리하다. 누가, 누구를, 어떤 목적에서 지켜보고 있는지 아무도 모른다.

감시 대상자가 감시기록을 축적하고 활용하는 막강한 기관에 의해 어떻게 조종당하거나 위협당하는지 평가하는 것이 거의 불가능하다. 감시가 너무 만연해 있기 때문이고, 때로는 '당신의 안전과 안보를 위해서' 그런다는 식이어서 친절해 보이기 때문이다. 판옵티콘 아래서는 위협이라는 것이 표현이나 실험활동이 억압당하거나 징계를 받는 정도이다. 여기서는 그런 게 아니다. 위협은 대상자가 네트워크화한 현 상태에 단련이 되고 편안함을 느낄 수 있는 상태이다. 그래서 기꺼이 자신들을 효율적인 프로파일링과 행동예측의 대상으로 편안하게 내맡긴다. 크립톱티콘은 내부에 빅데이터와 연결되어 있다. 그리고 이 두 가지 개념은 역동적인 관계에 있으므로, 두 가지 모두를 상거래,

---

* 거대 기술기업도 아니고 권위주의 정부도 아닌, 미국의 로컬 데이터 전문기업이 모바일 앱에 들어가 개인의 위치정보를 추적하는 일이 벌어졌다. 그 결과, 집단은 물론 특정인의 일정 기간의 동선, 통화 상대자의 지역 등을 낱낱이 기록할 수 있음이 드러났다. 모든 것이 해킹 가능하다고 「뉴욕타임스」는 보도했다.

국가, 그리고 더 일반적으로는 사회와의 관련 속에서 이해할 필요성이 더 커진다.

페이스북, 구글, 아마존은 우리가 긴장을 풀고 평소 모습으로 있기를 바란다. 그들은 우리 소비자 선호가 만들어 낸 틈새시장을 활용하는 데 관심을 갖고 있다. 이 회사들은 우리가 남과 차별화하는 방법은 우리가 가장 애착을 갖는 물건들이라는 사실을 안다. 그래서 우리의 특이한 점들을 열심히 추적한다. 우리의 열정, 편애, 공상, 집착이 우리의 차별적 소비를 재촉하고 형상화한다. 그것들 때문에 우리는 정밀 마케팅의 쉬운 표적이 된다. 시장 세분화는 오늘날의 상거래에 있어 필수적이다. 마케팅 담당자와 판매자는 우리에게 메시지와 상품을 타깃팅하기 위해 우리의 특이한 점을 파악해야 한다.

북미나 서유럽 국가 같은 현대 자유국가들조차 우리가 있는 그대로를 드러내길 원한다. 그들은 체제전복적이고 위험가능성이 있는 사람들이 어둠 속에 숨어 살금살금 움직이지 않고, 자신의 버릇과 소셜 커넥션을 통해 자신을 드러낼 것으로 확신한다. 반대파와 파괴자들을 억압해서는 위험 가능 유형을 제거하지 못한다. 독일의 슈타지는 막대한 규모의 공작, 그리고 관찰자와 피관찰자 모두에 끼친 장기간의 피해에도 불구하고, 동독 사람들에 대한 통제를 잃고 말았다. 21세기 자유국가에서 지배는 사회적 또는 문화적 순응을 요구하지 않는다. 복잡한 마케팅을 구사하는 각 개별기업과 마찬가지로, 국가도 우리가 스스로 자신을 드러내기를, 그것을 선택하기를 원한다. 차이를 표현만 하는 것은 통상 위협적이지 않고 권력층에 상당히 쓸모가 있기 때문이다.

플로리안 헨켈 폰 도너스마르크Florian Henckel von Donnersmarck*의

2007년 작품 〈타인의 삶The Lives of Others〉은 끊임없이 갉아먹는 국가 감시의 힘을 보여 준다. 동독 정부에 충성하는 극작가인 주인공은 스타의 모든 특전을 누리면서 정치적 충성심이 자신을 지켜 줄 것으로 믿는다. 그런데 고도의 감시 아래 자신의 연인에게 복잡한 애정 관계가 발생하고, 그것이 자신에게도 영향을 미치자, 그의 신념은 흐트러졌고 국가의 타락상도 명확해진다. 영화는 끝부분에 빅데이터의 1991년 버전을 슬쩍 보여 준다. 독일 통일의 소용돌이 속에서 삶의 재건에 애쓰는 주인공이 베를린Berlin의 신설 기록보관소를 방문한다. 슈타지가 수집했던 파일들을 시민에게 공개한 곳이다. 이 순간 관객들은 인터넷도 없던 아날로그 미디어 시대에도 국가 감시가 얼마나 상세하고, 파괴적이며, 많은 것을 에워싸고 있는지를 또렷이 실감한다.

구글과 페이스북 같은 회사들은 빅데이터 수집과 분석을 자신들의 수익창출 기능의 한가운데에 두고 있다. 그들은 이것을 '사용자 경험UX(user experience)'**의 증대라는 말로 표현한다. 국가의 감시와 영리적인 감시의 경계는 더 이상 중요하지 않다. 국가 보안 기관들은 오픈 마켓에서 데이터를 요청하거나 사용허가를 부여함으로써 사람들의 움직임과 습관에 관한 중요한 데이터 세트를 정기적으로 받기 때문이다.

한 기관이 수집한 데이터는 다른 기관에 의해 쉽사리 이전되고, 추출되고, 활용되고, 남용된다. 예를 들어 한 기업이 슈퍼마켓이나 양판점에서 소비자 데이터를 구입해서 다이렉트메일 마케팅 담당자, 정당,

---

* 독일 영화감독.
** 사용자가 특정 제품이나 서비스를 사용하면서 느끼는 총체적인 경험.

심지어는 지역 검찰청에 팔 수 있다. 데이터 회사들은 다이렉트 마케팅 회사에 소비자 프로필을 팔기 위해 유권자 등록, 주택과 건물 등기부, 차량 등록증, 유치권 같은 국가 기록들도 수집한다. 시민들은 일반 사기업, 정부, 그리고 이러한 데이터에 관심을 가질 만한 다른 기관들 간의 정보 흐름에 대해 완벽히 파악할 필요가 있다. 장기적으로 개인적, 전문가적 평판에 오점을 남기는 것을 포함한 빅데이터의 여러 남용 가능성을 감안해야 한다.

사회

미켈란젤로 안토니오니Michelangelo Antonioni*의 1966년 영화 〈블로우 업Blow-Up〉에서 한 사진작가가 런던London의 공원에서 포옹하고 있는 한 커플의 사진을 몰래 찍는다. 그 여성은 사진작가가 뭘 하려는지 알고 화가 나서 그를 쫓아간다. 그녀는 이렇게 말한다. "여기는 공공장소예요. 누구든 평화롭게 쉴 수 있는 권리가 있어요." 이것은 미국인의 귀에는 조금 이상한 대화이다. 사적 공간과 공공장소에 대한 표준적인 미국인의 생각은 다르다. 누구든 사적 공간에서는 평화롭게 있을 수 있는 권리가 있지만, 공공장소에서는 그렇지 않다는 것이다. 미국 관객들은 '평화롭게 쉰다'는 의미와 조건을 생각해 보게 됐다. 미국의 사생활보호법privacy law은 오랫동안 '부당한 수색이나 감금'에 대한 법적 금지에서 유래된 차이에 기반을 두고 있었다. 그래서

---

* 이탈리아 영화감독.

우리는 사적 공간과 공공장소가 따로 있으며, 모두에게 적절한 것에 관한 우리 규범과 기대가 그 중간쯤에 있어야만 한다고 생각한다. 프라이버시는 문지방에서 끝난다.

안토니오니의 영화가 공개된 지 거의 50년이 지나 미국인의 프라이버시에 대한 개념이 설득력이 없다는 것이 더 쉽게 드러난다. 사적 공간과 공공장소의 차이는 더는 적절하지 않다. 우리가 집에 쌓아 둔 종이에 우리 생각과 개인정보가 기록된다면 우리는 프라이버시가 지켜졌다고 볼 수 있다. 그러나 지금은 너무나 많은 우리의 핵심적인 데이터가 우리 컴퓨터에서 멀리 떨어진 서버에 들어앉아 있다. 그것을 우리는 순진하게 '클라우드cloud'라고 부른다. 우리가 우리 정보를 '제삼자'에 맡겼기 때문에 미국 법은 뒤져 보기 좋아하는 국가의 눈길로부터 이 정보를 보호해 주지 않는다.

미국의 소니아 소토마요르Sonia Sotomayor 판사는 2012년 '미국정부 대 존스United States v. Jones' 사건 판결의 보충의견에 이렇게 썼다. "사람들이 자신의 정치적 신념, 종교적 신념, 성적인 습관, 기타 여러 정보를 정부가 어느 정도 마음대로 알아낼 수 있게 하는 방식으로, 자신의 동향이 기록되고 수집된다는 것을 이성적으로 예상하는지 묻고 싶다." 이 사건은 자신의 차량 아래에 설치된 GPS 센서를 달고 운전하고 다닌 용의자에 대한 부당한 감시에 관한 것이었다. 경찰은 공공장소에서 그의 이동을 추적하고 있었을 뿐이라고 주장했다. 법원, 특히 소토마요르 판사는 그것이 설득력 있는 대응이라고 인정하지 않았다.

영화 〈블로우 업〉에는 프라이버시가 반드시 공간의 문제가 아니라는 미국인답지 않은 생각이 나온다. 이 장면은 소셜 관계는 신뢰의 거미줄에 의존한다는 것을 깨닫게 해 준다. 프라이버시를 존중하는 것은 소셜 관계를 가능하게 하는 여러 규범 중에서도 중요하다. 〈블로우 업〉에 나오는 무명의 사진작가는 국가를 위해 일하지 않는다. 그는 영리기업을 위해 일하지도 않는다. 바네사 레드그레이브Vanessa Red-grave가 연기한 촬영 대상자의 증언이나 행동으로 미루어 볼 때, 사진작가가 그 사진을 어디에 쓸지를 그녀가 두려워하는지가 분명치 않다.

수백만 명이 주머니에 고성능 카메라를 넣은 채 걸어 다니는 시대가 오기 한참 전에, 그 영화가 우리에게 가르쳐 주는 것이 있다. 바로 개인의 존엄성에 가장 큰 위협 중 하나가 대기업이나 강력한 정부로부터 나오지 않는다는 점이다. 위협은 항상, 어디서든, 소리, 동영상, 사진 등을 기록하는 기기로 무장한 수백만 명의 개인들로부터 나온다. 동료 사회 구성원들은 마음만 먹으면 부지런한 자치대원의 정의감을 만족시키거나 단순히 즐기기 위해, 자신의 이웃을 노출시키고, 괴롭히고, 비난할 수단을 갖고 있다. 우리는 곧 공적·사적 교류의 모든 것은 물론, 사진, 녹음을 구글과 공유하는 구글 글래스Google Glass 같은 '24시간' 감시 기술에 접근할 수 있게 된다. 그러면 기업들과 정부들도 그것을 활용할 수 있게 된다.

〈블로우 업〉 영화 개봉 당시엔 공원에서 홀로 타인의 사진을 찍는 사람이 이례적이었다. 지금은 그런 행동이 너무 흔해 특별할 것도 없고, 심지어는 정상적인 것으로 되었다. 이러한 뉴 노멀new normal*은 주목하고 재고해 볼 필요가 있다. 특히 그것이 대단히 윤리적으로나 법적으로 걱정되기 때문이다. 우리는 너무 급하게 거의 완전하고 지속

---

* 시대가 변함에 따라 새롭게 떠오르는 기준 또는 표준.

적인 상호감시 시대로 들어갔다. 그 바람에 우리는 개인적 소비욕구와 편애를 공동선共同善을 유지할 수 있는 특정한 규범의 필요성과 대비해 보는 일을 제대로 하지 못했다. 사람들은 다수에 의한 극한 감시라는 상태를 조용히 받아들인다. 용이성, 효율성, 연결성, 오락성 등 강력한 동기유발 요소들의 영향 때문이다. 이러한 뉴 노멀을 가능하게 하는 기기들이 여러 측면에서 너무 매력적이다 보니, 그 기기 또는 사용자들을 비판하는 일은 강력한 저항에 부닥치게 된다.

프라이버시는 법이나 기술 같은 사회적 규범의 문제이다. 전문가들이 경고하듯이, 젊은이들이 과묵과 겸손의 전통을 무시하고 세세한 갖가지 정보를 소셜미디어를 통해 공유하는 것 같다. MS의 연구원 다나 보이드danah boyd가 『복잡하다: 네트워크화된 10대의 사회적 삶 It's Complicated: The Social Lives of Networked Teens』*이라는 중요한 책을 쓰기 위해 수행한 연구가 있다. 그에 따르면 젊은이들은 부모나 다른 권위 있는 사람들이 뚫고 들어갈 수 없는 코드를 개발함으로써 소셜 네트워크 참여의 의미를 감추는 방법을 일찌감치 배운다. 젊은이들이 소셜네트워크서비스SNS(Social Network Service)상에서 친척, 교사, 코치 같은 나이 많은 '페이스북 친구들'보다 프라이버시 설정을 훨씬 더 능숙하게 다룬다는 점도 중요하다.

---

* 다나 보이드 저, 지하늘 역, 『소셜시대 십대는 소통한다』, 처음북스, 2011.

저커버그의 원칙

마크 저커버그가 보기에는 이런 난잡한 연결성과 데이터 수집에 문제가 없다. 그는 연결 과정 자체가 우리에게 좋은 것이라고 믿는다. 만일 어떤 연결이 좋은 것이라면, 더 많으면 더 좋아져야만 한다. 페이스북 근로자들은 회사의 서비스에 관해 논의할 때 '프라이버시' 같은 단어는 사용하지 않는 경향이 있다. 이유가 있다. 그 단어 자체가 너무 무겁다. 그것은 너무 많은 의미를 갖고 있어서 페이스북이 하고자 하는 것과 반대되는 것으로 보일 수 있다. 결국 프라이버시는 커뮤니케이션의 거부, 동작과 시선에 대한 제약을 암시한다.

프라이버시는 연결성의 반대말인 듯하다. 저커버그는 2010년 「워싱턴포스트」의 오피니언 페이지에 이렇게 썼다. "만일 사람들이 더 많이 공유하면 할수록 세계는 더 개방되고 더 연결될 것이다. 더 개방되고 더 연결된 세계가 더 좋은 세계이다." 페이스북은 반복적, 규칙적으로 뉴스 피드, 사진앨범, 그리고 비콘 프로그램Beacon program 같은 기능들을 도입해 왔다. 비콘은 페이스북 친구의 구매 사실을 알려 주는 것으로 프라이버시 침해 우려 때문에 즉각적인 반발을 초래했다. 금세 폐지된 비콘의 경우를 제외하고, 페이스북은 매번 사용자들이 굴복하고 새로운 기능에 더 편안하게 느낄 때까지, 또는 불평과 저항에 지쳐 버릴 때까지 그냥 버텼다.

감시와 배포 시스템을 일시에 도입하는 경우 사용자에게 겁을 줄수도 있다. 그래서 페이스북은 전략적으로 이런 것을 천천히 도입했다. 사용자를 꾸준히 순응시켰던 것 같다. 페이스북은 우리를 훈련시켜 페이스북의 핵심 원칙들을 습관과 훈련의 문제로 받아들이게 만들었다. 그런가 하면 페이스북은 사용자들에게 무엇을 누구와 공유할지 '통제control'할 수 있게 해 주고 있다는 점을 과장한다. 그러면서도 사용자들로부터 통제권을 제거하는 시스템과 여러 기능에 대한 저항을 꾸준히 약화시켜 갔다.

저커버그는 우리가 바라는 것이 무엇인지를 꾸준히 알려 준다. 저커버그가 2010년 『타임Time』에 말한 것이 하나의 사례이다. "사람들이 원하는 것은 완전한 프라이버시가 아닙니다. 비밀 유지를 원하는 것이 아닙니다. 자신이 공유하는 것과 공유하지 않는 것에 대한 통제를 원하는 것입니다." 그는 '완전한 프라이버시'가 무엇인지 결코 정의를 내리지 않았다. 페이스북 기록물도 프라이버시의 정의를 내리지 않았다. 정의가 어떠하든, 프라이버시는 페이스북과 저커버그에게는 저항의 대상이지 보호의 대상이 아니다. 그것은 극복해야 할 대상이지 강화해야 할 대상이 아니다. 저커버그는 그것이 우리의 관심사가 아니라고 자기가 결정해 버렸다.

사용자의 '통제'를 강조했으니 저커버그가 완전히 잘못 판단한 것은 아니다. 프라이버시의 핵심은 자치성과 존엄성의 조합이다. 프라이버시는 우리가 팔아 치울 수 있는 물질이 아니다. 있기도 하고 없기도 한 존재가 아니다. 많은 사람들이 선언해 온 대로 프라이버시가 '죽는' 것도 아니다. 프라이버시는 우리가 보기에 적절할 때에 실행하는, 또는 실행하기를 희망하는 권리다. 그것은 우리가 자신에 관한 정보가 다양한 맥락에서 어떻게 사용되는지를 통제할 때 존재한다.* 어려

---

* 헬렌 니센바움Helen Nissenbaum은 프라이버시를 '문맥적 무결성contextual integrity'으로 파악할 것을 주장한다. 데이터의 주인과 데이터 수집자 사이에 정보의 흐름을 조절하는 적절한 제약이 필요하다는 개념이다. 사이코그래픽 세그먼테이션psychographic segmentation(소비

서 우리는 우리의 사회생활이 자신에게 권한을 행사하는 가족, 친구, 지인, 사람들과 기관들의 교차하는 서클로 이루어져 있다는 것을 알게 된다.

그래서 어린이로서 다양한 맥락 속에서 평판 관리법을 빠르게 학습한다. 때로는 어렵사리, 우리가 친구들에게 말할 수 있는 어떤 것들은 부모에게 말해서는 안 된다는 것도 배운다. 성직자에게 고해할 수 있는 것들을 친척들과 공유해서는 안 된다. 교사와 코치는 우리에 관한 특별한 지식을 갖고 있어, 우리 또래들이 그걸 알기라도 하면 우리를 골려 댈 것이다. 그래서 우리는 자신에 관해 누가, 무엇을 안다는 것을 어떻게든 관리한다. 우리는 생활 속의 사람들과 기관들 사이에 신뢰의 끈을 발전시킨다. 누군가가 그 신뢰를 파기하면 우리는 고통받는다. 다양한 맥락 속에서 평판을 관리하는 과정이 우리가 보통 프라이버시라고 부르는 것이다.

페이스북은 우리의 사회적 맥락을 뒤죽박죽으로 만든다. 우리가 수백, 수천 명의 페이스북 친구들 사이에 적극적으로 칸막이를 설치하고 부분집합을 분리하지 않는다면 맥락이 섞여 버리는 것을 곧 보게 된다. 대학 시절 친구에게 던진 농담을 회사 사장까지 보게 되면 회사 내의 지위가 격하된다. 계속 함께 토론해 왔던 유대 깊은 서클의

자의 개성, 태도, 라이프스타일 등 소비자행동의 심리학적 기준에 따라 시장을 세분화하는 것)이 활용되는 시대에 프라이버시를 사전고지notice와 동의consent로 파악하는 것은 불충분하며 맥락context의 문제, 즉 개인정보를 어떤 목적에 어떻게 사용했는지가 더 중요해졌다는 것이다. 개인정보를 기업 이벤트에는 내줄 수 있지만 정치캠페인에 쓰이는 것은 거부하는 경우처럼, 원래 사용 목적과 다른 곳에 사용되면 프라이버시가 침해된다는 해석이다. 핀 브런턴, 헬렌 니센바움 저, 배수현, 이정표 역, 『난독화, 디지털 프라이버시 생존 전략Obfuscation: A User's Guide for Privacy and Protest』, 에이콘출판, 2017. 등 참조.

또래들에 던진 정치적 발언이 이웃의 뉴스 피드에 떡하니 나타나면 의미가 변질된다. 어떤 맥락에서는 웃자고 하는 말이 다른 맥락에서는 당황하게 만들 수 있다.

페이스북은 우리에게 맥락 관리용 도구를 주지만, 그것은 거칠어 우리의 맥락을 거북하고 무익하게 규정해 버린다. 그래서 우리 사회적 맥락은 급속히 붕괴한다. 시간이 흘러 우리는 맥락을 공들여 관리하기를 포기한다. 나쁜 사람들이 언제라도 우리의 포스팅을 읽을 수 있다는 가정 아래, 우리는 소셜 결과를 받아들이거나 스스로 표현을 누그러뜨린다.

'사용자 통제'를 강조함으로써, 페이스북은 자신이 저지른 사회적 맥락의 붕괴를 관리할 부담을 우리에게 떠넘긴다. 이것이 페이스북, 구글, 그리고 우리의 행동을 감시하고 우리의 거래를 기록한 다른 실리콘밸리 기업들의 표준적인 입장이다. 그런 식으로 자신들의 정책을 방어한다. 우리는 개별 서비스의 설정을 수정해서 감시를 제한하도록 할 수 있다. 그들은 자신에게 유리하게 초기 설정을 깔아 놓고도, 우리에게 선택권을 줬으니 권한을 준 것이라고 주장한다. 시간이 흐르면서 프라이버시는 개인적인 문제가 아니며 사회적 또는 정치적인 문제라는 점을 가르쳐 준다. 페이스북이 우리에게 지운 부담은 우리가 스스로 보호하라는 것이다. 페이스북의 작동 방식이나 프라이버시 침해의 결과를 잘 모르는 사람들을 보호하라는 것이 아니고, 더 취약한 사람들을 보호하라는 것도 아니며, 전체 생태계를 보호하라는 것은 더더욱 아니다. 프라이버시의 보호는 페이스북이 개인적 책임의 문제인 듯 다루고 있는 환경의 문제이다.

페이스북이 사적인 그룹을 유지하고, 난잡한 사진의 즉각적인 업로

딩을 허용하는 한, 페이스북은 문제 사이트를 적발하는 데 사용자들에게 의존하지 않을 수 없다. 문제 그룹을 폐쇄하고 모든 사진을 컴퓨터와 조사인력들이 스캔하는 동안 사진의 이용을 수 시간 늦추는 방식은 페이스북의 관심 밖의 일이다. 다수를 위한 '사용자 경험'이 다른 사람의 건강과 안전을 이긴다. 위험과 부담은 우리에게 있고, 이익은 페이스북으로 들어간다.

페이스북이 하는 모든 것에는 우리의 주목을 모아 두 가지 목적에 사용하겠다는 욕구가 깔려 있다. 그 목적 중 하나는 우리가 원한다고 페이스북에 알려 주는 것 이상으로 우리에게 제공하는 것이다. 또 하나는 광고주들의 거래 희망과 자신의 상품과 서비스에 관심이 있을 만한 사람이 정확히 일치할 수 있도록 지원하는 것이다. 페이스북은 주목 경제*에 완전히 통달했다. 페이스북은 다른 방식으로는 작동할 수 없다. 주목 경제에서 우리의 프라이버시와 존엄성은 결국 중요하지 않다. 그곳에서 그것들은 불편한 것이고 없애 버려도 그만일 것이다.

---

* 사람들의 주목을 끄는 것이 경제적 성패의 주요 변수가 되는 경제.

3

페이스북은
주목 기계이다

Attention
Machine

ANTISOCIAL MEDIA

2015년 7월 15일 프로골퍼 그레그 노먼Greg Norman이 미국 TV 아침뉴스쇼 〈투데이Today〉에 출연해 앵커 매트 라우어Matt Lauer를 지명했다. 그가 앉아 있으면 동료들이 얼음물을 그의 머리에 뒤집어씌우겠다는 것이었다. 이어 라우어는 플로리다 주 팜비치 카운티에 있는 호스피스 병원에 기부하겠다고 약속했다. 라우어는 앵커 브라이언 윌리엄스Brian Williams, 가정생활 분야의 대가 마샤 스튜어트Martha Stewart, 그리고 라디오 진행자 하워드 스턴Howard Stern 등 세 친구를 지명했다. 이들도 앉아서 똑같이 상쾌한 경험을 하고 호스피스 병원에 대한 기부 서약을 하라고 했다. 프로 골퍼들 사이에 몇 달간 돌던 모금 수법이 대유행으로 번진 순간이었다.

수 주 만에 수십만 명이 얼음물을 흠뻑 적시고는 각각 세 친구를 지명해 똑같은 행동을 하도록 하는 동영상이 페이스북과 유튜브에 올라왔다. 챌린지를 하는 사람은 얼음물에 흠뻑 젖거나 기부를 서약했다. 때로는 두 가지를 다 했다. 그러나 동영상은 자선 기부금의 종착지에 관해서는 아무런 실마리도 제공하지 않았다.

라우어의 이벤트 동영상은 페이스북에서도 유포되었다. 라우어가

TV에서 지명한 직후 아이스버킷챌린지Ice Bucket Challenge가 근위축성 측색경화증ALS(루게릭병) 협회를 지원한다는 소문이 퍼졌다. 그 행위를 했던 사람들이 과거에 언급했던 다른 자선단체들은 모두 재빨리 멀리 사라져 갔다. 한 사람이 지명받은 사람 이름을 쓰고, 프로필과 콘텐츠를 연결하도록 해 주는 페이스북의 서비스를 통해 그들을 '태그'할 수 있었다. 이렇게 페이스북은 챌린지의 확산을 도와주었다.

최종적으로 250만 건 이상의 아이스버킷챌린지 비디오가 페이스북에서 유포되었다. 2,800만 명 이상이 이들 동영상에 어떤 방식으로든 참여했다. 유명인사와 정치인들도 참여했다. 유행이 미국 밖으로도 번졌다. 2014년 여름 한 달에만 ALS 협회는 9,820만 달러를 모았다. 전년 같은 기간에는 270만 달러였다. 유사 챌린지도 생겨났다. 깨끗한 물이 귀하고 프리미엄이 붙는 인도에서는 가난한 사람들에게 쌀을 기부하도록 권유하는 '라이스버킷챌린지rice bucket challenge'가 확산되었다. 팔레스타인 가자Gaza지구에서는 활동가들이 '러블버킷챌린지rubble bucket challenge' 동영상을 게시했다. 이스라엘과의 충돌 때 인프라가 파괴되는 것을 지켜봐 온 단절된 땅의 비극적인 일상생활을 알리기 위해서였다.[15]

아이스버킷챌린지는 화려한 성공 사례였다. 모금한 돈은 ALS에 맞서기 위한 기초연구에 기여했다. ALS는 일부 신경계통의 기능이 정상적이지 않아 성장 약화와 근육 소실을 초래하는 희귀병이다. 이 병이 진행되면 걷고, 말하고, 삼키고, 숨 쉬는 기초 활동까지도 방해받는다. ALS 환자의 약 절반은 진단 후 기대수명이 3~4년인데, 일부는 더 오래 산다. 챌린지는 매우 적은 수의 사람에게 영향이 있는 질병에 대한 인식을 높여 주는 것이었다.

하지만 이러한 성공에도 문제가 있다. 2014년 과거 어느 때보다 큰 금액이 ALS 연구소로 들어갔다. 이 병의 발병이 증가했나? 아니다. 다른 해와 같았다. 심신을 약화시키는 다른 질병들처럼 ALS도 연구와 치료를 위한 돈이 필요하다. 그러나 ALS 연구에 기부된 1달러는 말라리아 예방, 유방암 연구, 후천성면역결핍증HIV 치료와 예방, 또는 모든 고통 중에서 가장 치명적인 심장병 연구에는 거부된 1달러이다.

특정한 해에 어떤 질병들은 연구자금을 더 많이 받고, 어떤 질병은 덜 받아야 한다는 것을 누가 결정해야 하는가? 무엇에 근거해 판단을 내려야 하는가? 아마도 사망자 수를 고려해야 할 것이다. 어쩌면 고통받는 사람 수를 감안해야 할 것이다. 아마도 획기적인 치료의 가능성을 염두에 둬야 할 것이다. 많은 나라들이 의사, 과학자, 전염병학자로 구성된 위원회를 설치해 공공 연구기금의 배분에 관한 결정을 한다.

그러나 미국 등 많은 곳에서 공공기금이 감소하면서 연구기금의 민간 출연이 더 중요해졌다. 민간의 출연에는 홍보 실력에 따라 큰 차이가 난다. 연구 및 치료에 자금을 지원하는 협회들은 고통받는 사람들의 이야기에 의존한다. 그들은 한 번 더 추진하면 연구를 획기적인 지점까지 밀어 올릴지도 모른다는 희망의 한 줄기 불빛을 제공한다. 가장 기억하기 쉬우며, 가장 귀엽고, 가장 영리한 페이스북 캠페인을 만드는 그 명분이 가장 큰 재정 지원을 창출한다. 이것이 자선 기부금의 종착지를 결정하는 가장 끔찍한 방법이다.

아이스버킷챌린지의 성공 이후, 모든 자선 시도들은 관심을 사로잡는 한층 더 생생한 방식을 생각해 내야만 했다. 많은 경우에 그것은 페이스북에 더 많은 관심을 쏟아붓는 것을 의미했다. 페이스북에서는 주목이 중요한 단 하나의 화폐였다.

주목 경제

주목은 희소성이 있다. 사람들 대부분은 한 번에 한 가지 이상에 주의를 기울이는 것이 어렵다고 한다. 주목을 훔치는 것이 오히려 쉽다. 불빛 하나, 움직임 하나, 또는 기묘한 소리 하나가 이 책의 이 페이지로부터 시야 안의 다른 것으로 주목을 끌어갈 수 있다. 주목이 생각을 키운다. 생각은 흐름 속에서 일한다. 이런 흐름의 지속성이 제한되거나, 안정적으로 머물고 집중하는 것이 허용되지 않는다면, 생각의 힘은 사라진다. 사람들은 주목이 좁고 짧을 경우, 인터넷이나 앱 또는 e메일에서 링크를 클릭하도록 설득당하기가 더 쉽다.

광고주가 뭔가 팔 때는 한 순간이라도 당신의 주목을 붙잡아야만 한다. 광고주들은 당신의 주목을 확보하는 동안 다른 누군가가 그것을 훔쳐 가려고 노력한다는 것을 안다. 그래서 우리의 미디어 생태계는 더 오염되었고 더 갈라졌다. 거기서 미디어 분야의 여러 선수들은 주목을 훔치고, 유망고객에게 어떤 행동을 하라고 설득할 만큼 충분히 오랫동안 주목을 보유하려고 한다. 이를 위해 새로운 디자인과 타깃팅 전략과 자극으로 실험을 한다. 주목을 훔치려는 정신없는 시도에서 남겨진 순간은 얼마 없다. 우리가 선택한 시선에서 우리 눈을 끌어가려는 노력들 때문에 아무런 표시 없이 남은 공간도 얼마 안 된다.16

지난 40년간 세계의 많은 지역에서 제조업은 쇠퇴했고, 노동자는 저임금과 저보호 상태로 남았다. 우리는 정보 경제information economy 가 공업화를 대체할 것이라는 전망을 들었다. 정보는 너무 풍부하다. 정보를 관리하고 걸러 내는 일이 결과적으로 가치 있는 기능이 돼 버렸다. 구글과 더 좁은 범위의 페이스북은 우리에게 가치 있고 흥미로운 것을 정해 준다. 그래서 우리가 주위의 정보홍수를 관리하는 것을 도와준다. 이것은 헌신적인 산업의 탄생과 관련이 있다. 구글과 페이스북이 그 시장을 장악해 왔다. 구글과 페이스북이 주목을 끌어 돈을 벌면, 정보의 홍수를 매우 효율적으로 걸러 낼 수 있게 해 주는 노동자와 기술의 비용을 치를 수 있다. 이들 두 회사는 주목 경제의 유일한 선수가 아니었던 시절에도 그런 일을 아주 잘했다.

구글과 페이스북은 광고주를 잠재 고객과 연결하는 회사들 중 가장 성공적인 회사다. 그 회사들에는 신문사, 웹사이트, TV방송사, 라디오방송국, 그리고 광고판billboard 기업들이 포함되어 있다. 요즘은 택시와 버스 회사, 대학, 스포츠 스타디움, 호텔들도 포함된다. 모두가 후원기업들과 이들에 시간을 쓰는 소비자들을 위한 광고 집행 방식을 개발해 왔다. 미국 컬럼비아 로스쿨의 팀 우Tim Wu 교수는 주목 경제의 역사를 차트로 만들었다. 그는 이러한 기업들을 '주목 브로커들 attention brokers'이라고 부른다.

주목 경제는 1990년대 말 전체 산업이 내린 이념적 결정으로부터 나왔다. WWW 덕분에, 종이나 어두운 영화관 대신 작은 LCD 모니터에서 글을 읽고 비디오를 보는 것이 가능해진 시기였다. 콘텐츠는 자유로워져야 했다. '자유'라는 단어는 시대정신을 드러낸 것으로 당시에는 상당한 무게를 지니고 있었다. 자본주의와 민주주의는 우월했고 자유지상주의는 더는 주변부 사상으로 여겨지지 않았다. '자유'는 디지털 콘텐츠라는 것은 공짜일 수 있고 규제 없이 유통될 수 있다는 것을 의미했다. 세계를 자유와 창의성 면에서 높은 곳으로 끌어올리려면 상품과 서비스의 한계비용이 제로에 근접해야 한다는 이론이 제시되었다. 어쨌든 디지털 기업이 프로그래머, 전력 공급 회사, 변호사에게 값을 치르려면 소득이 필요하다. 1990년대 말 야후에서 시작해서 2000년대 초반 구글에 이르기까지 광고가 이들에게 자본을 공급했다.

디지털 산업 전체가 일단 콘텐츠는 공짜가 돼야 한다고 결정했다. 음반, 서적 출판사, 영화 스튜디오와 같이 단가 판매나 입장료에 오랫동안 의존해 온 산업에 압력을 가해 가격을 거의 무료로 떨어뜨렸다. 이 분야의 기업들은 주목 경제에 내재된 다른 수입원을 찾기 시작했다.

부와 명성을 통해 확실한 성공으로 이끌어 주는 주목 쟁탈전의 절정은 테드 토크TED Talk*이다. 의도적으로 딱딱하지 않게 18분으로 제한돼 있으며, 아주 효과적이고, 함축적인 토크는 영감을 주면서도 즐겁게 해 준다는 의미를 띠고 있다. 그 토크를 듣는 데는 숙고 또는 토론이 필요하지 않다. 몰두나 심지어 배경을 알기 위한 독서도 요구하지 않는다. 그것들은 지식의 캡슐이다. 그럼에도 테드 토크 출연은 자기 브랜딩의 정점이다.

페이스북에서는 모든 것이 광고이고, 광고가 모든 것이다. 투표하라고, 사라고, 기부하라고, 즐기라고 하는 설득용 아이템들과 오락용 또는 정보제공용 아이템 사이에 분명한 구분 표시도 없다. 심지어 개인 프로필의 제시 형태도 광고처럼 기능한다. 페이스북은 상업용과 소셜용을 뒤죽박죽으로 만든다. 우리가 페이스북과 상호작용을 하면

---

* 미국 비영리재단이 운영하는 정기 강연회로 기술, 오락, 디자인Technology, Entertainment, Design을 주로 다뤄 약자로 TED라고 부른다. 최근에는 과학, 국제이슈도 다룬다. 재능기부 방식의 지식 및 경험 공유 체계이다.

이것이 더 강화된다. 가장 설득력 있고 가장 즐겁게 해 주는 이미지를 세계에 제공하려면 소셜미디어의 프로필을 다듬어야만 한다는 알림을 우리는 수시로 받는다.

소셜 맥락이 뒤섞여 있다 보니, 우리는 페이스북을 하고, 페이스북 자체를 완벽하게 해 놓으라는 압력을 끊임없이 받는다. 우리는 머리를 다듬듯이 프로필을 다듬는다. 우리는 우리의 정체성과 소속을 나타내기 위해 포스팅할 것을 선택한다. 페이스북 프로필은 우리 자신을 위한 광고다. 페이스북은 사용자 프로필을 소속과 취향에 따라 분류하고 그다음에는 거래와 '참여'의 흐름에 기초해 더 역동적으로 분류한다. 페이스북 알고리즘은 소속감의 뒤틀어진 격자를 계속 만들어 내면서 분류 과정을 더 증폭시킨다. 그리고 사용자들은 알고리즘에 힌트를 제공한다.

자신을 드러내는 것을 다듬고 부족적部族的 소속감을 선언하는 데 시간을 더 쓰면 쓸수록, 우리는 이런 습관에 점점 더 동화된다. 그것은 문화적 규범이 된다. 그것은 이념의 소프트파워 양상을 띤다. 우리 주변에서 흐름과 산만함을 깨려는 기업들은 우리의 소속을 찾아내고 작업해야 한다는 것을 안다. 이것은 마케팅 회사들, 페이스북, 구글, 아마존, 다른 기업들이 갖고 있는 우리 모두에 관한 대규모 데이터 수집으로 가능하다. 매우 효율적이고 값이 비싸지도 않다.

'피크 광고peak advertising'* 이야기를 할 때가 된 것 같다. 우리 관

---

* 광고 분야의 군비경쟁이 너무 심해져 광고가 최고도에 오르면 효과가 감소된다는 의미이다. 미국에서만 한 해에 5조 개의 광고가 집행되고 있지만, 광고 효과는 감소한다. 판매업자들은 동일한 수익 흐름을 유지하기 위해 점점 더 많은 광고에 나선다. 이 때문에 더 많은 광고가 만들어지고 광고 효과는 더 떨어진다. 나이 어린 시청자들은 이러한 광고에 면역이

심을 상품과 서비스 쪽으로 끌어당길 시도들이 늘어나 정보 생태계가 포화 상태가 된다면, 우리는 그런 시도에 저항할 수도 있다. 뉴스, 오락, 인터넷 검색, 심지어 소셜 네트워크도 광고 투자의 한계 수익이 하락하는 것을 보게 될 것이다.

만일 우리의 주목이 완벽히 수확돼 우리가 더 줄 것이 없다면, 우리는 의존 가능하고 입수 가능한 뉴스를 어떻게 가질 수 있겠는가? 상업적 스폰서가 표시되지 않고 남겨 둔 공간은 이 세상에 없을 것이다. 전통적 광고는 거의 200년 동안 대단히 흥행했다. 그것의 관행과 기술이 그 기간에 상당히 변화했어도 기본적 기능은 똑같이 남아 있다. 즉 잠재적 소비자들로부터 주목을 끌어내 잡아라, 그것을 상품이나 서비스에 집중시켜라, 그리고 소비자가 보고 싶어 하는 미디어 콘텐츠가 무엇이든 간에 그 상품이나 서비스의 공급자가 돈을 치르게 하라는 것이다.

소비자가 콘텐츠 비용을 많이 낼 필요는 없다. 미디어 회사는 돈을 벌 다양한 원천을 갖게 된다. 광고를 구매하는 회사는 자신이 잠재적 소비자의 위치를 효율적으로 찾아낼 수 있다는 확신을 갖게 된다. 광고는 이렇게 이뤄진다. 그러나 우리 시선을 끌려는 격랑 속에서 각각의 광고기 힘을 잃게 되면서, 더 많은 광고가 우리 시야에 흘러넘친다. 현재 미국 전역의 많은 공립학교 시스템이 수익 공유를 조건으로 학생들을 겨냥한 기업 광고를 허용한다. 사물함, 복도 벽, 급식에 기업 로고가 붙어 있다. 학교의 안내문이 동영상 광고판의 광고 사이에 게

되는 데다 모바일 시대가 되어 광고 효과가 하락한다. 이러한 피크 광고는 광고에 대한 매우 독과점적인 시장 구조를 형성하게 한다. 소규모 회사들은 수익성을 유지하기 어렵기 때문이다.

시된다.

　현재 미국에서 주목 끌기의 성역이거나 자유로운 곳으로 여겨지는 공간은 거의 없다. 가장 잘된 광고는 그 상품과 서비스를 원할 것 같은 사람을 정확하게 겨냥해 배치된 광고, 그리고 가장 광고 같이 보이지 않는 광고인 것 같다. 페이스북은 우리가 상품 광고와 페이스북 친구가 올린 글을 구별하도록 도와주는 실마리를 제거함으로써 이 두 가지를 완수했다. 그리고 페이스북은 페이스북 알고리즘이 우리에게 적합하다고 판정한 광고들을 우리가 보도록 보장하고자 한다. 그래서 우리의 행동과 선호에 관한 데이터를 긁어모아 그 목적을 강력하게 달성했다.

　이것이 광고 작동 방식의 급격한 변화다. 과거 거의 200년에 걸친 광고는 메시지가 의도된 수용자에게 도달할 것이라는 믿음에 기초하고 있었다. 경험적 증거는 없었다. 이런 광고를 뒤집어 버린 것이 데이터에 의한 광고이다. 초기 광고는 20세기의 여러 변화를 가능하게 했던 미디어 시스템에 자금을 대 줬다.

　주목 끌기 마니아는 '페니 프레스penny press'*와 함께 시작됐다. 이것은 북미의 저널리즘과 상거래를 극적으로 바꿔 놓았다. 19세기 신문발행인들은 신문을 「뉴욕타임스」의 한 부당 가격보다 싸게 대량 판매하면 보상받을 수 있다는 것을 알아차렸다. 그래서 구독료 수입과 가판대 수익을 광고 수입으로 교환했다. 그들이 할 일은 글을 읽을 줄 아는 떠오르는 중산층의 눈길을 더 강하게 붙잡을 능력이 있음을

---

* 1833년 미국 뉴욕에서 벤저민 데이Benjamin Day가 「선Sun」지紙를 창간하면서 광고를 도입해 신문값을 부당 6센트에서 1센트로 낮췄고 대중의, 대중을 위한 신문 시장을 열었다. 이를 모델로 다른 도시에서도 페니 페이퍼가 많이 나왔다. 대중신문의 시작이었다.

동네 상점에 보여 주는 것이었다. 아직껏 「뉴욕타임스」를 함락시키지는 못했지만, 그 후 180년간 다른 미디어에 대한 비슷한 반란 공격의 모델로 작용하기도 했다. 페니 프레스 운동은 미국의 모든 신문의 관행과 기대수준을 바꿔 버렸다. 더 중요한 것은, 다른 유형의 미디어가 소비자에게 최저요금만 받고 폭넓은 수용자에 도달하기 위해 광고를 활용할 때 이 운동을 모델로 삼았다는 점이다. 소비자의 주목을 끌고 이를 측정하려는 욕구는, 변성하는 민주공화국과 역동적인 경제에 요구되는 실질적, 고품질의 문화 및 정보 제공 욕구와 충돌한다.

광고 덕에 「데일리 미러Daily Mirror」 「내셔널 인콰이어러National Enquirer」 「이코노미스트Economist」 「뉴요커」 같은 심층적이고, 진지한 다양한 매체들이 살아남았다. 일반 시장처럼 출판물 독서 시장도 분할되어 있다. 광고주와 발행인들은 콘텐츠와 광고 모두를 특별히 분할한 미국 대중에게 타깃팅하는 데 도사가 돼 갔다. 신문과 잡지, 덩달아 그들의 광고주들도, 1970년대까지 오랫동안 대중시장을 일반적으로 지역, 인종, 성性, 사회계층을 기준으로 커다란 조각으로 나눴다.

그때 컴퓨터 데이터베이스들, 그리고 더 영리한 시장조사가 새로운 시장 세분화 모델을 만들어 냈다. 새로운 세분화는 성 또는 인종만큼이나 문화적 스타일에 의해 정의되었다. '보헤미안 믹스' '샷건과 픽업' '도시 교외의 젊은이' 같은 세부 그룹 이름이 붙었다. 이들은 광고주, 마케터, 그리고 광고주에 의존하는 출판물과 프로그램들이 수용자에게 한층 더 정밀하게 도달하는 것을 도와주었다. 데이터 집약적인 작업이 늘어나면서 미국에서 거의 모든 것에 단일 거대 시장이 존재한다는 가정에 폐기 선고가 내려졌다. 그 결과, 우리 개개인을 '분류'해 성향에 맞춰 세분화된 주머니에 집어넣는 절차가 개시됐다.

그 후 40년간의 꾸준한 상승 국면에서 미디어, 마케팅, 광고 기업들은 더 강력한 알고리즘과 프로세서를 사용하면서 더 큰 데이터 풀을 찾아 나섰다. 이 회사들은 다이렉트 메일을 통해 작디작은 조각의 소비자들을 겨냥할 수 있었다. 가장 크고 가장 설득력 있는 목소리는 여전히 주요 신문, 상업 라디오방송, 그리고 TV였다. TV의 시장 세분화도 지역적 구분만큼 정밀하게 얻을 수 있었다. 그래서 한 제품의 광고가 샌프란시스코San Francisco에서 나오는 동안, 그 제품의 다른 광고가 유타 주 솔트레이크시티Salt Lake City에서 나올 수 있었다. 하지만 타깃 광고는 제작비와 시험비용이 비쌌고 시간도 오래 걸렸다.

인터넷 기반 광고는 다이렉트 메일보다 훨씬 정확하게 수용자에게 라벨을 붙이고 분류하는 것이 가능했다. 오늘날 광고주는 전체 가구에 종이 쪼가리를 우편으로 보내지 않고도 특정 가구원들에게 도달할 수 있다. 더 중요한 것은 인터넷 광고는 광고의 실제 작동 여부에 관한 데이터를 만든다는 점이다.

21세기 초 몇 년 만에 구글이 개발한 광고 시스템은 완전히 다른 방식으로 작동했다. 광고주들은 누군가가 광고를 클릭했을 경우에만 돈을 낸다. 광고가 실패한다면 광고주는 다른 버전의 광고를 시도해 보거나 타깃을 다르게 할 수 있다는 의미이다. 디지털 미디어는 유연성을 허용했다. 다른 광고 콘텐츠, 다른 수용자들, 그리고 다른 타깃팅 키워드들을 실험해 보는 것은 쉽다. 또한 구글은 즉각적이고 컴퓨터에 의해 결정되는 경매 방식에 기반을 둔 광고요금을 받았다. 더 높은 가격을 써낸 응찰자는 두 번째로 높은 응찰자가 제시한 가격만큼만 내면 된다. 경매의 승리자도 광고에 지나치게 높은 비용을 치르지 않는다는 것을 보장해 준다.

셰릴 샌드버그가 2008년 페이스북 COO가 된 뒤 페이스북은 구글의 가치 상승 때 쓴 것과 똑같은 기술을 대거 채택했다. 이어 샌드버그는 풍부한 개인 데이터와 소셜 커넥션 그래프에 입각해, 페이스북만이 제공할 수 있는 새로운 실험들과 광고 서비스를 지휘했다. 이것이 구글과 페이스북이 지금껏 만들어진 광고 시스템 중 가장 효율적인 주요한 이유이다. 1960년대와 1970년대에 1960년대식 윤리적, 문화적 인식 운동에 고무된 기초적인 시장 세분화의 지휘자들은 세계적으로 여러 명의 마크 저커버그들이 성과를 내 온 혁명을 시작했다.

20세기 중반의 광고는 설득의 방법론에 집중했다. 그 분야 전문가들은 사람을 감동시키거나 고무시켜 전혀 생각하지도 않았던 물건들을 구입하게 하거나 무시해 왔던 후보를 지지하게 할 수 있다고 장담했다. 21세기로 넘어가서도 광고는 관심을 공급자에 맞추었다. 상품이나 서비스에 이미 관심을 가졌거나 검색해 본 새로운 소비자들을 충분히 찾을 수 있다면, 소비자에게 구입하라고 설득할 필요가 없었다. 다이렉트 마케팅은 제안에 관심을 맞추는 정밀 프로파일링의 꿈을 오랫동안 갖고 있었다. 그 기업들이 검색, 쇼핑, 그리고 개인적 관심 행동에 관한 심도 있는 기록들을 확보한 후에야, 그들은 꿈을 실현할 수 있었다. 광고계에서 페이스북과 구글이 압도적인데, 여기에는 설득이 성과를 낸 사례가 많다. 대부분 매칭matching* 방식이다.

광고기업들은 복잡한 소비자들을 감시하고, 꼬리표를 붙이려고 하며, 소비자들이 일련의 거래에 참여할 것이란 희망에 한 조각 주목을 얻어 내려고 매달린다. 그것이 인간성을 말살시킨다. 그것은 본질적으

---

* 특정집단의 과거 행적으로부터 특정 행위를 유추하는 기법.

로 우리 개개인을 목적이 아닌 판매의 수단으로 다룬다. 그것은 또한 인류의 문제를 숙고하게 하는 복합적, 집합적 사고에 관한 수 세기의 조율된 노력을 악화시킨다. 〈더 보이스The Voice〉 같은 TV 히트 프로그램이 우리 눈길을 TV에서 아이패드나 휴대폰으로 옮기게 하고, 트위터를 하다 환호성을 지르게 하고, 채팅을 하다 쇼핑도 함께 하게 한다고 치자. 우리는 세계적인 난제에 직시하는 것은 고사하고, 공화국에 참여하는 것도 어렵게 된다.

그렇다고 그것에 뭔가 문제가 있다는 말은 아니다. 이제 달라진 것은 이처럼 우리 주의를 끌기 위해 달려드는 것이 전혀 약화되지 않은 편재성을 갖고 있어, 어디에나 존재한다는 점이다. 우리의 정치적 삶조차도 멀티스크린의 문제다. 라디오의 선구자 데이비드 사노프David Sarnoff*의 〈NBC〉 제국의 전문 경영인 후계자들이 링컨의 정당, 매디슨의 제도, 그리고 제퍼슨의 나라를 쫓아다니는 망령을 낳았던 것이다.** 그 망령이 바로 리얼리티 TV의 왕스타***이다.

---

* 사노프(1891~1971)는 러시아 출신, 미국의 무선기술자로 라디오방송을 거쳐 흑백, 컬러 TV 개발을 주도해 '미국 TV의 아버지'로 불렸다. RCA 회장, 〈NBC〉 회장을 지냈다.

** 에이브러햄 링컨Abraham Lincoln(미 16대 대통령)의 정당은 공화당을 가리킨다. '미국 헌법의 아버지'로 불리는 제임스 매디슨James Madison(미 4대 대통령)의 제도는 헌법을 말한다. 토머스 제퍼슨Thomas Jefferson(미 3대 대통령)의 나라는 언론이 제 역할을 하는 나라를 의미하는 것으로 볼 수 있다.

*** 미국 공화당 소속 대통령 도널드 트럼프를 가리킨다. 트럼프는 2004년부터 〈NBC〉 방송의 인기 서바이벌 리얼리티 TV쇼인 〈어프렌티스The Apprentice(견습생)〉의 호스트로 출연했다. 이 프로에서 트럼프는 지원자들에게 미션을 주고 수행과정을 지켜본 뒤 패한 팀에 "당신은 해고야You are fired!"를 외쳐 대 전국적인 인지도를 쌓았다. 2015년 대선 출마로 〈NBC〉와 연장 계약을 포기했다.

개인데이터를 선전에 활용하는 페이스북의 방식

2016년 러시아 정부를 위해 일하던 에이전트들은 페이스북이 광고 수익을 올렸던 한 가지 기능을 이용했다. 러시아 에이전트들은 미국 민주주의를 건드려 보기 위해 페이스북 광고 시스템을 사용하는 콘텐츠를 겨냥했다. 그들은 날조된 페이스북 그룹과 페이스북 페이지를 만들어 총기 사용 규제 반대, 이민 반대, 미국 연방으로부터 텍사스의 분리 추진 같은 이슈들에 주력했다.

미국 관리들은 페이스북이 러시아 정보원들에게 얼마나 장악되었는지를 실토하도록 압박했다. 페이스북은 인터넷리서치에이전시 IRA(Internet Research Agency)라는 러시아 기업과 연계된 470개의 페이스북 페이지와 프로필을 찾아냈다. 그 페이지를 관리했던 사람들은 약 3,000개의 광고를 구매했고, 때로는 러시아 통화로 지불했다. 이런 기법으로 광고가 미국인 1억 2,600만 명 이상에게 도달되었다. 이들 페이스북 페이지와 그룹은 6만 2,000명 이상의 미국인에게 도널드 트럼프를 지지하고, 힐러리 클린턴Hillary Clinton을 반대하고, 미 전역의 모스크에 항의하기 위해 129회의 시위와 행사에 참여하라고 재촉했다. 페이스북은 자사의 기본적인 광고 서비스를 통해 IRA가 그런 사람들을 타깃팅할 수 있게 도와주었다. 그래서 미국인들이 이런 게시물들을 봤던 것이다.17

광고를 페이스북에서 하면 쉽고, 돈도 적게 든다. 그것은 셀프 서비스 방식이다. 페이스북의 관리감독도 놀랄 만큼 거의 없다. 이러한 광범위한 글로벌 시스템은 쉽게 통제되지 않는다. 그래서 페이스북은 스스로를 대부분 통제하지 않은 채로 놓아두고 있다. 페이스북의 주요한 관리방식은 머신러닝machine learning*이다. 우선 광고주들은 페이스북 사용자들이 타깃할 범주를 만들어 내거나 페이스북 사용자들이 상호작용을 통해 작은 그룹을 만들어 낸다. 그러면 페이스북의 알고리즘이 광고 도달에 집중하기 위해 새로운 범주를 만들어 낸다.

나는 내가 만드는 팟캐스트를 홍보하기 위해 200달러짜리 광고를 했다. 팟캐스트에 관한 내용을 미국과 캐나다, 영국의 엄선된 수용자들에게 알림으로 밀어내는 방식을 선택했다. 대뇌와 행동에 관한 연구를 하는 과학자들이 어떻게 연구를 하며 논란거리를 토론하는지에 관한 것이었다. 나는 심리학과 신경과학에 관심이 있다고 드러난 사람들에게 광고를 집중하는 방안을 선택했다. 전문의 또는 박사 학위를 가진 사람들에게만 제한적으로 광고를 보여 주는 것이었다. 30세 이하는 제외했다. 이렇게 하면 제대로 된 페이스북 사용자 3,000명을 대상으로 하게 된다. 광고에서 유형별로 사람을 제외하는 능력은 페이스북 광고의 성공, 나아가서 페이스북 자체의 성공에 매우 중요하다. 페이스북은 광고주들이 유태인, 흑인, 여성, 스페인어 사용자들을 주택과 고용을 포함한 특정 광고 캠페인에서 제외시키는 것을 허용해 온 것으로 악명이 높다.

페이스북의 광고 서비스는 분할된 수용자들을 대상으로 다른 버전의 광고를 시험용으로 해 볼 수 있게 해 준다. 예를 들어 녹색 배경 대신 빨간색 배경을 쓴 광고를 했더니 '참여'가 더 많아진다면, 광고주는 녹색 배경 광고를 포기할 것이다. 또한 광고주는 파란색 대 빨간색, 노란색 대 빨간색, 캘리포니아에서의 빨간색과 프랑스에서의 노란

---

* 컴퓨터가 방대한 데이터를 분석해 스스로 학습할 수 있도록 하는 알고리즘과 기술.

색을 시험해 볼 수 있다. 타깃팅 시스템을 구축하기에 충분한 개인 데이터가 없다면, 페이스북은 이런 서비스를 제공할 수 없었을 것이다. 그런 타깃팅 서비스가 없다면, 페이스북도 신문과 TV 방송국이 수십 년간 해 온 투박하고 비효율적인 광고를 집행했을 것이다. 페이스북은 우리를 분할하고 우리를 위해 문화적, 정치적 우주를 창출한 것이다. 이것이 페이스북의 핵심 비즈니스다. 그것을 개혁하려는 것은 소용없는 일이다. 그게 페이스북이다.

깔때기 시선

페이스북에서는 같은 논리로 다른 광고들보다 선호되는 광고가 있다. 또 콘텐츠들 중에서는 사진, 포스팅, 동영상, 질문 등 사용자 제작 콘텐츠UGC가 선호된다. 참여가 이긴다. 시간이 가면서 페이스북은 클릭, 좋아요, 댓글, 공유 같은 참여의 표시를 만들어 낼 것 같은 아이템에 보상한다. 그것만이 아니라, 모든 페이스북 프로필의 뉴스 피드를 잘 다듬어 주는 것을 배운다. 당신이 페이스북에 더 오래 머물수록 당신은 페이스북 아이템에 더 오래 참여하는 것이다. 당신이 페이스북에 더 오래 머물수록 당신은 이미 당신을 흥미롭게 하는 것이라고 지정한 것과 매우 닮은 것을 당신에게 더 보내 달라고 페이스북에 더 많이 가르쳐 주는 것이다.

페이스북과 구글 모두가 이것을 '관련성 시험relevance test'이라고 부른다. 관련성은 도움을 주는 것, 가르쳐 주는 것, 도덕적인 것, 교육적인 것 또는 진실한 것과는 관계가 없다. 그 논리는 광고하는 상품과 서비스를 위한 것이다. 우리는 과거에 깊게 참여해 온 페이스북 친구들이 올린 아이템들을 더 많이 본다. 이것은 터널 시선 이상의 것이다. 이것이 깔때기 시선funnel vision이다.

이런 현상에 작가, 활동가 겸 기업인인 일라이 파리저가 '필터 버블'이라고 이름 붙였다. 페이스북은 우리가 관심 없을 것 같은 것들은 제쳐 놓는다. 대신 클릭, 좋아요, 공유, 댓글로 반응하는 아이템 종류를 우리에게 더 많이 제공한다. 그 주제가 상업적이거나 사소한 것이라도 괜찮다. 예를 들어 '고양이 집사'는 개 물품을 여러 종류 볼 필요가 없고 거꾸로도 마찬가지다. 파리저는 자신과 정치적으로 시각이 다른 페이스북 친구들이 올려놓는 포스팅이 시간이 가면서 더 적어진다는 것을 일찍이 알아차렸다. 그는 페이스북이 사람들을 알고리즘으로 그룹을 만들어, 이러한 깔때기 시선을 만들어 내는 것으로 의심했다. 그래서 그는 페이스북과 구글의 엔지니어들을 인터뷰했고, 그들의 알고리즘에 반영한 가치 기준에 대해 자세히 설명을 들었다. 파리저의 의심이 적중했다. 2011년에 그의 책 『필터 버블The Filter Bubble』이 나오고 그가 테드 토크에서 설명하자, 사람들은 그 현상의 영향을 의심하기 시작했다.

필터 버블의 힘은 여러 시도에도 불구하고 측정되지 않거나 측정할 수 없는 채로 남아 있다. 그렇지만 그 의도는 확실하다. 페이스북과 구글은 알고리즘이 우리의 참여 기록과 우리 주변의 다른 사람들이 하는 것들을 기반으로 해서 '관련된' 콘텐츠를 제공하는 기능을 수행한다고 선언한다. 파리저와 다른 사람들이 시험했듯이 그 현상은 개인 차원에서 관측 가능하다. 그러나 필터 버블이 실제로 우리 시선을 제한하는지, 또는 우리 스스로 이미 하는 것 이상으로 우리를 부족화하는지 여부에 대한 질문은 여전히 캄캄하다. 페이스북 고유의 사용자 데이터에 접근하지 않고 필터버블의 효과를 측정하는 것은 거의 불가능하다.[18]

2015년에 페이스북 연구자들이 『사이언스Science』에 페이스북 사용자들 사이의 정치적 극화polarization 현상에 관한 중요한 연구결과를 발표했다. 페이스북이 데이터를 공개하지 않았기 때문에 그 연구는 반복실험을 해 보거나 심층적으로 검토되지 못했다. 연구는 '알고리즘 랭킹과 비교해 볼 때 교차편집 콘텐츠에 노출을 제한하는 데 있어서 개인의 선택이 더 중요한 역할을 했다'고 결론짓고 있다. 이것은 페이스북 연구자들이 페이스북 사용자들 간에 의미 있는 정도의 극화를 발견했지만, 페이스북 알고리즘보다는 동종선호homophily의 탓으로 돌렸다는 것을 의미한다. 동종선호란 우리와 비슷한 사람과 잘 어울리려는 욕구를 말하는 사회학 용어이다. 그 논문은 알고리즘이 과거의 참여를 반영하는 패턴을 따라 아이템을 분류한다는 주장을 깎아 내리지 않는다. 다만 알고리즘의 효과는 우리 같은 사용자들이 만드는 선택의 효과보다는 가볍다고 결론짓는다.

이 연구의 더 중요한 교훈은 페이스북과 사용자들이 상승작용에 의해 동종선호적으로 우리의 가시범위를 좁히는 일을 한다는 점이다. 우리가 우리의 다른 견해를 봉해 버리는 '반향실'을 만들어 냈다고 결론짓는 것은 잘못된 것이다. 또는 페이스북이 봉해 버렸다고 하는 것도 잘못이다. 우리의 선택과 페이스북의 선택이 서로를 먹여 살린다. 우리는 그 시스템의 부분이다. 기술은 문화, 정치, 이념과 멀리 떨어져 있는 것이 아니고 그 안에서 작동한다. 필터 버블의 존재 여부나 그 중요성에 관한 논쟁은, 잘못된 이분법에 빠져 버려 꼼짝 못하게 된다.

그것이 기술의 실패인가, 또는 인간의 실패인가 하는 논쟁처럼. 답은 항상 '그렇다'라는 것이다.

필터 버블의 힘이 있을 것이라고 의문을 갖기 쉬운 이유 중 하나는, 문제가 나타나기 전부터 몇몇이 그것을 외쳐 왔다는 점이다. 훗날 필터 버블로 알려진 것에 관해 가장 일찍 나온 비평은 페이스북보다 3년 앞섰다. 2001년 하버드대 로스쿨의 법학자 캐스 선스타인Cass Sunstein은 당시 인터넷 이상주의자들 사이에 유행하던 미신에 대응했다. 그것은 우리의 뉴스 콘텐츠가 인터넷에 일단 존재한다면, 우리는 다양한 필터들과 플랫폼들을 사용해 뉴스를 다듬어 우리 취향에 맞춰 주문제작할 수 있겠다는 내용이었다.

한 세기 이상 우리는 단지 스포츠 섹션, 만화, 또는 브릿지 게임에 관한 칼럼을 보기 위해 전체 신문을 구입했다. 좋아하건 아니건, 모스크바Moscow와 멜버른Melbourne에서 온 뉴스까지 패키지로 샀다. 신문사는 독자가 어떤 기사를 처음부터 끝까지 읽는지 알 도리가 없었다. 어떤 사람이 경제면을 펼쳐 보는지 알 방법이 없었다. 신문에 광고를 싣는 기업들처럼 신문도 대략적인 데이터, 총 매출액 같은 것에 의존해 일을 했다. 직감, 경향, 또는 뉴스 판단이라는 것에 의존해 기사화할 콘텐츠를 골랐다. 인터넷은 독자들이 스스로 선택한 콘텐츠만 볼 수 있게 해 줬다. 그래서 독자들은 월드컵 토너먼트 경기에 관한 4개의 기사만 읽고 국제축구연맹FIFA의 부정에 관한 기사는 읽지 않아도 그만이었다. 매사추세츠 공대MIT 교수 니콜라스 네그로폰테Nicholas Negroponte 같은 석학들은 이런 식의 맞춤 서비스에 찬사를 보냈다. 반면에 선스타인은 끔찍해했다. 그는 이것은 공화주의를 방해하는 소비지상주의의 냄새를 강하게 풍겼다고 리퍼블릭닷컴Republic.com

에 썼다.

선스타인은 같은 주장을 담은 책을 두 차례 더 썼다. 그의 주된 주장은 우리가 웹사이트, 블로그, 이제는 소셜미디어에 의존하는 습관이 강해져 문제가 생긴다는 것이다. 그런 습관 때문에 그가 '반향실'이라고 부르는 곳에 우리의 시선이 집중되고 우리 자신을 그곳으로 분류하게 된다는 것이다. 그래서 결국 우리의 현실감을 복잡다단하게 해 주는 정보를 보지 못하고 우리의 입장에 도전하는 견해들과 얽히지 못하고 만다는 것이다. 선스타인은 다른 미디어 비평가들에 앞서 이 문제를 찾아냈다. 그러나 구글과 페이스북의 강력한 알고리즘이 부상하기 전에는 그의 우려에 걸맞은 강력한 증거가 부족했다. 선스타인은 블로고스피어blogosphere* 연구에 집중했다. 블로그는 당시 영향력 있던 블로그롤blogroll**를 통해 인터넷의 뉴스, 정보, 댓글의 생태계에 사회적 역동성을 가져다주었다.

다니엘 드래즈너Daniel Drezner와 헨리 파렐Henry Farrell은 새롭게 떠오르는 학술 블로거였다. 파렐은 블로그 독자들이 자신의 정치적 신념과 조화가 되는 블로그들을 읽는 경향이 있다는 결론의 공저 논문을 2009년에 냈다. 그 분야의 좌와 우 진영의 블로그를 두루 읽는 독자는 흔치 않았다. 파렐과 동료 연구자들은 블로그 독자들 간 극화의 강력한 증거를 발견했다. 블로그 독자들은 블로그를 읽지 않거나 TV로 뉴스를 보는 사람들보다 더욱 극화되는 경향이 있다는 것이다. 주요한 정치 블로그들은 독자들이 다른 관점을 가지고 참여하도록

---

* 인터넷상의 커뮤니티나 소셜 네트워크 역할을 하는 블로그들이 서로 연결되어 있다는 개념. 모든 블로그들의 집합.

** 블로그 필자가 공유를 원하는 블로그의 리스트.

장려했다. 블로그의 단골 독자들은 강력하게 동의하는 핵심 블로그 사이에서 돌아다니기 시작하면서 자신들을 그룹으로 나눴다. 블로고스피어 시대에는 끼리끼리 노는 것을 키워 주는 알고리즘이 존재하지 않았다. 독자들은 자기 자신을 분류했다. 우리는 모두 우리의 추정을 강화하는 것들을 승인하고, 반대하는 증거들은 거부하는 확증 편향confirmation bias에 민감하다.

우리는 존경심을 갖고 블로그 전성시대를 돌아봐야만 한다. 대략 2002~2007년의 블로그 시대는 아마도 우리가 누린 가장 풍성하고 다양한 미디어 생태계의 시기였다. 구글은 광고 시장에서 설 땅을 얻어 가고 있었지만, 시장은 인터넷과 종이를 통틀어서 독립적인 출판물로부터 파괴적으로 떨어져 나오지는 않은 상태였다. 오픈데모크라시닷넷OpenDemocracy.net과 살롱닷컴Salon.com 같은 홈페이지들은 지위와 영향력이 커져 갔다. 정보가 많고 표현력이 좋은 전문가들이 내놓은 다양한 의견들과 분석들이 블로그와 그 안의 링크들을 통해 독자들을 찾아갔다. 재미있는 블로그 글은 한 독자에서 다른 독자로 이어졌다.

하지만 그 직후, 페이스북과 트위터가 블로고스피어의 활력을 떨어뜨렸다. 페이스북과 구글이 출판물의 수익과 자신감을 떨어뜨렸던 것이다. 허핑턴포스트Huffington Post, 토킹포인츠메모Talking Points Memo, 보잉보잉Boing Boing 같은 그룹 블로그들은 영향력 있는 전문 뉴스와 논평 사이트로 변해 갔다. 그러나 공동의 자립DIY(Do It Yourself) 정신은 사라졌다. 블로그를 메우던 많은 표현들은 이제는 트위터에서 140자로 증류돼 버렸거나 페이스북의 글로 나타나 페이스북의 막강한 알고리즘의 변덕에 종속되고 말았다.

페이스북 알고리즘이 영향을 미쳤다. 우리는 페이스북 친구를 선택했다. 우리 대부분은 다른 견해를 갖고 있고, 우리와는 다른 출처의 글을 읽는 친구와 친척, 동료들을 갖고 있다. 그러나 클릭, 댓글, 좋아요 같은 상호교류 습관에 따라 페이스북은 이러한 '참여'를 끌어내는 출처에 보상을 해 주게 된다. 그러니 우리는 똑같은 것들을 더 많이 얻게 되는 것이다.

우리의 세계관에 관한 한, 우리는 이미 습관과 편안함의 창조물들이다. 페이스북은 그러한 경향을 과격하게 확대시킨다. 페이스북에 올라온 것들은 여간해서는 페이스북을 벗어나 돌아다니지 못한다. 그리고 페이스북 포스팅은 페이스북이 그럴 만하다고 결정한 수용자들에게만 전달된다. 그러한 '선택 아키텍처choice architecture'*는 위험스러울 정도로 강력하다. 페이스북과 구글은 무엇을 하는지를 말해 줬기 때문에, 우리는 필터 버블이 존재한다는 것을 믿을 수 있다. 그들은 우리가 특정한 콘텐츠는 볼 수 있고, 다른 콘텐츠는 볼 수 없는 이유를 대충 그리고 정밀하지도, 명확하지도 않게 우리에게 말해 준다.

기본적으로 우리는 동종선호의 경향이 있다. 우리 미디어 시스템은 그러한 경향을 바로잡거나 강화할 수 있다. 페이스북에 지배당하는 현재의 미디어 생태계는, 확증을 좋아하는 우리의 약점과 끼리끼리 어울리려는 우리의 욕망 모두를 키워 준다. 단지 기술만이 아니다. 단지 인간의 좋지 못한 문화적 성향만이 아니다. 기술이 문화이며 문화가 기술이다. 모두 동일한 시스템의 일부분이다.

---

* 사람의 의사결정에 영향을 미칠 수 있게 다양한 방식으로 설계와 프레젠테이션을 하는 것.

맹수 키우기

　종전에는 구글의 검색 알고리즘이 무엇을 읽고 보게 할지를 대체로 결정했다. 사람들이 세상에 관해 배우고 정치를 하는 데 있어서 페이스북이 중심적인 역할로 부상하기 전에는 그랬다. 구글의 검색 알고리즘을 만족시키는 디자인과 콘텐츠로 최적화한 사이트들은 잘 커나갈 수 있었다. 대량 총격사건이나 쓰나미에 관한 뉴스가 터지면 사람들은 구글을 쳐다봤고 구글을 만족시킬 수 있는 사이트들이 클릭을 확보했다. 클릭 수는 광고를 정당화한다. 클릭이 많다거나 다른 사이트에서 타고 넘어가는 링크가 많다는 것은 장차 더 많이 보여진다는 것을 의미했다. '검색엔진 최적화' 게임에서 승리하면 긍정적인 피드백 순환, 즉 양적 상승세를 가져올 수 있었다. 승자는 승리를 계속 얻을 수 있었다. 구글에 영합할 수 없는 사이트들은 검색 결과의 두 번째 페이지라는 어둡고 깊은 곳으로 떨어졌다.19

　21세기의 첫 10년간 확산된 개인제작 맞춤형 블로그 돌풍 속에서, 2005년에 출범한 허핑턴포스트는 대기업이었다. 설립자 아리아나 허핑턴Arianna Huffington은 주목경제에 맞는 새로운 유형의 매체를 발명한 것 같았다. 그녀는 결국 책, 잡지, TV 등 다양한 미디어 유형들을 가로질러 현대미술, 보수정치, 진보정치, 유행하는 라이프스타일 등 다양한 주제들에 관한 주목을 끌어냈다. 논란이 많은 파블로 피카소Pablo Picasso의 전기를 집필하기도 했다. 그러나 허핑턴은 안정적인 이념도, 경영 수완도 보여 주지 못했다. 그럼에도 투자자들은 주목경제가 다른 사람들로 하여금 바라다보고 귀를 기울이게 만들 줄 아는 사람에게 보상해 줄 것이란 점에 기꺼이 돈을 걸었다. 그들은 틀리지 않았다. 허핑턴의 아이디어는 그룹 블로그 같은 것을 만들어 보자는 것이었다. 그녀의 유명한 친구들이 글을 써서 올리는 식으로 기여했다. 허핑턴포스트가 무명 필자들에게 무보수로 기고문을 쓸 기회를 제공했다는 점도 중요하다. 원고료를 기대하지 않는 필자들의 마음을 끌어들여 저비용을 유지할 수 있었다. 허핑턴은 두 명의 파트너, 앤드류 브레이트바트Andrew Breitbart와 요나 페레티Jonah Peretti에 의지했다. 이들은 이미 새로운 디지털 환경에 능숙함을 보여 주었다.

브레이트바트는 보수파 문화 전사였다. 그는 우파 잔소리꾼 매트 드러지Matt Drudge를 위해 일했다. 그때 핵심 보수층 독자들을 뛰어넘어 정치에 푹 빠진 사람들에게 드러지 리포트Drudge Report를 꼭 보게 만든 문체와 기사 작성법을 마스터했다. 2012년에 세상을 떠난 브레이트바트는 감정 버튼을 눌러 어떻게 하면 행동대원들의 성질을 돋울 수 있는지를 알았던 사람이었다. 그는 협잡꾼 같은 구석이 있었고 정신없이 부산하고 강박적인 사람이었다. 브레이트바트는 곧 허핑턴포스트를 떠나 자신의 정치와 개성을 구현하는 브레이트바트닷컴Breit-bart.com이라는 사이트를 출범시켰다. 사이트는 그의 사후 또 다른 부산한 우파 인기영합주의자인 스티브 배넌Steve Bannon에 넘어갔다. 그 후 검색엔진 최적화 시기에 허핑턴포스트가 성공했던 방식으로 주목경제의 소셜미디어 시대에 적응해 나갔다.

페레티는 아메리카온라인AOL이 2011년 허핑턴포스트를 사들일 때까지 그곳에서 일했다. 2006년에는 미디어 생태계가 변화하는 데 따라 콘텐츠가 어떻게 흘러갈지를 시험해 보기 위해 자신이 '연구소'라고 이름 붙인 것을 출범시켰다. 그는 그 연구소를 버즈피드닷컴BuzzFeed.com이라고 불렀다. 지난 10년간 버즈피드는 입소문 리스트,

퀴즈, 사진, 동영상, 그리고 고양이들 기사를 모아 놓은 곳에서 입소문 리스트, 퀴즈, 사진, 비디오, 고양이, 그리고 진지하고 생기 있는 저널리즘의 원천으로 성장하였다. 버즈피드에는 탐사보도 기자들이 있고, 세계 곳곳에 지국도 있으며, 최고 수준의 문화평론가도 확보하고 있다. 그리고 여전히 리스티클들과 고양이 사진들도 보유하고 있다. 한 종류의 포스팅을 테스트하고, 수정하고, 측정하고, 광고하는 것에 관해 잘 아는 버즈피드는 다른 종류의 포스팅을 배포하는 것도 잘했다. 그것은 뉴스와 오락 기계인 동시에 거대한 학습 기계였다.

버즈피드는 기사처럼 보이는 광고들, 윤리적으로 의심스런 유료 콘텐츠 전문이었다. 버즈피드는 페이스북과 구글은 할 수 없고 하지 않을 그런 광고들에 베팅을 했다. 그리고 그 광고들은 자신들의 독자들에게 특별히 맞춰졌고, 페이스북이 기사 콘텐츠를 뿌릴 때 사용하는 것과 동일한 알고리즘 기법을 통해 배포되었다. 광고의 거대한 흐름은 다른 사이트나 언론사들에서 빠져나와 페이스북과 구글로 흘러들어 갔다. 이 바람에 버즈피드도 재정적으로 어려워졌지만, 이 회사의 광고는 효과가 나는 것처럼 보인다. 만일 버즈피드가 페이스북이 지배하는 정보 생태계에서 장기적으로 잘나가지 못한다면 누구도 그렇게 할 수 없을 것이다.

버즈피드와 브레이트바트는 한때의 일시적인 성공 스토리이자, 경고성 이야기이다. 브레이트바트는 미국의 시민정신을 훼손하려는 목적을 지닌 치명적인 민족주의적, 국수주의적 선전의 근원이다. 도널드 트럼프 대통령 지지자들과 그 주변에서 일하는 사람들 다수에게 영향력이 있다. 브레이트바트로부터 흘러나오는 자료는 때로는 부정당하고, 잘못된 것으로 드러나고, '논란'으로 보도되기도 하면서, 케이블 뉴스쇼로 타고 들어갔다. 그렇게 브레이트바트는 공공의 의식에 지장을 주고 집중하지 못하게 하는 역할을 한다. 브레이트바트의 생산물은 페이스북에서 아주 잘 논다. 브레이트바트를 움직이는 사람들은 버즈피드에서 페레티와 그의 동료들이 배운 것과 똑같은 교훈을 얻었다. 두 회사는, 어떤 포스팅에는 활기를 불어넣고, 다른 포스팅은 질식시키는 등 페이스북의 방식대로 해 가면서 수용자를 확보하고 유지해 간다.

이들의 이야기는 주의 깊게 들어야 한다. 그들은 페이스북에 영합해야만 한다는 신호를 뉴스 매체와 오락 매체에 보내기 때문이다. 위축되어 가는 시장에서 광고 수익을 올리고 주목 쟁탈전을 벌이는 선수들로 붐비는 곳에서 성공하기 위해서는 그렇게 해야 한다는 것이다. 「가디언」 「엘 파이스El Pais」 「하레츠Haaretz」는 페이스북 뉴스 피드에서 공간과 빈도를 확보하기 위해 허프포스트Huff Post, 브레이트바트, 「뉴욕타임스」와 경쟁한다. 그뿐 아니라 유튜브 동영상, 게임, 음악, 팟캐스트, 수백 가지 일상생활의 다른 버전들과 경쟁한다. 이들은 모두 우리를 붙잡아 두고, 우리가 돌아오도록 낚아채기 위해 점점 더 정밀하게 만들어진다.

2017년 여름 퓨리서치센터Pew Research Center*는 미국 성인의 67%가 뉴스를 찾기 위해 소셜미디어를 이용한다고 밝혔다.** 5년 전의 49%보다 상승한 것이다. 소셜미디어와 그것을 통제하는 선택 아키텍처가 우리의 삶에서 더 중요해지는 것이 확실하다. 전통적 뉴스 매체

---

* 미국의 비당파적 싱크탱크 겸 여론조사기관.
** 같은 조사에서 이 비율은 2018년 48%, 2019년 55%를 각각 기록했다.

가 천천히 파멸로 가고 있듯이, 시민들도 그렇게 돼 가고 있는 것이다.

요약하자면, 언론사들은 인스타그램이나 페이스북의 알고리즘에 맞춰 억지로 기사 선택을 한다. 페이스북이나 인스타그램에 잘 노출되지 않으면 큰일이 나기 때문이다. 광고주들은 페이스북과 인스타그램으로 꾀여 든다. 세상에 관한 모든 필수적인 정보의 근원들로부터는 멀어지고 만다. 저널리즘이 자신을 굶주리게 하는 맹수들을 먹여 살리고 있다. 이것에 관해 저널리즘이 할 수 있는 일은 아무것도 없다.[20]

우리 삶의 운영체제

머지않아 우리는 전혀 주목하지 않아도 될지 모른다. 세계 5대 기술 기업들이 꿈을 이룬다면 일련의 기기들을 만들어 팔 것이다. 각각의 기기가 우리의 일상적인 업무를 약간씩 더 편리하게 만들어 줄 것이라고 장담할 것이다. 이것들은 우리와 직접적인 상호작용 없이도 우리를 감시할 것이다. 우리가 모니터를 응시하지 않고 키보드를 두드리지 않는 몇 번 안 되는 그 순간에도 그 기기들은 우리의 의도와 희망을 잡아 낼 것이다. 어떤 기기는 우리 계산대 위에 앉아 있다. 어떤 기기는 우리 차에 달려 있다. 어떤 것들은 우리 피부에 앉아 있다.

2016년 세계 역사상 가장 성공적인 광고회사가 뾰족탑 모양의 구글홈Google Home을 내놓았다. 그것은 구글 서버와 알고리즘에 항상 접속되어 있는 스피커와 마이크이다. 전원이 늘 들어와 있어 집 안의 대화와 소음을 슬그머니 듣는다. 구글홈은 수집한 정보를 구글이 이미 사용자들에 대해 갖고 있던 풍부한 자료들과 혼합한다. 이것에 앞선 아마존Amazon의 에코Echo는 카운터에 앉아서 더 많은 제품들을 신속히 배달하라는 구두 명령에 계속 귀를 기울여 듣고 있다. 애플 시리Siri의 최신 버전은 주인의 요구를 온종일 듣고 끊임없이 학습하는 능력이 있다. 카운터 위에 있는 이들 기기, 우리가 점점 더 피부에 붙이고 주머니에 넣고 다니는 모바일 센서, 그 사이에서 '주목 브로커'들은 더는 우리 주목을 확보하기 위한 경쟁을 할 필요가 없게 되었다.

페이스북, 구글의 지주회사인 알파벳Alphabet, MS, 아마존, 그리고 애플이 세계 5대 디지털 기업이다. 2017년 이들은 대체로 세계 5대 자본 기업이었다.* 우리는 이들을 '기술 분야'의 리더라고 부른다. 그러나 그들은 우리에게 각기 다른 일을 해 주는 아주 다른 기업들이다. 판매시장에서 그들이 고도의 숙련 노동자들을 두고 경쟁을 벌인다면 그것은 우연의 일이다.

페이스북과 구글은 인터넷 광고와 모바일 광고를 두고 경쟁한다. 우리는 그들의 서비스를 다른 방식으로 쓰기 때문에 그들은 우리의 주목을 다른 방식으로 수집하고 판매한다. 애플은 핵심 사업을 위한 하드웨어를 팔아서 성장한다. MS는 여전히 기업과 소비자들에게 소프트웨어를 팔거나 임대해 수입의 대부분을 벌어들인다. 아마존은 인터넷 서버를 제공해 수입의 대부분을 벌면서 제품을 소매 판매한다.

이들 기업들은 더 크고, 더 선견지명이 있는 방식으로 경쟁한다. 각각은 디지털 커머스의 다음 전선에서 우위를 점하기 위해 노력을 쏟아 왔다. 즉 우리의 자동차, 가정, 가전제품, 신체를 감시하고, 자본화하고, 통제할 수 있는 데이터 스트림이 그것이다. 그들은 더 이상 랩

---

* 2019년 12월 말 기준으로 이들이 시가총액 기준으로 세계 1~5위를 차지했다.

톱과 데스크톱의 운영체제가 되기 위해 싸우지 않는다. 그 경쟁은 정적이고 MS와 애플로 나뉘어졌다. 또 그들은 모바일 기기에 처음부터 깔리는 운영체제가 되려고 싸우지 않는다. 애플 iOS와 구글 안드로이드의 시장 독점은 다른 경쟁자들을 끼어들지 못하게 했다. 5대 기업들은 하나의 장기 비전을 공유하고 있는데, 그것은 우리 삶의 운영체제가 되는 것이다.

우리 삶의 운영체제는 우리의 행동과 상태를 측정하고 우리의 결정을 끊임없이 안내할 것이다. 기업들은 데이터가 우리의 옷, 탈것, 신체로부터 흘러나올 것으로 예상한다. 알고리즘에 의해 통제되는 중앙의 조종 컴퓨터에 보고하는 모든 것과 함께, 모든 것을 통해 흘러 다니는 데이터의 모습은 보통 '사물 인터넷IoT(internet of things)'이라고 불린다. 이것은 맞는 용어가 아니다. 이 새로운 네트워크는 사물이 아니라 사람에 관한 것이다.[21]

이들 기업들은 개인비서 서비스, 새로운 인터페이스, 자동 온도조절기, 자율주행차, 인터넷 연결 안경과 시계, 가상현실 고글들을 꾸준히 도입했다. 이들은 소비자와 규제당국의 신뢰를 얻어 이런 운영체제가 아무 문제없이 효율적으로 작동하게 해 줄 거래표준을 만들 수 있기를 바라고 있다. 이들 기업이 이 비전을 실현한다면, 미디어와 비非미디어 간의 명확한 차이가 없어질 것이다. 콘텐츠와 물건 간에 차이가 없을 것이다. 모든 물건과 모든 신체는 매개된 콘텐츠가 될 것이다.

그런 시도에 우리는 어떻게 대응해야 할까? 우리는 그런 도전들을 위해 충분한 단어, 이론, 반응들을 어떻게 모을까? 일단은 '사물 인터넷' 논의를 그만둬야 한다. '사물 인터넷'의 추상적인 비전은 네트워크들 중의 네트워크이며, 다른 사람들이 자유롭고 제약 없이 메시지를 만들고 보낼 수 있는, 개방되고, 접근 가능하며, 의존 가능한 플랫폼을 함께 창조하는 연결들의 조합이다. 사실 인터넷은 신화였다. 인터넷이 인간의 모든 것을 연결할 수 있는 세계의, 개방되고, 분산된 네트워크의 네트워크였던 적은 없었다.

세계 대부분에서, 디지털화된 네트워크 커뮤니케이션은 개방되지 않고, 잘 분산되어 있지 않다. 미국에서 인터넷 통신의 기반 역할을 하는 일종의 컴퓨터 네트워크를 통해 반드시 실행되는 것도 아니다. 당신이 AT&T 모바일 네트워크를 통해 메시지를 보내면, 실제로는 꿈의 인터넷을 통해 가는 것이 아니다. 그것은 고도로 통제되는 특허받은 시스템을 거쳐 간다. 아이폰을 사용하면 그 메시지도 고도로 통제되는 특허받은 기기를 거쳐 간다.

우리는 우리 신체에 얹혀 있었고 온종일 우리와 붙어 다닌 기계들에서 다른 기계에 우리의 데이터를 점점 더 많이 보낸다. 이 정보 흐름은 어떤 별개의 장이나 '사이버스페이스cyberspace'의 한 부분이 아니다. 우리 삶의 운영체제의 기본 아키텍처는 심지어는 더 폐쇄적이고 제약적일 것이다. 기업들과 정부들은 온도조절장치, 로봇, 차량, 시계를 완벽하게 개방된 네트워크에 연결하는 것의 위험성을 재빨리 알아가고 있다. 이들 네트워크는 안전하지 않고 그것에 박혀 있는 인간은 의존 가능하지 않다. 악의적인 정치운동가들, 범법자들, 적대국가들 또는 못된 장난꾼들이 정교한 데이터 유통 시스템을 장악하거나 거꾸러뜨릴 수 있다.

그래서 이 시스템의 아키텍처가 가동하면 정보처리의 상호운용성보다 안전성이 우선 과제가 될 것이다. 데이터 네트워크들은 소유권이 있을 테고 그것에 대한 접근은 철저히 통제될 것이다. 물체와 신체의 연결 시스템이 잘 작동하려면, 한 기업이나 소수 기업들의 복합체에 의해 통제될 필요가 있을 것이다. 현재의 페이스북과 구글 두 기업에 의한 독점에 대한 우려가 무색해진다. 어떤 기업이든 우리 삶의 운영 체제를 장악하면 거대한 권력을 휘두를 것이다. 또 투명하지도 않고, 책임감도 없이, 삶의 다양한 측면을 지배하는 불투명한 '블랙박스'가 될 것이다.22

기술이 인간의 신체와 인간관계의 밖에서 작동하거나 존재한다고 믿는다면, 기술의 영향을 잘못 이해하고 있는 것이다. 데이터는 우리를 관통해서 흐를 것이다. 어떤 기술체계에서나 마찬가지이다. 기술이 우리를 만들어 가듯 우리는 기술을 만들어 간다. 특정한 기술과 기업이 우리의 심신과 어떻게 상호작용하는지를 생각하지 않고, 인터넷이나 사물 인터넷에 관해 생각한다면, 우리는 상상의 숲을 위해 진짜 나무들을 놓쳐 버리는 셈이다.

5대 기업 중 페이스북이 가장 널리 침투해 있고 가장 위험하다. 페이스북은 우리 삶의 운영체제가 되기 위한 경쟁에서 특별한 역할을 한다. 페이스북은 세계에서 가장 영향력 있는 미디어 회사이다. 정치인, 독재자, 기업, 종교, 20억 이상의 인구가 세계에 보내고 싶어 하는 메시지를 형성한다. 새로운 콘텐츠, 또는 새롭다고 주장하는 콘텐츠를 우리에게 점점 더 많이 제공한다. 그것은 세계 역사상 가장 강력하고 성공적인 광고 시스템이다. 정치 선전을 위해 점점 더 많이 선택하는 도구이다.

페이스북은 우리 집 안에 침입하거나 우리 몸에 부착되는 기기들을 발전시키는 데 여태껏 실패했다. 페이스북은 그 과정에서 다양한 서비스와 앱들 내부에서 우리의 사생활, 상거래 생활, 정치적 생활을 관리하는 임무를 떠맡아 왔다. 전 세계의 더 많은 사람이 업무 중에 휴대폰을 들여다보고, 페이스북, 페이스북 메신저, 인스타그램, 와츠앱으로 상호작용을 하는 데에 더 많은 시간을 쓰고 있다. 사람들이 페이스북의 서비스와 상호작용을 하면서 만들어 내는 데이터가 서비스들을 형성한다. 페이스북 엔지니어들은 앱 설계를 선택함으로써 우리가 세상을 보고 다루는 방식을 만들어 준다. 그러다 보니 인간의 운영체제가 되려는 경쟁에서 페이스북이 다른 네 개의 기업에 훨씬 앞서도록 해 주게 된다.

페이스북은 세계에서 가장 많이 사용되는 7대 소셜미디어 플랫폼 중 4개를 갖고 있다. 페이스북, 메신저, 와츠앱, 인스타그램이다. 중국을 제외하면 페이스북이 톱5 중 4개를 소유한다. 구글 소유의 유튜브가 2위로 비非페이스북으로는 유일하다. 가끔 페이스북의 경쟁자로 잘못 인식되는 트위터는 소셜미디어 플랫폼들 중에서는 멀찌감치 10위 수준이다. 2018년 페이스북의 계정 수가 22억 개였는데 트위터는 3억 5,000만 개에 불과하다.* 그나마 상당수가 '봇bot' 또는 선전을 증폭시키는 자동계정들이다. 실제 인간에 대한 실질적 영향력 면에서 페이스북의 영향 범위와 파워에 필적할 디지털미디어 또는 소셜미디어 회사는 없다.

하지만 페이스북도 직접적인 라이벌이 있다. 인간의 주목을 움켜쥐고, 유지하고, 처리하는 가장 성공적인 기업은 텐센트Tencent이다. 지구상 최대 규모의 시장에서 가장 성공적인 소셜미디어 앱인 위챗We-

---

* 페이스북 계정은 2019년 11월 현재 24억 5,000만 개, 트위터 계정은 9월 현재 3억 3,000만 개이다.

Chat을 만든 중국 기반의 기업이다. 약 10억 명의 사용자를 갖고 있는 위챗은 페이스북이 하고 싶어 하던 방식으로 사용자들의 삶 속으로 스며들어 갔다.* 위챗은 페이스북, 인스타그램, 트위터와 비슷하게 사진 및 메시지 서비스를 제공한다. 위챗은 구글이 하는 것과 비슷한 인터넷 검색 기능도 제공한다. 정보와 소통 이상으로, 위챗 사용자들은 자판기에서 물건을 사고, 공과금을 내고, 선물을 교환하고, QR코드를 스캔하고, 도서관에 책을 예약하고, 포케몬고Pokemon Go 같은 증강현실 게임을 할 수 있다. 위챗 사용자는 폰을 쳐다보거나 심지어는 앱들 사이에서 왔다 갔다 하지 않고도 핵심적인 일상 업무를 처리할 수 있다. 위챗은 앱 하나가 우리 삶의 운영체제가 되는 모델이다. 페이스북은 자신의 다양한 앱에 위챗과 같은 서비스들을 집어넣는 중이다. 마크 저커버그는 중국에서 서비스를 펼치고, 페이스북이 위챗과 직접 경쟁하거나 위챗과 협업 서비스를 제공할 수 있는 기회를 갖고 싶다는 희망을 공개적으로 피력한다.

소셜미디어는 더 이상 단순한 소셜미디어가 아니다. 모든 미디어기업들과 서비스들은 '소셜'해지려고 노력하는 중이다. 사회적 유대가 끈끈해 주목을 훔쳐 가려는 다른 것들이 다가오지 못하도록 막아 준다. 소셜 커넥션 역시 시장을 분할해 주고 메시지를 타깃팅하는 데 있어서 가치가 있다. 페이스북이 점점 더 동영상 중심으로 돼 가고, 아마존 같은 슈퍼스토어들이 엔터테인먼트 제작 사업으로 이동함에 따라 미디어 유형들이 수렴된다. 2010년 페이스북의 정치·경제에 대한

---

* 위챗 계정은 2018년 1분기에 10억 개를 돌파했고, 2019년 3분기에 11억 5,100만 개에 달했다.

관찰과 설명이 2020년에는 적절하지 않을 수 있다. 만일 향후 20년 간 소셜미디어가, 사실은 미디어가, 우리 삶에 더 널리 스며들고 더 강력한 무엇이 된다면 어떻게 될까.

우리는 전화기나 시계 같은 데이터 전송 기기를 손에 달고 다닌다. 우리는 우리 삶의 운영체제가 되고자 하는 하나 또는 그 이상의 기업들의 노력을 받아 보고 있다. 그러면서 이미 우리 자신을 네트워크상의 연결지점node으로 만들어 버렸다. 이들 기업은 훨씬 더 정밀하게 우리의 관심과 선호, 심지어는 판타지까지 기록하는 방법이 있다. 그렇게 하면 기업들은 최고의 스마트폰보다도 중독성이 강한 자극이 가능한 분야에서 우리에 대한 피드백 통제를 더 잘 할 수 있게 된다.

2014년 페이스북은 소비자를 대상으로 한, 가장 발전된 가상현실 virtual reality 기업 오큘러스 리프트Oculus Rift를 인수했다.* 저커버그는 오큘러스를 통해 10억 명의 사람들이 가상현실에 몰두하게 하는 꿈을 갖고 있다. 그 목표를 위해 페이스북은 2017년 종전보다 훨씬 저렴한 약 200달러짜리 VR 헤드셋을 새로 내놓았다. 새 기기를 선보이기 이틀 전, 카툰 버전에서 저커버그는 푸에르토리코를 가상 방문했다. 홍수와 허리케인 마리아에 의한 파괴로 주민들이 매우 고통을 받고 있는 곳이었다. 회사는 재난 관광과 상품 홍보라는 두 가지 윤리적 위반이 결합된 라이브 비디오 스트림을 방송했다. 저커버그는 페이스북의 소셜 VR기기인 스페이스Space를 활용해 다른 장소로 순간이동하는 아바타로 방송에 나왔다. 방송 내내 저커버그는 캘리포니아의

---

* 저커버그는 23억 달러(약 2조 7,800억 원)에 이 회사를 인수하면서 "모바일이 현재의 플랫폼이라면 차세대 플랫폼은 가상현실"이라고 말했다고 미국 언론이 전했다.

침수되지 않고 안전한 회사본부 멘로 파크Menro Park에 앉아 있었다. 오큘러스 헤드셋을 쓰고 주위에 풍부한 전기를 돌려 대고 있었다.

저커버그는 자신이 '인식을 높이려고' 노력 중이라고 말했다. 그는 푸에르토리코 사람들이 걱정돼서 이런 일을 한다고 주장하면서, 놀랄 정도의 공감능력 부족에 대해 절반의 사과를 했다. 슬픈 진실은, 그가 걱정하고 있는 동안 그의 이념적 필터 버블 내에서, 누구도 그런 멍청한 행동에 반대하지 않았다는 점이다. 4장에서도 살펴볼 텐데, 저커버그는 페이스북에 좋은 것과 인류에 좋은 것 간에 차이를 두지 않는다. 페이스북에게 회사 밖의 모든 사람은 회사가 제공하는, 세계를 뒤바꿀 가능성이 있는 차기 대형 상품의 광고 수단에 불과하다.

"가상현실은 사람을 우선시합니다." 저커버그는 2016년 오큘러스 리프트 첫 시연 때 이렇게 말했다. "당신이 누구와 함께 있느냐가 전부입니다. 일단 당신이 거기 있다면 원하는 모든 것을 할 수 있습니다. 화성 여행, 게임, 검투, 영화 관람 또는 가족을 보기 위해 집으로 순간이동 같은 것을 할 수 있습니다." 당신이 거기 있다면 페이스북은 화성 여행이나 검투를 하는 당신의 생각과 동작을 기록하는 것만이 아니다. 페이스북이 앱을 통해 이미 하고 있는 것처럼 가상현실을 통해 당신의 모든 사회적 참여까지도 기록할 것이다. 페이스북은 이미 알고 있는 것보다 훨씬 더 많이 당신에 관한 학습을 할 것이다. 페이스북은 이미 하고 있는 것보다 더 효과적으로 당신이 특정한 방식으로 느끼고 특정한 물건을 사도록, 더 압박하고, 재촉하고, 움직일 것이다. 가상현실은 최후의 스키너 상자이다. 당신은 과거보다 더 깊이 참여하며 게임을 하고 있다고 생각할 수 있다. 그러나 그것은 장기판 위의 졸들의 경험과 같은 것이다.

페이스북은 이미 우리 행동과 동기를 감시하고 있다. 가상현실을 통해 페이스북은 우리의 적극적인 응낙 없이 우리 목소리, 환타지, 몸의 움직임들을 포착하고자 한다. 만일 페이스북이 우리 삶의 운영체제가 된다면, 우리는 그것을 무시할 수 있고 그것은 여전히, 더 많이, 데이터에 반응하고, 감시하고, 기록하고, 프로파일링하고, 분류하고, 전달할 것이다. 인간이 몇 개의 기업에 지속적으로 접속되어 있고 그들에 감시당하기까지는 갈 길이 멀다. 아마존 에코, 구글 홈, 그리고 오큘러스 리프트는 현재는 최고 부자들의 자만심을 위한 상품이다. 그러나 그 모델은 확실하다.

우리 삶의 운영체제는 우리의 몸, 우리의 인식, 우리의 결정들에 관한 것이다. 주목은 선택적이라 볼 수 있다. 파워는 더 집중되고 조작은 계속될 것이다. 그런 세상이 되면 독재자의 참을성을 기대하기 어렵고 민주주의는 설 땅이 없다. 그것은 영화 〈매트릭스The Matrix〉에서 묘사된 것처럼 거대한 디스토피아dystopia 노예국가 같은 것은 아닐 것이다. 그것은 바보 같고 재미있기도 한, 소설 『멋진 신세계』에 나오는 것과 비슷한 존재일 것이다.

4

페이스북은
자선 기계이다

Benevolent
Machine

"페이스북은 항상 공동체를 형성하고, 관계를 형성하는 데 골몰했습니다." 마크 저커버그는 2016년 '페이스북 사회적 선 포럼Facebook Social Good Forum'에서 이렇게 말했다. "최근 공동체 성장 지원의 핵심은 당신을 안전하게 지키는 것을 돕는 것이라는 것이 분명해지고 있습니다." 그것은 인터넷 기업으로서 이상한 주장이다. 데이터를 유통하는 기업이 사회는커녕 홍수, 허리케인, 테러리스트 공격 앞에서 개인을 안전하게 지킬 수 있는가?

저커버그는 세이프티 체크Safety Check 프로그램과 재난 대응 프로그램을 거론했다. 세이프티 체크는 데이터 스트리밍에 접근 가능하게 해 주면, 즉 모바일로 인터넷에 연결되면 자신이 안전하다고 페이스북 친구들에게 알려 주는 것이다. "최종적으로 위기가 오면 우리는 페이스북 내에서 사람들이 돈을 모으고 인식을 높여 사회를 재건하도록 도울 수 있게 하는 도구들을 만듭니다." 저커버그는 이렇게 말했다.

이것은 기업의 사회적 책임CSR(corporate social responsibility) 이념을 거의 완벽하게 증류한 것이다. 기업은 국가가 제공할 수도 없고 하려고도 하지 않는 서비스를 기꺼이 제공할 수 있다. 그런 서비스는 기업에 직접적으로 혜택을 가져다주지 않는다. 페이스북의 경우는 예외이다. 페이스북에 소비한 시간이 많을수록, 페이스북을 믿고 의지하는 사람 숫자가 많을수록, 장기적으로 페이스북에 더 좋다.

사회적 책임 기업에서 경영자와 직원들은 자기만족의 형태로 눈에 보이지 않는 임금을 받는다. 그 서비스를 사용하는 사람들에게 비용을 물리지 않는다. 더 중요한 것은 국가나 공공사회에 아무런 경비 부담을 지우지 않는다. 그래서 책임질 일도 거의 없다. 그러한 프로그램의 효율성이나 외부성을 따져 보려는 사람도 거의 없을 것이다. 결국 그것은 공짜이다. 그리고 없는 것보다는 낫다. 정의감에 대한 한 사람의 강한 신념은 자유롭게 해 주며 강력하다. 그것은 사용자, 소비자, 규제당국자, 근로자 그리고 경쟁자들의 칭찬을 듣는 공공의 메시지를 만들어 낼 수 있다.

"페이스북은 애당초 기업으로 만들어진 것이 아닙니다. 그것은 세상을 더 개방적이고, 더 연결되도록 만든다는 사회적 책무를 다하기 위해 만들어졌습니다." 저커버그는 2012년 첫 기업공개 때 투자자들에게 보낸 서한에 이렇게 썼다. 그는 이상적 비전과 정직에 대한 자신의 약속을 서한에서 강조했다. 그것이 저커버그가 선의만으로는 충분하지 않으며 선의가 뒤통수를 칠 수도 있다는 점을 생각하지 못하게 만든다.

"단순히 생각해서 우리는 돈을 벌기 위해 서비스를 개발하지 않습니다. 우리는 더 좋은 서비스를 만들어 내기 위해 돈을 법니다." 저커버그는 2012년 투자자 서한에서 이렇게 썼다. "친한 친구들이나 가족들에게라도 더 많이 공유하는 사람들은 더 열린 문화를 창출하고 다른 사람의 삶과 시각을 더 잘 이해하게 됩니다. 우리는 이것이 사람들 사이에서 더 강한 관계들을 아주 많이 만들어 내고, 그것이 사람들로 하여금 매우 많은 수의 다양한 시각들을 볼 수 있도록 돕는다는 것을 믿고 있습니다."

공유한다는 것은 매우 친절하고 단순한 것으로 보인다. 호혜성은 문화적 규범이 된다. 저커버그는 해커 사회로부터 이 가치를 물려받았다. 해커 사회는 1980년대와 1990년대에 무료·공개소스 소프트웨어와 인터넷의 발전 뒤편에서 가장 강력한 힘으로 부상했다. 저커버그는 그 윤리를 비틀어서 페이스북의 로고인 블루박스 안에 들어 있는 자신들만의 윤리로 바꿔 놓았다. 그는 심지어 투자자에게 보낸 편지에서 '해커의 길The Hacker Way'이라고 부르는 만용을 보이기도 했다. 실제 해커 누구도 상의를 한 바 없다.

저커버그의 CSR에 대한 약속, 연결성을 통해 세계를 더 나은 곳으로 만들겠다는 약속은 세계로 시장을 확장해 가는 노력에서 최대로 발현되었다. 세계는 상당수의 사람들이 디지털 존재digital presence*를 유지하기에는 접근성, 기술, 자금이 부족한 상태였다.

CSR은 1970년대 이후 글로벌 기업문화에 중요하게 떠올랐다. 그것은 기업 리더들 사이에서 하나의 기업 조직 원리로 작용했다. 이들은 기업들과 남아프리카 인종차별 정부와의 공모, 인도 보팔Bhopal에서의 치명적 화학물질 참사 같은 환경 재앙들 또는 인종적, 성적 차별에 대항하는 투쟁들에 대해서만이 아니라 기업의 이미지에 대해서도 우

---

* 디지털 세상에서 형성된 사람들의 사이버상의 자아와 생활을 총칭하는 단어. 사람들이 인터넷에서 한 기업을 찾을 때 온라인상에서 나타나는 모습, 또는 웹사이트나 소셜미디어 프로필처럼 개인이 통제하는 콘텐츠, 온라인 리뷰처럼 개인이 통제하지 못하는 콘텐츠 등을 포함한다.

려했다. CSR은 세계적으로 부당성에 대해 소비자 대중의 우려가 커지는 때에 나타났다.

페이스북은 2014년 인도에서 인터넷닷오그Internet.org*라는 서비스를 론칭했다. 브랜드 이름을 보면 그것이 페이스북과는 별개라고 인식되게 하려는 의도가 읽혀진다. 그리고 그것은 영리기업(.com)이 아니라 비영리벤처(.org)로 여겨져야만 했다. 그 서비스는 데이터만 연결되면 어떤 모바일 기기에서도 가동되는 앱 인터페이스로, 일종의 모바일 운영체제였다. 그 운영체제는 MS의 구글 경쟁용 검색엔진인 빙Bing, 여성의 권리 보호 서비스, 고용 서비스, 참조를 위한 위키피디아Wikipedia, 날씨 정보 등 페이스북이 선정한 몇 개의 앱들에 대한 접근을 허용했다.

이 서비스는 요금 면제zero rating 방식으로 제공된다. 모바일 계정용 유료 데이터를 쓰지 않는다. 경쟁사인 구글의 서비스나 페이스북이 선정하지 않은 고용 서비스 등은 유료 데이터를 사용해야 했다. 만일 사용자가 데이터 플랜을 부담할 돈이 없다면 페이스북이 인터넷닷오그를 위해 골라 놓은 서비스를 사용하면 된다. 이 서비스는 표면적으로 그런 사용자들을 타깃으로 한 것이었다. 제로 레이팅 서비스는 특정 데이터 스트림을 다른 것들보다 선호하는 방식이다. 그러므로 네트워크 중립성의 원칙the principle of network neutrality을 위반한다. 그 원칙은 세계적으로 인터넷 실행과 관련 산업의 발전과 성공의 가장 중요한 것으로 거론돼 왔다. 규제당국은 제로 레이팅이 법과 정책을 얼마

---

* 페이스북이 삼성전자, 에릭슨 등 6개사와 함께 저개발국에 일부 인터넷 서비스를 제공하기 위해 2013년 8월 시작한 프로젝트. 국제전기통신연합ITU에 따르면 2018년 말 세계 인터넷 이용자 비율은 51.2%(39억 명), 그중 개발도상국의 경우는 45.3%로 추정되었다.

나 위반했는지를 결정하느라 바빴다.

페이스북이 인터넷닷오그를 론칭한 나라는 2017년 10월 현재 60개국이다.* 이들 나라에서 페이스북은 휴대폰 서비스 제공 통신사 하나와 제휴관계를 맺는다. 그리고 휴대폰 데이터 플랜에 가입하지 않은 소비자에게 이 서비스를 공짜로 제공한다. 페이스북은 이것이 사용자의 재정 형편이 개선될 경우 미래에 유료 사용자가 되려는 욕구를 갖게 할 것이라고 내다본다. 정보 접근이 사용자 및 사회의 전망을 개선시킬 것이라는 가정에 기반을 둔 것이다.[23]

인도 내부의 사회공학

2016년 2월 인도 통신규제청TRAI은 모바일 기업 하나를 경유해서 인도의 저수혜계층에 무료 서비스를 제공하려는 페이스북의 계획과 몇 개의 영리적 앱들이 네트워크 중립성을 위반했다고 결정하였다. 모든 디지털 서비스는 하나의 콘텐츠 출처를 다른 하나보다 우대하여서는 안 된다는 원칙이 네트워크 중립성이다.

페이스북은 자선활동 딱지를 붙인 인터넷닷오그의 이름을 프리베이직Free Basics으로 바꿨다. 이 프로그램은 막강한 미국의 소셜미디어 기업, 분개하는 인도 기술개발업자들, 당황한 규제당국자들, 민감한 민족주의 정치인들, 고도로 조직화된 공익활동가들, 그리고 라이벌 모바

---

* 페이스북의 2018년 1분기 실적 발표에 따르면 이 프로젝트를 통해 인터넷에 연결이 가능해진 사람 수는 2016년 11월 4,000만 명에서 2018년 3월 거의 1억 명으로 늘어났다.

일 서비스 공급업자들 간의 세력 갈등을 겪었다. 그러고는 자선 정신을 홍보하는 대대적인 광고에도 불구하고 결국 폐지되고 말았다.

이것은 페이스북 설립자 겸 CEO 마크 저커버그가 보는 이념적 자만심과 인도 국민과 기업들의 야망에 관한 주목할 만한 이야기이다. 인도 국민은 페이스북이 인도의 빈곤층을 돕기 위해 벌인 노력과 주장에 화를 냈다. 소셜미디어의 정치경제학의 심대한 복잡성을 보여주는 대목이다. 신식민주의, 문화제국주의, 경쟁정책, 정치부패, 디지털 활동주의, 계급 갈등, 그리고 실리콘밸리의 이념적 기초 같은 이슈들은 세계적으로 생활 속 소셜미디어의 기능에 영향을 준다.

네트워크 중립성에 대한 이러한 도전은 경쟁에 대해 전통적인 위협을 수반한다. 인도는 페이스북이 인터넷닷오그 서비스를 개시했던 몇몇 나라와는 달랐다. 인도는 민주적 참여 및 고도로 경쟁적인 기술·통신 민간부문의 오랜 전통을 갖고 있다. 기업인들은 모바일 헬스 정보, 검색 엔진, 소셜미디어 분야에서 경쟁하고 싶어 했다. 디지털 네트워크를 통해 언론자유와 프라이버시 보호를 위해 싸워 온 활기찬 공익활동가 집단도 있었다. 그들 모두가 네트워크 중립성을 지지했고, 미국의 한 거대기업이 인도인들로부터 큰 이익을 얻었다고 마음속으로 의심을 키워 갔다.

페이스북은 인터넷닷오그 프로젝트를 인도에 가져가면서 실패 가능성은 생각하지 않았다. 2014년 대규모 공공캠페인도 벌였고, 저커버그와 새로 선출된 나렌드라 모디 총리 간의 회담도 했기 때문이다. 페이스북 관계자들은 인도 내부의 반대를 과소평가했을 뿐만 아니라 인도 정치경제 상황의 특수성에 주목하는 데에도 실패했다. 공익활동가들은 페이스북을 포함한 소셜미디어 서비스에 능숙했고, 특히 유튜브와 트위터를 잘 활용했다. 이들이 네트워크 중립성을 지지할 때도 그랬다. 막강한 미국 기업이 모디와 공모하여 벌이는 오만한 활동에 대한 반대 집회를 개최할 때도 그랬다. 반면 페이스북 관계자들은 소셜미디어 활용이 효과적이지 못했다.

통신당국자들이 내린 네트워크 중립성에 관한 강력한 결정을 뒤엎으려는 페이스북 관계자들의 모든 노력은 역효과가 났다. 국민들에게 "연결된 인도를 지지해 달라"고 요청하는 광고판들이 인도 전역의 도시에서 교통 체증에 갇혀 있는 운전자들을 빤히 쳐다봤다. 인도의 페이스북 사용자들은 프리베이직 서비스를 지지하는 e메일을 규제당국자들에게 보내 달라는 메시지를 받았다. 그러나 페이스북 사용자가 실제로 규제당국에 e메일을 보내는 것에 동의했는지 여부에 상관없이 페이스북은 그 혹은 그녀가 그렇게 했다고 그 사용자의 친구들에게 광고를 해 댔다. 이것이 많은 페이스북 사용자들을 화나게 했다. 결국 1,600만 개의 e메일이 당국자에게 보내졌지만 당국 직원들은 자동 생성 e메일들만 몰려왔다고 했다. 뉴스 보도는 페이스북 홍보캠페인이 서툴렀고 독단적이었다고 포화를 퍼부었다. 기술 분야 리더들은 페이스북이 인도에서 사용한 말투를 언급하면서 식민지시대 초기 영국의 동인도회사 간부들이 했던 약속들과 비교하기도 했다.

페이스북 관계자들은 세상 분간 못 하는 발표로 문제를 더 복잡하게 만들었다. COO 셰릴 샌드버그는 「인디안 익스프레스Indian Express」 오피니언 페이지에 칼럼을 썼다. 거기서 디지털 서비스에 대한 접근권이 여성의 사회지위 변화를 도울 수 있다고 주장했다. 이 칼럼은 역사적인 남성 지배적 사회관계를 온전하게 유지해 달라고 모디에게 투표했던 많은 정통 힌두교도들과 사이가 더 벌어지게 했다. 또 지난 30년간 인도의 중산층이 증가하다 보니 기회와 자원에 대한 경제적 경쟁이 격렬해졌다. 그래서 더 많은 빈곤층을 중산층에 편입시킨다는 전망은 최근에야 스쿠터를 구입하고 교육을 시킬 수 있게 된 많은 가구에는 매력적이지 못했다.

디지털 제국주의

페이스북은 인도에서 강력한 네트워크 중립성을 저지하는 데 실패했다. 그 직후 넷스케이프Netscape의 설립자이며 벤처 캐피털리스트인 페이스북 이사 마크 안드레센Marc Andreessen이 그 결정에 불평하는 트윗을 보냈다. "오늘날 세계에서 가장 가난한 사람들이 이념적인 이유로 부분적 인터넷 무료 접속을 거부하는 것은 도덕적으로 잘못된 것이라고 생각한다." 이 불평에 대한 여러 트윗 댓글에 답장하면서 안드레센은 이렇게 주장했다. "반제국주의는 수십 년간 인도인에게 경제적 재앙이었다. 지금은 왜 그만하자는 건가?" 이것이 안드레센을 향한 분노의 태풍을 만들어 냈다. 페이스북 관계자들은 즉각 안드레센의 표현은 회사와 무관하다고 거리를 두었다. 그날 늦게 안드레센은 트윗 내용에 대해 사과했다. 재산과 권력의 수준이 한참 뒤떨어져 있는 사람들을 돕겠다고 실리콘밸리에서 기획되어 쏟아져 나오는 결정과 홍보캠페인을 이끄는 이념이 있다. 안드레센 사건을 통해 그 이념을 조금 들여다볼 수 있었다.

페이스북이 인도에 프리베이직을 도입하려다 실패한 사례는 글로벌 기업 연구 때 다면적이고 개방적인 접근의 필요성을 보여 준다. 페이스북은 공공서비스라는 선언 뒤로 자신의 의도를 감추게 설계되어 있다. 이 이야기는 부유하고 막강한 힘을 가진 한 기업이 변형되고 전이되는 내용이다. 페이스북과 국가들, 사용자들, 다른 영리 서비스들 간의 관계는 역동적이다.

엔론에서 배우기

기업 평판에 중대한 위기가 닥치자, 엔론Enron, 월드컴WorldCom, 웨이스트 매니지먼트Waste Management, 타이코Tyco, 헬스사우스Health-South를 포함해 일련의 상장기업들의 붕괴가 잇따랐다. 이러한 각각의 스캔들에서 기업 리더들은 회계부정 등으로 벌금이나 형사 기소를 당했으며, 이것은 결국 회사 파산과 주가 폭락으로 나타났다. 그런 가운데 21세기에 나타난 새로운 종류의 기업들 중 가장 성공적이고 두드러진 기업들 사이에 페이스북이 있다.

1998~2002년에 터진 일련의 사건들로부터 두 가지 교훈이 떠올랐다. 첫째는 회계 관행들이 개혁될 필요가 있다는 것이다. 둘째는 만일 그들의 유일한 동기가 주가를 끌어올리는 것이었다면, 기업들이 법적 윤리적 한계를 넘어설 가능성이 매우 높다는 것이 명확해졌다는 점이다. 두 번째 교훈은 최소한 1980년 이후 글로벌 기업문화의 중심교리들 중 하나에 대한 심도 있는 의문을 불러일으켰다. 그것은 상장기업의 목적이 순전히 주주들의 주식가치를 높이는 데 있다는 점이다. 이 개념은 때로는 '주주 최우선주의shareholder primacy'라고 불린다. 이것이 20세기 대부분의 시기 동안 비즈니스 스쿨이 학생들에게 기업을

어떻게 경영하라고 가르칠지, 이코노미스트들이 기업의 이상적 역할을 어떻게 설명할지를 지배해 왔다.

1932년 미국의 기업이론가 2명이 기업의 적정 역할에 대한 반대 견해를 인정했다. 기업법 교수 아돌프 벌Adolf Berle은 경제학자 가디너 민스Gardiner Means와 함께 "만일 수입, 이익, 투자수익에 초점을 맞추려면, 기업은 일을 잘해야 한다"고 주장했다. 기업은 사회적 문제 해결이나 자신들을 훌륭한 사회활동가로 홍보하는 것에 관심을 써서는 안 된다고 벌은 주장했다. 환경, 시민권, 빈곤완화 프로젝트들은 정부 규제당국과 시민사회의 영역으로 남겨 둬야만 한다. 만일 기업들이 공해나 임금 착취와 근로여건 같은 부정적 외부효과를 낳는다면, 주로 책임 있는 기관을 통해 만들어지는 규제 등 사회적 대응력이 그들을 교정하게 될 것이다. 이러한 대응력에는 소비자 운동가, 노동조합, 또는 정부 규제 등이 포함될 수 있다.

기업법 교수 E. 메릭 도드E. Merrick Dodd는 1932년 「하버드로리뷰Harvard Law Review」에 순수하게 부재 주주의 이익을 위해 작동하는 기업에 대한 관념이 미국인의 삶을 빈곤하게 만들고 기업에 대한 지원을 약화시킨다고 썼다. "주식회사가 전문적이 되려면 우리가 목표 달성 여부를 확인할 대상은 오너가 아니라 경영진이어야 한다." 전후 수년간 강하고 애국적이며 시민적 마인드를 가진 기업의 이미지가 대중문화 속에 스며들었을 때, 도드의 주장이 유행했다.

1960년대에 미국 기업들은 환경 보호, 인종 및 성차별 철폐, 전쟁에 대한 개입 제한 등을 주장하는 사회운동의 부상에 직면하게 되었다. 어떤 기업들은 젊어진 소비자들과 공명할 수 있는 주제에 관한 홍보 마케팅에 나섰다. 또 다른 기업들은 불매운동의 가능성에 직면하여 채용 및 홍보 정책을 개선해야겠다는 마음을 먹었다. 사회운동 지도자들은 기업 리더들에게 정의와 진보에 대한 약속을 지키라고 점점 더 압박했다.

노벨상 수상자인 밀턴 프리드먼Milton Friedman은 1960년대 내내 걱정이 커져 갔다. 그는 '정치'가 시장 체제를 오염시키고 혼란시킨다고 파악했고, 정치적 이해관계에 기업들이 봉사해야 한다고 요구하는 것을 시장의 기본법 위반이라고 보았다. 소비자들, 투자자들, 그리고 경영자들은 모두 가격을 통해 소통해야 한다고 프리드먼은 믿었다. 정부 규제 또는 '정치' 같은 왜곡요인이 엉망으로 만들지 않는 한 가격은 일정한 균형을 찾는다. 기업이 공동체나 사회에 영향을 주는 데 시간과 노력을 쓴다면, 그 비용도 상품이나 서비스의 가격에 추가돼야 할 것이다. 그러면 소비자는 더 낮은 가격을 제시하는 경쟁자에게로 떠나고 기업 수입은 감소될 수 있다.

어떤 공공의 가치를 지원하는 단순한 결정이 시장 체제라는 아름다운 시계의 작동을 혼란에 빠뜨릴 수 있다고 프리드먼은 믿었다. 그는 1970년 『뉴욕타임스매거진New York Times Magazine』에 'CSR은 기업이 이익을 증대시키는 것이다'라는 제목의 기고를 했다. 시장의 순수성을 강조한 프리드먼과 시카고 대학 동료들은 법과 정책의 넓은 영역을 다듬어 측정 가능한 경제적 분석의 문제로 만드는 데까지 발전시켰고 법경제학law-and-economics* 운동을 낳았다. 법경제학자들은 1970년대부터 현재까지 계속해서 단체교섭과 반독점조치의 보호

---

* 법이 경제에 미치는 효과 분석 등 법 규정을 경제학적 방법론으로 설명하려는 학문. 법의 제정 과정, 집행 과정, 적용 효과 등을 연구한다.

를 포함해 광범위한 정책 영역들을 훼손시켜 왔다.

　법경제학에 대한 응답은 '이해관계자 이론stakeholder theory'이라는 이름이 붙었다. 그것은 1980년대 주로 버지니아 대학 비즈니스 스쿨 교수 에드워드 프리먼Edward Freeman의 논문을 통해 비즈니스 스쿨 문헌에 처음 나타났다. 프리먼은 기업이 다양한 사회 구성요소에 장기적으로 더 잘 봉사할 수 있다는 주장을 받아들였다. 서로 확연히 다른 정당들을 기업이 중재한다면 각자가 존경받을 수 있고 기업이 그들의 이익에 관심을 기울일 수 있다는 것이었다. 기업들은 주식 값만이 아니라 환경 영향, 노동자에 대한 영향, 그리고 세금, 자선활동, 문화를 포함한 공동체에 대한 전반적인 영향 등을 보고해야 한다.

　이런 생각은 특히 홀푸드마켓Whole Foods Markets의 설립자 겸 CEO인 존 맥키John Mackey를 고무시켰다. 아마존은 2017년 홀푸드를 매입했는데 맥키의 경영원칙을 이어 갈 계획인지 여부에 대한 어떤 발표도 하지 않았다. 누군가는 스타벅스Starbucks 수장인 하워드 슐츠Howard Schultz의 말과 기업방침에서 프리먼의 이해관계자 이론의 메아리를 들을 수 있을 것이다. 슐츠는 종업원들에게 고객에 음료를 제공한 뒤 고객들과 어울리라고 요구해 미국의 인종적 관계에 관한 논란을 촉발했었다. 유니레버Unilever와 심지어 펩시Pepsi 같은 글로벌 기업들도 최근 들어 이해관계자 이론 쪽으로 기업문화를 변화시켰다.

　2017년 말 시가총액 기준 5대 상장기업 명단에 구글의 알파벳과 페이스북이 포함되었다.* 맥키의 기업관을 보여 주는 세 번째 기업인

---

* 2019년 12월 말 기준 1~5위는 애플, MS, 알파벳, 아마존, 페이스북이었다. 이어 알리바바Alibaba, 텐센트가 6, 8위였다. 유니레버는 2019년 7월 말 기준 48위였다.

유니레버는 2017년 10월 기준 시가총액 세계 40위였다. 애플, MS, 아마존이 5대 기업의 나머지 셋인 것은 우연의 일치가 아니다. CSR 또는 실리콘밸리 스타일의 증류, 즉 사회적 기업이 21세기 첫 20년간 글로벌 기업문화를 지배했다.

사회적 기업의 고비용

CSR은 1980년경 이후 기업 지배구조를 지배해 왔던 주주 최우선주의라는 표준 모델을 완벽하게 대체하지 못했다. 그러나 그것은 비즈니스 스쿨과 글로벌 기업문화에서 흥미롭고 매력적인 기업관으로 떠올랐다. 시가총액 기준 세계 50대 상장기업 중 45개 기업들 대부분이 CSR 담당 부서를 두거나 사회봉사에 전념하는 재단을 갖고 있다. 쉘Shell, 지멘스Siemens, 월마트Walmart처럼 20세기 말 노동, 환경, 인권 문제에 얽혔던 기업들조차 2010년까지는 CSR을 완전히 받아들였다. 대학들은 학생들에게 '사회적 기업' 프로그램을 홍보했다. 경영 잡지의 표지는 수시로 구글의 순다르 피차이Sundar Pichai* 또는 페이스북

---

* 순다르 피차이는 2019년 12월 3일 구글의 지주회사인 알파벳의 CEO가 됐다. 구글 CEO도 겸직한다. 피차이는 연봉 200만 달러에 3년간 정해진 경영성과를 달성하면 성과급 주식 등을 합쳐 최대 2억 4,600만 달러(약 2,980억 원)를 받을 수 있다고 〈로이터〉가 전했다. 피차이는 1972년 인도 마두라이Madurai에서 태어나 인도 공과대학을 졸업했다. 이어 미국으로 유학, 2002년 펜실베이니아 대학 와튼 스쿨Wharton School of the University of Pennsylvania에서 경영학 석사MBA를 취득했다. 2004년 구글에 입사해 크롬 웹 브라우저의 대중화와 안드로이드 확장에 중요한 역할을 했다는 평가를 받았으며 2015년 구글 CEO가 됐다. 구글은 1973년생 동갑내기 래리 페이지Larry Page와 세르게이 브린Sergey Brin이 1995년 검색엔진 '구글'을 만들면서 시작됐다. 이들은 1998년 실리콘밸리 차고에서 구글을 공동

의 셰릴 샌드버그와 마크 저커버그의 얼굴들로 장식됐다. 글로벌 재
단들과 테드 토크는 이벤트 때 사회적 기업인들을 강조했다.

21세기가 될 때까지 국가는 규제, 개혁, 그리고 개선을 위해서는 나
쁜 영역인 것처럼 보였다. 국가 행위의 효능감에 대한 냉소주의는 마
거릿 대처Margaret Thatcher 영국 총리와 로널드 레이건Ronald Reagan 미
국 대통령의 당선 후 너무나 깊숙하고 폭넓게 확산되었다. 그리고 그
것은 그 뒤 토니 블레어Tony Blair 총리와 빌 클린턴Bill Clinton 대통령에
의해 더 강화되었다. 그래서 세계의 많은 사람들은 일반적인 문제에
대한 대중의 반응을 상상할 수 있는 능력을 잃어버렸을 정도였다.

로맨스 없는 정치, 정치 없는 로맨스

CSR 이념의 등장은, 세계 많은 곳에서 국가를 집단적인 도전 과제
에 대한 효율적인 대응의 장소라고 보는 인식의 확산과 궤를 같이 한
다. 국가를 정치적 상상력의 주체에서 배제하거나 역할을 축소해서 보
는 관점의 지적인 배경은 공공선택이론public choice theory에 있다. 그
것은 경제학과 정책분석학의 한 분파이다. 정책분석학은 민간부문의
행위자들이 처한 자기이익의 가정을 국가 기능에도 똑같이 적용한다.

1986년 공공선택에 관한 논문으로 노벨경제학상을 받은 제임스
부캐넌James Buchanan은 자신의 논문이 정책과 정치에 관한 논쟁을 되

창업하고 이후 21년간 회사를 이끌어 왔다. 알파벳의 CEO와 사장 자리를 맡고 있던 이들
은 "매일 잔소리하는 부모가 아니라 옆에서 조용히 조언하고 보듬어 주는 부모가 되겠다"
면서 경영 일선에서 물러났다.

살리고 명확하게 해 주기를 바란다고 썼다. 그의 주 타깃은 국가의 이상적인 버전, 즉 모든 문제에 해답을 주며 때로는 전지적이고 자애로운 것으로 그려지는 국가였다. 그는 '로맨스가 없는 정치politics without romance'의 발현을 기대했다. 정부의 과학기금이 GPS와 인터넷 통신의 기초가 되는 기본기술들을 만들어 냈다. 그리고 국립과학재단NSF의 지원금이 세르게이 브린과 래리 페이지가 페이지랭크PageRank 알고리즘*을 고안하는 데 도움을 주었고, 여기서 구글이 만들어졌다. 그러나 이들 두 가지 사실은 대중의 전설에서 곧 사라져 갔다. '혁신innovation'은 실리콘밸리의 차고들에서 오랫동안 불규칙하게 일하는 고독한 천재들로부터 흘러나온 마법의 힘이었다.

정작 우리는 정치 없는 로맨스romance without politics를 얻었다. 그것은 미국의 이야기, 좁게 보면 서유럽의 역사 이야기다. 여전히 캐나다, 독일, 스페인 및 공화정 규범이 강한 몇몇 선진국에서 진지한 정치적 논쟁과 과감한 정책 제안이 제기되고 있다. 그러나 미국의 문화력, 군사력, 경제력이 세계 많은 나라들에게 시장 근본주의를 채택하지는 않더라도 생각은 해 보라고 밀어붙였다. 1990년대와 2000년대 초 내내 무역협정의 결과로 세계 많은 나라들이 직접적으로 그것을 받아들였다.

빈곤은 오랜 기간 동안 줄어든 반면, 스태그네이션stagnation**은 기대상승과 부의 집중을 초래해 수백만 명을 더 좌절하게 만들었다. 시장실패는 부차적인 존재가 돼 갔다. 반면에 공공실패가 활개를 쳤다.

---

* 인터넷 검색 엔진에서 웹사이트 검색 순위를 정하는 구글의 알고리즘.
** 장기적인 저성장 또는 경제 침체.

뼈대만 남거나 돈이 말라 버린 공공기관이 성과가 부진해지자 민간 부문이 그 역할을 맡도록 지원하자는 발상도 나왔다. 기업들은 그 요구에 응답했다. 민영교도소가 급증했다. 민영화된 자율형 공립학교가 공공기금을 공립학교로부터 떼어 갔다. 매킨지McKinsey와 베인Bain 같은 컨설턴트들은 정부기관에 자신의 기능 일부를 떼어 민간 기업에 아웃소싱outsourcing하는 방법을 일러 줬다. 하청업자들이 경비와 전투를 포함해 군대가 하던 역할을 떠맡았다. 기업의 사회적 책임은 대중의 인식 속으로 들어갔다. 심지어 유엔도 글로벌 문제 해결을 돕는 도구로 그것을 받아들였다. 기업 그룹들은 저임금, 열악한 작업환경, 환경악화 같은 외부성에 대응하기 위해 규제를 잘라 버렸다.

주요한 글로벌 문제, 심지어는 지역적 문제에 대응하기 위해 기업에 의존한다는 것은 비민주적이며 비정치적이다. 민주정치에서 의견 차이와 합의가 의제와 우선순위를 결정한다. 입법부는 여론을 측정하고 종합한다. 만일 기업 또는 자선단체가 세계를 개선하려는 의제를 설정한다면 그것들은 대부분 엘리트의 의지 또는 심할 경우 기업 리더의 개인적 의제에 따라 반응할 것이다. 그렇다면 누가 '책임감 있음' 자격을 준다고 말할 건가? 만일 모든 기업이 스스로 결정해야 한다면, 공공의 문제에 대한 해법은 앞뒤가 맞지 않고 균형을 잡지 못하게 된다. 세계를 구하는 부담을 기업에 지운다는 것은, 기업들이 그 부담을 투자자, 노동자, 소비자에게 차례로 전가한다는 것을 의미한다.

은행들이 2007년 9월 경기 대침체Great Recession를 향해 내달렸듯, 한 산업 전체가 잘못을 저지를 수도 있다. 그때는 시민들이 개혁을 요구하고 개혁을 기대하게 될 것이다. 만일 글로벌 광고기업이 20억 사용자의 방대한 양의 자료를 지렛대 삼아 경쟁을 제한하고, 반민주적 세력을 불러들여 허위정보로 자신의 채널을 들끓게 하려고 한다면 어떻게 해야 할까? 민주국가들은 그것을 타파하고 기업들이 시민들에 관해 배우고 사용하는 것들을 제한하는 조치를 취해야만 할 것이다.

사악해져라*

세르게이 브린, 래리 페이지, 마크 저커버그 그리고 셰릴 샌드버그가 제임스 부캐넌, 에드 프리먼, 심지어는 밀턴 프리드먼의 논문에 몰두한 것을 누구도 상상하지 못했을 것이다. 그들 중 누구도 일반적으로 자유주의 정책들을 지지한다고 믿어 줄 이유가 없다. 샌드버그는 일반적으로 거시경제적 질문에 신新케인스주의neo-Keynesian 입장을 취하는 전 미국 재무장관 래리 서머스Larry Summers를 위해 일했다. 그녀와 서머스는 1990년대 미국 은행산업의 무책임한 규제완화를 감독했었다. 그리고 그들 모두 페이스북의 이사인 피터 틸과 마크 안드레센에 의해 구현된 독특한 자유주의 정신을 가진 실리콘밸리에서 일한다. 따라서 기업들은 세상을 더 좋은 곳으로 변화시키기 위해 존재할 수도 있다는 생각이 그들에게 낯선 것은 아니다.

알파벳이나 페이스북은 모두 상장기업이며 모두 특별등급주식**,

---

* 구글은 '사악해지지 말라Don't be evil'는 회사 모토를 갖고 있다. 나쁜 짓을 하지 않고도 돈을 벌 수 있다는 것을 보여 주자는 의미이다.

** 특수주식에는 우선주, 후배주, 상환주식, 무의결권주식, 전환주식, 혼합주 등이 있다. 저커버그가 보유한 B주(Class B)의 의결권은 보통주인 A주(Class A)의 10배이며, 이를 통해 과

특정주식소유권, 의결권 한도 같은 제도를 갖고 있다. 따라서 페이지, 브린, 샌드버그, 저커버그가 주주들에게 답변할 필요는 전혀 없다. 두 회사 모두 투자자들이 거둔 수익률이 대단했기 때문에 그 어떤 주주 행동주의자들도 회사 리더들의 비전이나 실행에 의문을 제기할 것 같지 않다. 브린, 페이지, 샌드버그, 저커버그 누구도 적대적 인수자를 두려워할 필요가 없다.

그들의 기업은 그들의 것이다. 그래서 그들은 의제를 설정하게 된다. 여러 국가의 수반이 그들을 찾아 생각과 의견을 구한다. 알파벳과 페이스북의 리더들은 스위스의 다보스에서 열리는 글로벌 엘리트들의 모임에 자주 다닌다. 구글의 꿈은 오랫동안 '세계의 정보를 조직화하고 전 인류가 그것에 접근 가능하며 유용하게 만든다'는 것이었다. 페이스북은 세상을 연결해 인류의 여건을 개선한다는 미션을 오랫동안 갖고 있었다. 그들은 사업에 성공했고 가장 순수한 형태의 기업의 사회적 책임을 향한 진지한 약속을 내놓았다. 그럼에도 불구하고 인류는 매년 더 균열되고 분노가 커져 가고 있다. 페이스북은 정보와 연결성을 세계의 최빈층에 확산시키려는 선교사적인 모험을 했지만, 프리베이직은 인류의 삶을 개선하는 데 보기 좋게 실패한 바 있다.

페이스북은 2004년 출범 때부터 사람들을 함께 합칠 수 있는 기계라고 홍보했다. 그 말은 사람들을 함께 묶으면 생활이 더 좋아질 것이라는 추정에 기초하고 있다. 페이스북 이전에는 집단적 목표를 향한

반의 투표권을 확보한다. 저커버그는 회사 지배력을 지키기 위해 의결권이 없는 C주를 발행할 계획이었는데, 일부 주주가 불공정 거래라고 주장하며 소송을 내자 2017년 이를 철회했다. 2019년 5월 30일 주총에서는 저커버그의 권한을 제한하기 위해 B주를 없애자는 주주 제안이 나왔으나 부결되었다.

협동과 협력이 어려워 보였다. 시위 또는 저항하기 위해 사람들을 불러 모으는 것, 불매운동을 조직하는 것, 또는 청원을 위해 사람 명단을 모으는 것은 많은 돈과 시간이 들었다. 인터넷은 대체로, 페이스북은 분명하게, 협력 비용을 낮춰 줬다. 2010년부터 2012년까지 사이에 세계 곳곳에서 벌어진 반독재 시위들은 마크 저커버그의 자존감을 증명하는 듯했다.

"사람들에게 공유할 힘을 줌으로써, 우리는 사람들이 역사상 가능했던 것과는 다른 크기로 자신의 목소리를 전달하는 것을 보기 시작했습니다." 저커버그는 이렇게 썼다. 이집트와 튀니지의 독재자들이 거대한 거리 시위대의 면전에서 도망친 지 거의 정확히 1년 뒤에 투자자들에게 보낸 서한에서였다. "이들의 목소리는 숫자와 크기가 모두 높아질 것입니다. 그들은 무시될 수 없습니다. 우리는 시간이 가면 각국 정부가 선택된 소수가 조종하는 매개체를 통해서라기보다, 국민이 직접 제기한 문제와 우려에 더 즉각 대응하기를 기대합니다." 당초에는 페이스북이 2011년 북아프리카의 봉기를 키워 준 것으로 인식됐다. 이것은 사실 부정확했다. 하지만 세계를 더 좋은 곳으로 만든다는 회사의 잠재력에 대한 저커버그의 믿음의 가장 강력한 증거 역할을 했다.

페이스북은
시위 기계이다

Protest Machine

ANTISOCIAL MEDIA

2010년 6월 6일 이집트 알렉산드리아Alexandria에서 경찰이 스물여덟 살 난 중산층 무역업자 칼리드 사이드Khalid Said의 집 앞에서 그를 때려 숨지게 했다. 경찰은 사이드의 가족에게 그가 마약 거래에 연루되어 있었고, 그가 질식사했다고 말했다. 폭행 목격자들은 경찰의 주장을 반박했고 폭행 장면을 증언하는 동영상을 유튜브에 올렸다. 얼마 지나지 않아 사이드의 부검 사진들이 페이스북 아랍어판과 영어판, 그리고 유튜브 페이지에 삽시간에 확산되었다.

사람들은 모바일 메시지에 첨부해 사진들을 다른 사람들에게 보냈다. 그 바람에 당국은 소통을 감시할 기회를 별로 잡지 못했다. 곧 국제적인 아랍의 위성뉴스 채널인 〈알자지라Al Zazira〉가 소요 사태를 알아차렸고 그 사진들을 게재했다. 다른 국제뉴스 매체들도 사이드의 죽음을 알게 되었다. 그의 죽음의 은폐와 그것을 유발한 경찰 부패에 항의하는 데모가 2010년 여름 내내 알렉산드리아와 카이로Cairo를 휘젓기 시작했다.

"저는 그 사진을 기억합니다. 그는 잔인하게 고문당해 사망했습니다." 페이스북 페이지 '우리 모두가 칼리드 사이드이다We Are All Khalid

Said'의 운영을 지원했던 두바이Dubai 주재 구글 직원 와엘 고님Wael Ghonim은 2011년 테드 토크에서 말했다. 이집트 정부는 수십 년간 비슷한 잔혹한 사건들에 했던 것처럼 기사를 통제하려고 애를 썼다. 그러나 페이스북에 사이드의 사진이 올라간 것이 통제를 불가능하게 만들었다고 고님은 전했다.

페이스북은 당시 아랍어 서비스를 막 시작했었다. 당시 이집트 인구 8,600만 명 중 가입자는 500만 명 미만이었다. 고님은 범세계주의자이면서 교육받은 이집트인들의 작지만 정치적으로 활발한 계층과 잘 연결돼 있었다. '우리 모두가 칼리드 사이드이다'는 영어와 아랍어로 제작되었다. 페이스북이 확산시킨 용감한 시위와 병적인 만행 모두를 담은 사진들은 영어와 아랍어 페이지를 넘나들었다. 이어 다른 미디어 시스템으로 건너갔다.

규제하의 미디어 시스템은 사람들 사이의 연결을 끊어 버린다. 식민 시대 이후 역사의 대부분 기간 동안 이집트에서 그런 사례를 볼 수 있다. 신문들은 국가의 평판을 악화시키는 사건들과 이슈들은 전혀 보도하지 않았다. TV는 대부분 국가 통제하에 놓였다. 경찰은 야당 조직들에 잠입했다. 무바라크 정부에 반대하는 가장 강력한 정치적 힘이었던 무슬림형제단Muslim Brotherhood은 1954년 불법단체로 규정되었다. 억압 정부에 심각한 불만을 가졌던 사람들은 때로는 혼자인 것처럼, 아무 지원도 받지 못하는 것처럼 느꼈다. 몇 명만이 저항했다면 손쉬운 타깃이 되었을 것이다. 이집트에서는 전에도 시위들이 터져 나왔다. 국가는 항상 그것들을 부숴 버렸다.

2011년 1월과 2월 카이로, 알렉산드리아, 포트사이드Port Said, 그리고 이집트의 다른 도시들에서 일어난 거대한 봉기는 결국 호스니 무바라크 대통령을 30년 만에 권좌에서 내몰았다. 무바라크의 권위주의에 대한 점차 증가하는 국민적 불만, 그리고 2011년 이전 약 10년간 축적된 경찰권 남용에 반대하는 고도로 조직화된 대중운동을 이해하지 못한 사람들에게 그 폭발사태는 놀라움으로 다가왔다.

무엇이 바뀌었는가? 2006년 시위와 2008년 총파업 때는 못 했다. 2011년의 데모는 어떻게 해서 사회 각계각층의 그렇게 많은 사람들을 거리로 나가게 했는가? 답변은 아주 단순해 보인다. 2006년과 2008년에는 페이스북이 영어판뿐이었지만 2011년에는 아랍어로도 이용 가능했다. 그리고 '우리 모두가 칼리드 사이드이다'가 페이스북 이용자들이 다른 사람들도 기꺼이 저항하려 한다는 것을 알게 해 준 신호등 역할을 해냈다. 이것은 고님 생각이다. 고님의 설명을 들은 열정적인 기자들 중 다수가 1월 25일 혁명이 페이스북 덕분이라고 점수를 줬다.

이집트인으로서 범세계주의자이자 기술 엘리트인 고님은 순간적으로 흥분했다. 그래서 이집트 혁명의 사회적, 정치적, 경제적인 깊은 뿌리에 대한 충분한 공감을 방해하는 지나치게 단순한 생각을 강조했다. 그 발언은 더 큰 미디어 생태계의 한 부분인 소셜미디어의 파워를 충분히 이해하지 못하게 했다. 고님은 2011년 〈CNN〉에 이렇게 말했다. "이번 혁명은 페이스북에서 시작했습니다. 언젠가 마크 저커버그를 만나 그에게 개인적으로 감사를 표하고 싶습니다."

2007년 이후 전 세계의 모든 시위와 봉기를 신중하게 조사해 보면 성공과 실패가 뒤섞여 있음을 알게 된다. 지난 250년을 10년 단위로 쪼개 세계의 봉기들을 볼 때와 다를 바 없다. 때때로 국민은 시위를 한다. 그럴 때는 사용 가능한 소통수단들을 모두 동원한다. 때로는 정부를 전복시킨다. 때로는 그러지 못한다. 때로는 시위가 1회성 이벤트이고 역사가 그것에서 물러나면 그것도 시들어간다. 때로는 한 차례 시위는 문화적, 정치적 변화의 긴 과정의 작은 한 걸음이다.

소셜미디어가 중요한가 하는 질문은 어리석은 것이다. 2007년부터 2017년 사이에 아테네Athens, 마드리드Madrid, 카이로, 카사블랑카Casablanca, 이스탄불Istanbul, 워싱턴 그리고 뉴욕에서 벌어진 시위들을 놓고, 만일 소셜미디어가 없었더라도 시위가 벌어졌을까, 또는 똑같은 방식으로 시위가 벌어졌을까를 시험해 볼 수는 없다. 그 시위들은 벌어졌다. 소셜미디어의 사용은 시위대에게는 최소한 놀랄 만한 것이었다. 소셜미디어 서비스, 특히 페이스북은 정치적, 사회적 대중운동과 이어지는 시위에 특별한 방식으로 영향을 준다. 페이스북의 존재 때문에 시위가 가능해지거나, 또는 더 현실적으로 더 커지는 것은 아니다. 페이스북은 정보와 계획들에 대한 관심의 공유를 밝힌 많은 사람들에게 알려 주는 것을 쉽게 만들어 줄 뿐이다.

가장 중요한 것은, 페이스북이 고님의 표현대로 '우리는 외롭지 않다'고 할 마음이 있고 관심이 있는 사람들을 설득하거나 어쩌면 속일 능력이 있다는 점이다. 권위주의 국가에서 거대한 저항운동은 충분한 사람들이 참여할 것이라고, 충분한 사람들이 설득된 경우에만 가능하다. 페이스북은 그들에게 대중운동이 임계치에 도달했다는 느낌을 준다. 다만 페이스북은 깊은 정치적 숙고나 조직화라는 어려운 일을 만들어 내지도 않고, 고무하지도 않는다.

이집트의 역경이 이 점을 분명히 해 준다. 1월 25일 혁명 때와 그 후에 고님과 다른 사람들은 봉기에 대표가 없었다는 점을 높이 평가했다. 고님 자신도 무슬림들과 기독교도들이 나란히 시위에 나서 관대하고 민주적인 이집트의 비전을 보여 주었다는 사실을 크게 자랑했다. 유럽과 북미에서 편안한 의자에서 고님을 응원했던 많은 사람들의 편견에 호소했던 시위대였다. 무바라크를 전복시킨 대중운동의 실체는 이러한 초기의 희망 어린 조짐들과는 달랐다.

이집트는 악랄한 권위주의적 독재 정부에 의해 다시 통치되고 있다. 이집트는 군부에 의해 움직여진다. 알고 보니 무바라크의 실각의 열쇠는 2011년 초기 몇 주가 안 돼서 군부가 관여하기를 거부하면서 물러선 데 있었던 것 같다. 당시 자유주의적 범세계주의자들과 이슬람주의자들 간의 불편한 혼합으로 이루어진 이집트의 새로운 리더 무리는 새 정부 계획을 짜고 선거를 치렀다. 군부 지도자들은 이를 지켜보기만 했다. 자유주의자들이 가진 것은 단지 페이스북 페이지와 원대한 생각뿐이었다.

2012년 선거 이후 무슬림형제단이 정권을 잡았다. 형제단은 일단 집권하더니 기독교도와 여성들을 지원했던 활동들을 탄압했다. 무슬림형제단 정부와 무함마드 모르시Mohammed Morsi 대통령의 통치에 반대하는 시위가 벌어졌다. 2012년 11월 모르시는 비상지휘권을 선포했고, 비판세력과 언론인들을 잡아넣기 시작했다. 2013년 4월 더 커진 반反모르시 시위가 2011년 시위에 맞먹는 규모와 강도로 터지기 시작했다. 2013년 7월 압델 파타 엘 시시Abdel Fattah el-Sisi 장군의 지휘하에 있던 군부가 이집트를 장악했다. 이어 무바라크를 쫓아 내기 위해 작동했던 모든 요소들을 잔혹하게 깨부수었다. 시시는 그 후 권좌를 지키고 있다.

'우리 모두가 칼리드 사이드이다'라는 영어 페이스북 페이지는 28만 명 이상의 팔로워를 거느린 채 활성화 상태로 남아 있다. 그것은 안티 시시anti SiSi의 뉴스와 선전을 퍼뜨리는 데 열심이다. 하지만 또 한 번의 '페이스북 혁명'이 조만간 가능할 것 같다고 누구도 주장하지 않는다.

혼자가 아니다

사람들을 길거리로 불러 모으는 요체는, 앞에서 말했듯이, 충분한 사람들이 기꺼이 길거리로 나갈 의지가 있다는 점을 충분한 사람들에게 설득하는 것이다. 소셜미디어, 특히 페이스북이 그 과정을 도와줄 수 있다. 페이스북 사용자들이 페이스북을 통해 세상을 볼 때 왜곡을 경험한다. 페이스북은 사람들을 속여, 자신들의 입장과 소망에 대한 지지가 있음직한 것보다 더 많다고 생각하게 만들기에 딱 좋다. 결국 페이스북이 확증 편향을 보강하면서 필터 버블을 만든다. 이것이 자기실현적 예언self-fulfilling prophecy이 된다.

만일 시내 사거리를 가득 메우기에 충분한 사람들이 모습을 드러낼 것이라고 충분한 사람이 생각한다면, 충분한 사람들이 사거리를 메우러 나타날 것이다. 그것이 단기적이고 드라마틱한 이벤트를 할 동기를 갖게 하는 페이스북의 놀랄 만한 힘이다. 그것은 그러나 근시안적인 힘이고 쉽게 소멸된다. 조직적 불꽃을 지렛대로 삼아, 청원서에 이름을 모으는 어려운 업무에 관여하고, 회의를 진행하고, 후보들을 출마시키고, 메시지를 훈련시키고, 표를 넘겨주면서, 더 오래 가는 정치적 행동을 낳는 것은 훨씬 어렵다.

페이스북은 동기유발을 위한 강력한 수단이다. 페이스북의 설계된

186

방식 때문이고, 강한 감정적 대응을 유발하는 콘텐츠를 좋아하는 그 알고리즘 때문이다. 같은 이유로 페이스북은 숙고를 위해서는 쓸모없는 도구이다. 페이스북은 사람들을 억압적인 정부에 반대해 폭동을 일으키도록 움직이는 데 효과적으로 활용될 수 있다. 그리고 사람들이 민주적 또는 범세계주의적 정부에 대항하거나, 억압적 정부를 지지하도록 폭동을 일으키게 하는 데도 똑같이 효과적으로 활용될 수 있다.

페이스북은 숙의적인 정치를 이해시키거나 가치를 높이기보다는, 정치를 더 불안정하게 한다. 상당히 개방적이고, 상당히 성공적이며, 상당히 민주적인 공화국에 살고 있는 사람들에게 페이스북은 위험하다. 덜 안정적이고 덜 개방적이며 덜 민주적인 환경에 사는 사람들에게 페이스북은 단기적으로는 매우 유용할 수 있다. 페이스북은 약한 국가를 불안정하게 하는 세력들에 의해 너무 쉽게 장악된다. 그런 이유에서 많은 국가가 페이스북을 금지하거나 차단한다.

더 큰 대중운동의 한 부분에 참여하고 있다는 연대 의식을 심어 주는 데는 페이스북이나 트위터가 필요 없다. 디지털 기술의 확산 이전에, 세계는 서로 무관하면서도 서로 고무하는, 역사를 바꾼 사건들을 여럿 지켜본 바 있다. 1989년 6월 4일 중국 군인들이 베이징Beijing에서 평화롭게 시위하던 수백 명을 학살했고 수천 명을 체포했다. 시위대는 수 주간 천안문 광장과 그 주변에 모여 있었다. 그들은 전 중국 공산당 총서기로 국가 비판에 대한 규제 완화의 소망을 피력했던 후야오방Hu Yaobang의 죽음에 분노했고 대담해졌다.

바로 그날 폴란드에서는 노동자 조직인 자유노조연대Solidarity가 공명선거를 통해 공산당 정권을 무너뜨렸고, 전 세계에 일련의 민주적 혁명을 촉발하였다. 바로 그 순간 무엇이든 가능해 보였다. 자유와 존 엄에 굶주린 세계를 가로질러 민주주의, 자유주의, 그리고 자본주의 가 차근차근 퍼져 나갈 것처럼 보였다. 1989년 11월 동독의 독재자 에릭 호네커Erich Honecker가 사임했고, 헝가리는 공화국이 되었다. 그 때 남아프리카공화국에서는 인종차별에 찬성하는 국민당이 억압받 아 온 다수 인종인 흑인들의 완전한 참정권을 허용한다고 발표했다. 당시 체코슬로바키아에서는 벨벳혁명Velvet Revolution이 시작되었다. 1989년 말 브라질은 29년간의 군부통치 끝에 첫 자유선거를 실시했 다. 루마니아 독재자 니콜라이 차우체스쿠Nicolae Ceausescu의 추방으 로 그 해가 마감되었다.

딱 2년 뒤 소련은 외피가 허물어지고 제국은 폐허가 된 채, 개혁과 언론자유 보장에 나섰고, 순식간에 혼란과 폭력 속으로 녹아들어 갔 다. 1989년부터 1992년까지 세계가 공통의 유대감과 공통의 명분을 찾아 나가는 것을 보면, 민주주의가 더 강하게 성장할 것이라고 믿지 않기가 어려웠다. 정보의 자유로운 유통이 그러한 트렌드를 가능하게 했고, 거꾸로 그러한 경향의 덕을 보고 있었다.

1989년 스물세 살의 미국 남자로서 나는 매우 낙관적이었다. 뉴스 들을 종합해 보니 새로운 통신기술의 역할이 들려오기 시작했다. 동 유럽과 소련에서 팩스 기기의 확산이 반체제 인사들 간에 행동주의 와 인식을 가능하게 했다는 칭찬을 들었다. 나 같은 사람들은 이런 이야기들에 혹했다. 나는 기술의 역사에 대한 감각이 별로 없었다. 그 래서 나는 많은 미국의 젊은이들처럼, 세계 대부분의 젊은이들이 내 가 소중하게 여기는 것들을 원할 것이라고 생각했다. 기술 낙관론은 그 시절 내가 생각했던 다른 설명들과 잘 어울렸다. 즉, 종교개혁과 르

네상스는 15세기 유럽에서 인쇄기의 발명에 의해 '만들어졌다' 또는 '필수 불가결해졌다'는 것이다. 또 토마스 페인Thomas Paine의 『상식론 Common Sense』과 『연방주의자 논문집Federalist Papers』 같은 팸플릿들을 인쇄하고 배포하는 능력이 18세기 말 미국 공화국의 탄생에 필수적이었다는 식이다.

내가 새로운 소통 방식들을 빠른 사회적, 정치적 변화의 요소로 간주한 것이 잘못된 것은 아니다. 그러나 많은 다른 사람들처럼 나도 기술을 너무 강조했고, 이들 나라에서 성장해 왔던 현장의 정치투쟁을 과소평가했다. 이들 나라 각각의 독특한 역사적, 문화적, 경제적 측면들이 각국의 이야기를 특별하고 강력하게 만들었다. 그 측면들이 모두 잘 어울렸고 명분을 공유했을 것으로 보일지라도, 나는 그것들을 무시했던 것이다. 네 개의 대륙에서 민주주의와 언론자유가 갑작스럽게 확산된 것을, 새로운 소통 기술의 탄생 덕분이라고 설명하는 것은 너무 단순하다. 정치와 기술 분야 역사가들은 모두 이야기가 이것보다는 더 복잡하다는 것을 알았다. 그러나 나는 몰랐다. 내가 더 많은 정보를 의존했던 기자들과 전문가들도 몰랐기는 마찬가지였다.

소통 기술이 이들 봉기들 중 많은 것의 성격을 형성했고 속도에 영향을 끼쳤다는 것은 진실이다. 봉기는 1956년이나 1968년에는 실패했지만, 1989년에는 미디어 및 비#미디어의 몇 가지 특별한 요인들로 인해 혁명으로 전환되었다. 글로벌 TV뉴스와 위성 분배satellite distribution의 등장은 전 세계의 사람들이 1989년 6월 군부에 맞선 중국 젊은이의 용기를 지켜볼 수 있다는 것을 의미했다. 동유럽 시청자들은 시위자들의 용기에 고무됐다가 그 국가의 대범한 잔인성에 충격받았다. 글로벌 TV의 동시성은 그들에게 모방할 모델을 제공했다. 그들은 자신들이 혼자가 아니라는 것을 알았다. 당시 체코슬로바키아와 동독의 시청자들은 자신이 사는 지역의 봉기가 거실의 TV에 방영되는 것을 보았다. 그들은 역사가 토니 주트Tony Judt가 말한 '현장 정치 교육instant political education'을 경험했다.

1989년 혁명들이 가능해 보이도록 만들었고, 그래서 실제로 가능하게 만드는 데 가세한 더 중요한 비미디어 요소들이 있다. 헝가리 공산당 내 젊은이들의 활동은 수년간 정부의 개혁을 압박했고 정부의 문제점들을 폭로했다. 동독에서는 1989년 베를린 주민들에게 장벽을 넘어 왔다 갔다 할 수 있게 허용한 것이 공산당을 한계점으로 내몰았다. 여행하고 이사하고 싶은 욕망은 기대 이상으로 훨씬 더 컸다.

가장 중요한 것은 소련이 각국 공산당 정부들에 대한 강력한 지원을 철회한 것이었다. 그것은 자기 자신의 약점을 노출한 것이다. 또한 1956년 헝가리와 1968년 체코슬로바키아에서 했던 것처럼 개혁운동을 짓밟을 의지가 없음을 선언한 것이었다. 소련의 장기간에 걸친 잔인하고 값비싼 아프가니스탄 전쟁은 제국의 돈과 에너지를 빼 가 버렸고, 세계에 소련 군대가 전지전능하지 않음을 보여 줬다.

추가로 소통 기술의 가동과 무관하게, 소련 사회 자체에서도 변화가 급속히 일어났다. 소련 지도자 미하일 고르바초프Mikhail Gorbachev는 글라스노스트glasnost, 즉 개방정책에 나섰고 이어 반체제인사들이 언론, 집회, 결사 활동을 통해 소련 사회로 흘러 들어가게 허용함으로써, 초기 단계 시민사회의 성장을 불러왔다. 글라스노스트에 따라 소련에서 팩스보다 훨씬 강력하고 보편적인 수단인 TV 방송까지도 자유화되었다. 고르바초프는 스스로 정보와 담화에 대한 공산당의 독점권을 내려놓았다. 모스크바 정권이 약해지니까 위성국가들의 노조들, 종교지도자들, 시인들, 죄수들의 노력 등 수십 가지 요소들이 소련 제국을 조금씩 잘라 갔다. 결국 모든 것이 일순간에 와해되었다.

우리는 소통 기술들이 새로 나온 것이란 점을 강조한다. 또 변화가 동시에 일어났을 뿐이라거나 변화를 지원한다고 보지 않고 기술의 동시 도래가 급격한 변화를 초래한다고 추정한다. 이렇게 강조하고 추정함으로써, 우리는 중앙아시아에서 개방 정책을 쓰거나 오랜 재앙적 전쟁을 개시하는 것처럼 분명하고 강력한 무엇인가의 중요성을 무시한다. 아프가니스탄에서의 장기간에 걸친 전쟁들은 툭하면 강력한 제국들의 몰락이 임박했다는 신호를 보냈다.

미디어는 하나의 대중운동이 일단 존재해 형태, 내용, 성장 동력을 갖는 경우 그것을 증폭할 수도 있고 추진력을 높일 수도 있다. 기술에는 내장된 '자유'나 '억압'이라는 급진적 역동성은 없다. 그러나 특정 기술의 다양한 측면은 특정 업무를 더 쉽게 완수하게 해 줄 수 있다. 비슷한 생각을 가진 사람들이 저비용에, 고속으로, 서로를 확인하고 행동을 조율할 수 있게 해 주는 소통 기술이 있다면 영향을 미칠 것이다. 하지만 억눌린 사람들을 자유롭게 하는 것은 그 영향만이 아닐 것이다.

전 세계에서 랩탑과 휴대폰에서도 유튜브, 페이스북, 트위터를 할 수 있게 되었다. 그러자 밭을 일구는 사람들이 나타났다. e메일과 문자는 조정하고 문자통신을 하는 데 효과적인 도구였다. 비슷한 생각을 가진 사람들에게 메시지를 배포하도록 특별히 설계된 플랫폼들은 훨씬 더 효과적일 수 있다. 기술만능주의 언론인들과 평론가들은 2010년 몰도바와 이란에서 저항운동과 봉기에 소셜미디어 플랫폼이 사용된 것에 주목했다. 이들 혁명은 모두 결실을 맺지 못했다.

2010년 말까지 소셜미디어가 혁명을 혁명적으로 바꿔 놓고, 전제정치에 타격을 주며, 민주적 참여를 활발하게 해 줄 것이란 주장에는 증거가 필요했다. 증거가 부족했지만, 미 국무장관 힐러리 클린턴은 이 주장을 받아들였다. 그러고는 '인터넷 자유' 진작을 미국의 공식 정책으로 선언했다. 클린턴은 전제주의 정권 내에서 폐쇄사회를 개방하고 검열을 약화시키는 소셜미디어의 힘을 무비판적으로 옹호했다. 이란 정부는 2009년 시위들을 잘 견뎌 냈지만, 미 국무부는 트위터가 이란 정부를 약화시키는 데 기여했다고 주장했다. 클린턴은 그 시절 소셜미디어의 확산을 환영했던 대부분의 사람들과 똑같은 과오를 저질렀다. 그녀는 사람들이 소셜미디어를 사용하고 전제 정부에 저항하기 위해 일어설 때, 그들의 목표에 민주주의, 인권 또는 기본적 자유권이 포함될 것으로 생각했던 것이다.

멀리 떨어져서 영어로 된 트윗이나 페이스북 포스팅만 읽고는 거리에 있는 사람들이 똑같은 것을 원하는지를 판단하는 것은 어렵다. 한 사람이 엘리트용 도구를 잘 쓰는 것 같은 사람들에게 자신의 소망을 덧씌우는 것은 너무나 쉽다. 우리는 똑같은 플랫폼을 사용한다. 우리는 그 플랫폼이 자유를 퍼뜨리고 민주주의를 촉진시킬 것으로 믿는다. 그러니 다른 사람들이 이들 플랫폼을 사용하고 있으면, 그들도 자유와 민주주의를 원하는 것이 틀림없다고 믿는다. 그렇지만 그들은 때로는 문화적 인식을, 때로는 자원에 대한 접근을, 때로는 더 값싼 빵을 원한다. 때로는 그들은 나름의 억압적 야만성을 실행하면서 통치하기를 원한다. 그리고 좋든 싫든, 제거하기에는 너무나 복잡한 이유들 때문에, 그들은 자주 실패한다.

기술적 자기도취

2009년 6월 반정부 시위로 이란의 수도 테헤란Teheran 거리가 들 끓자, 〈CNN〉은 활기가 넘쳤다. 그에 2년 앞서, 텍사스 주 오스틴Austin에서 열린 SXSW 테크놀로지 페스티벌*에서 트위터라는 새로운 서비스가 기술계와 언론계의 주목을 끌었다. 그때 이후로 전 세계 언론인들 간에 트위터 사용이 급증했다. 트위터는 140자짜리 한 방을 쏘아 새 소식을 전할 수 있도록 해 줬다. 그러면 휴대폰의 무제한 데이터 요금제를 쓸 수 없는 사람이라도, 글쓴이를 팔로워한 트위터 가입자라면 누구나 읽을 수 있었다.

〈CNN〉은 미국에 본사를 둔 대부분의 뉴스매체들처럼 이란에는 제한적으로만 접근했다. 영어로 글을 쓸 줄 아는 일단의 국제 운동가들이 2009년 여름 반정부 시위를 세계에 알리기 위해 트위터를 하기 시작했다. 6월 18일 〈CNN〉은 영어를 쓰는 이란인들의 몇 개의 트윗을 인용한 보도를 내보냈다. 이어 당시 『와이어드Wired』 잡지 기자였고, 그 후 편집장이 되는 니콜라스 톰슨Nicholas Thompson과 인터뷰를 했다. 〈CNN〉 앵커 솔레다드 오브리엔Soledad O'Brien은 "이란에서 이런 시위들을 조직하는 데 있어 사람들이 소셜미디어의 역할을 과대평가하고 있나요?"라고 질문했다. 이에 대해 톰슨은 "저는 트위터는 그렇다고 생각합니다. 그렇지만 일반적으로 휴대폰이나 페이스북, SNS의 역할을 과대평가하고 있다고는 생각하지 않습니다."

---

* 사우스 바이 사우스웨스트South by Southwest(SWSW)라는 이름으로 매년 봄 미국 오스틴에 서 열리는 정보기술, 영화, 음악 등 창조산업 분야의 콘퍼런스Conference 겸 축제.

톰슨은 약간의 이란인들이 국제적인 소통을 위해 트위터를 썼으며, 그 주요 목적은 이란의 국경 너머로 세계에 이란 국내 사건을 알리기 위한 것이라고 설명을 이어 갔다. 그러면서 이렇게 덧붙였다.

"아직 혁명도 아니고, 트위터도 아닙니다."

그런데 바로 그 시간에 〈CNN〉은 텔레비전 화면 아래쪽에 이런 글자를 띄웠다. '트위터 혁명: 소셜미디어가 이란 소요사태 폭발시켜.' 사람들이 소통하고 조정하기 위해 트위터, 페이스북, 문자메시지를 어떻게 사용하는지는 중요하지 않았다. 〈CNN〉 시청자들이 그 무렵 읽고 들은 것은 '트위터 혁명Twitter revolution'이라는 표현이었다. 2009년 6월 각종 보도 매체들은 애초에 이란인들이 저항하는 대상에 대해서보다 그들이 트위터를 쓰고 있었다는 점에 더 크게 주목했다. 이란 정부가 권한을 재천명하며 시위를 억압하자 이란에 대한 보도는 중단됐다.

이런 패턴은 수년간 반복되었다. 잘못 이름 붙여진 '아랍의 봄Arab Spring'이 터진 2011년 첫 3개월간 정점에 달했다. 기자들과 전문가들은 이번에 터진 시위가 큰 것이라고 주장했다. 또 소셜미디어가 단절된 사람들을 연결하고, 전제 정부의 언론 통제를 우회해서, 사람들이 저항하고 개방, 평등, 민주주의를 촉진하도록 힘을 불어넣어 주어, 시위가 벌어진 것이라고 주장했다. 그러나 그런 종류의 어떤 일도 발생하지 않았다. 최소한 '트위터 혁명'이나 '페이스북 혁명' 같은 것은 아무것도 일어나지 않았다.

소셜미디어가 힘을 불어넣어 주었다고 하고, 아래로부터 조직하는 힘을 주었다고 하는 식의 환원주의적 서술은, 중대한 정치적 운동과 사건에 대한 심각하고 민감한 분석이 나오지 못하게 막았다. 또 그런 서술은 권위주의 정부도 반체제인사들을 감시하고, 괴롭히며, 억압할 때, 소셜미디어를 사용할 수 있다는 점에 대해 많은 사람의 눈을 가렸다. 새로운 것에 대한 집착 탓에 지난 10년 이상 북아프리카와 중동을 상당히 바꿔 놓은 전체 미디어 생태계를 더 완전하게 평가할 수 없었다.

메시지를 무시하고 미디어에 집중하다 보면 실패한 봉기는 역사에 남지 않게 된다. 봉기가 실패한 곳들은 2010년과 2011년의 인상적이고 역사적으로 중요한 아랍의 봉기들에 관한 성공과 실패의 기록에서 누락된다는 점을 의미했다. 페이스북과 트위터 사용자들, 그리고 일반 인터넷 열성파들은 소통 기술들이 필연적으로 자유롭고 계몽적이라는 관념을 받아들였다. 이들은 또 인터넷 플랫폼들의 상대적 개방성이 언론의 자유, 사상의 자유, 민주적 개혁의 방향으로 움직여야 한다고 믿어 왔다.

이런 현상이 기술적 자기도취techno-narcissism의 사례이다. 우리가 매일 쓰는 기기와 기술을 다른 사람들이 중요한 목적에 사용하는 경우를 보자. 이것을 우리가 자랑스러워하면 우리는 스스로 우월하다고 여기는 것이다. '과거'에 매몰된 것 같은 나라가 기술적 편재성을 갑자기 실현하는 순간, 우리는 그들을 응원한다. 그때 우리는 우리의 탁월한 발명이 영향을 미쳤다고 믿는다. 기술적 자기도취는 자기민족중심적이며 동시에 제국주의적이다.

2011년 아랍 봉기 또는 '월가를 점령하라Occupy Wall Street' 시위에서 카탈루냐 독립운동Catalan independence movement까지, 지구 곳곳의 정치적 분출에서 소셜미디어가 중요하지 않았다는 것은 아니다. 소셜미디어는 예측 가능한 방식 또는 이상적인 방식으로 중요한 것이 아니었고, 모든 맥락에서 똑같이 중요한 것도 아니었다. 소셜미디어가 민주주의를 촉진하거나, 공론장을 변화시키거나, 거대한 소요를 고무시키지는 않았다. 2009년 이란에서 트위터가 일을 벌였듯이, 소셜미디어는 2011년 봉기를 경험한 나라의 외부에서 봉기 사건을 알게 되는 주요한 방법 중 하나였다. 그리고 그것은 정치적 대중운동의 성격을 복잡한 방식으로 변화시켰다.

2011년 초 북아프리카와 중동 전역에서 사람들이 소통하기 위해 가능한 통신수단을 광범위하게 사용했다는 것은 놀랍지 않다. 2011년 초 튀니지와 이집트의 엘리트 범세계주의자 소그룹이 페이스북을 사용한 것은 이 지역 시위의 성격과 독재 국가들의 대응에 모두 영향을 주었다. 이야깃거리가 많다. 사실 2011년 북미와 유럽 여러 지역에서 대화를 주름잡았던 주류의 서술기법에서 거의 인정받지 못했던 여러 버전의 이야기가 있다.

민주 색 유리들

2011년 봉기 오래전에 튀니지와 이집트 사람들은 시위운동을 조정하기 위해 문자 메시지, e메일 그리고 다른 형태의 전자통신을 사용하고 있었다. 가장 초기의 사례는 1997년 멕시코의 사파티스타Zapatista 운동* 측의 능숙한 e메일 사용이었다. 2000년 필리핀에서는 수천 명

---

* 멕시코 치아파스 주에 기반을 둔 자유지상주의적 사회주의 등 이념의 무장혁명단체. 북미 자유무역협정NAFTA이 발효된 1994년 1월 1일 출범해 정부에 전쟁을 선포했다. 민족해방군은 인터넷을 활용해 멕시코 및 세계 전체와 활발히 소통하였다. 1996년 정부와 평화협

의 시위대가 불법선거와 정부부패에 항의하기 위해 마닐라Manila의 거리와 광장을 가득 메웠다. 그리고 우크라이나에서 부패정부가 실시한 의심스런 선거의 결과를 뒤엎은 성공적인 2004~2005년 오렌지 혁명 Orange Revolution*은 문자 메시지를 통해 통제된 것으로 알려졌다.

여기서 이야기가 시작되었다. 분명한 지도자도 없고 서열 체계가 없는 상태에서의 조정은 이질적인 단체와 개인들로부터 나올 수 있었다. 그들은 정부에 대한 분노를 갖고 있다는 것을 서로 알아보았다. 새로운 통신 방식은 낮은 한계비용에, 유례없는 속도로, 과거의 시위운동과는 상당히 다르다고 느끼는 탄력성으로, 서로 알아보게 하고, 서로 연결되게 해 줬다. 시위가 더 빨리 터져, 정부 실세들이 진압할 힘을 모으기 전에 그들을 압도할 수 있었다. 그리고 정보가 디지털 채널로 유통돼 국가의 정보 독점이 약화되고 야만적 탄압의 정치적 비용이 높아지게 되었다. 어쨌든 이론은 그렇다. 1997년부터 2004년 사이에 성공하고 실패한 봉기들이 이 이론을 어느 정도 지지해 준다. 하지만 이들 봉기 중 어떤 것도 우리가 지금 일반적으로 소셜미디어라고 부르는 것들의 도움으로 발생하지 않았다.

2010년 튀니지에서 시위대가 벤 알리Ben Ali 정부를 타도하기 위해 수도 튀니스Tunis 거리를 가득 메우기 직전, 저널리스트 말콤 글래드

정을 체결했으나 자치권은 인정받지 못했으며 자율 촌락을 구성해 생활해 왔다. 2019년 봉기 25주년을 맞아 무장 투쟁 대신 정권 반대 세력을 조직해 원주민 권익 신장을 계속 요구하겠다고 발표했다.

* 2004년 우크라이나 대통령 선거 때 야당을 상징하는 오렌지색을 내세우며 여당의 부정선거를 규탄해 재선거를 치르게 했던 시민 혁명. 그해 세 차례의 대선 끝에 평화적으로 정권교체를 이뤘다.

웰Malcolm Gladwell*은 시위운동을 강화해 주는 소셜미디어의 힘을 연구했다. 글래드웰은 몰도바와 이란에서의 실패한 봉기들을 촉발시킨 소셜미디어에 관한 과장법을 되돌아보았다. 그리고 그것들과 1960년 노스캐롤라이나 주 그린즈버러Greensboro에서 벌어진 장기간에 걸친, 잘 계획되었고, 위험했지만, 결국 성공했던 식당 점심시간 연좌시위**를 비교해 봤다.

그린즈버러 연좌시위는 100년을 이어 온 미국 흑인들의 평등권과 존엄성을 위한 투쟁의 방법론적 요소 중 하나였다. 글래드웰의 논점은 시민권 운동이 사회학자들이 '강한 연대strong ties'라고 부르는 가장 효과적인 순간에 추진된다는 점이었다. 강한 연대는 사람들이 대의명분은 물론 동지 활동가들을 위해 위험을 무릅쓰게 하는 상호존중과 동지애의 유대관계이다. 강한 연대는 대의명분에 헌신하고, 운명을 공유한다고 상상하는 사람들 사이에서 형성된다.

글래드웰은 정치적 대중운동에는 약한 연대weak ties보다 강한 연대가 더 좋은 기초라고 주장했다. 소셜미디어는 약한 연대에 의지하

---

* 영국 출신으로 캐나다에서 자랐고 미국에서 활동 중이다. 「워싱턴포스트」 기자 출신으로 2005년 「타임」지의 '세계에서 가장 영향력 있는 100인'에 선정되었다. 저서는 『아웃라이어Outliers』 『사피엔스의 미래Do Humankind's Best Days Lie Ahead?』 『티핑 포인트The Tipping Point』 『다윗과 골리앗David and Goliath』 등이 있으며 국내에도 다수 소개되었다.

** 1960년 2월 1일 그린즈버러 울워스Woolworth 백화점 내, 당시 백인들만 식사할 수 있었던 간이식당에서 A&T주립대 흑인 신입생 4명이 커피를 주문했다. 점원은 주문을 받지 않고 그들을 내보내려 했다. 학생들은 가게가 문을 닫을 때까지 버티고 앉아 있었고 다음 날 친구들을 데리고 다시 왔다. 그 다음 날 시위 학생 수가 60여 명으로 늘었다. 미디어에 사건이 보도되자 남부 다른 도시에서도 앉아 있기sit-in 시위가 벌어졌다. 이후 이러한 저항 방식의 시민권 운동이 확산되었다. 백화점 건물은 1993년 철거 직전 지역 라디오방송 주도의 모금으로 '국제시민권센터 겸 박물관'으로 변신했다. 박물관은 시위 50주년인 2010년 공식 오픈했다.

는 경향이 있다. 약한 연대는 단순한 상호 인식 또는 소속 정도의 연대라고 사회학자들은 본다. 약한 연대도 생활이나 소셜미디어에서 매우 유용할 수 있다. 예를 들어, 콘퍼런스에서 직업 관계로 어울리거나, 또는 친구의 친구가 재밌는 책이나 취업 기회를 추천하는 일도 벌어질 수 있다. 그래서 우리는 약한 연대의 많은 지인들을 모은다. 소셜미디어는 많은 일에 유용하지만 사회적, 정치적 행동주의는 그런 종류가 아니라고 글래드웰은 주장했다.

글래드웰이 「뉴요커」지에 글을 쓴 지 석 달 뒤, 타렉 엘 타예브 모하메드 부아지지Tarek el-Tayeb Mohamed Bouazizi라는 튀니지의 노점상이 시디 부지드Sidi Bouzid의 거리에서 분신했다. 먹고사는 일을 방해하는 숨 막힐 듯한 부패와 경찰권 남용에 항의하기 위해서였다. 작은 농촌마을에서 수 시간 내에 시위가 시작되었다. 시위대는 숫자가 불어나는 시위대의 동영상을 유튜브에 올렸다. 동영상들은 페이스북에서 재빠르게 공유되었다. 시위 소식은 많은 주민이 스마트폰과 소셜미디어를 사용하고 있는 수도 튀니스로 전달되었다. 카타르에 본사를 둔 위성뉴스 방송인 〈알 자지라〉가 유튜브 동영상을 통해 시위를 보도했다. 〈알 자지라〉는 수년째 튀니지에서 시청이 금지돼 있었기 때문에 방송은 시위 참가자들과의 전화 인터뷰 내용을 내보냈다. 2011년 1월 14일, 지네 엘 아비딘 벤 알리Zine El Abidine Ben Ali 대통령은 사임한 뒤 사우디아라비아로 도망갔다.

클레이 셔키는 소셜미디어가 조직과 행동주의에 대해 변화를 주면서 대체로 긍정적인 역할을 한다고 파악하고, 이를 분석하고 옹호해 온 가장 영향력 있는 저술가 중 한 명이었다. 셔키는 2008년 『여기 모두가 온다Here Comes Everybody: The Power of Organization Without

Organizations』*라는 책을 펴냈다. 그는 책에서 일반적으로 디지털 미디어가, 특히 소셜미디어가 이질적인 목소리들이 서로를 찾고 합창에 참여하게 하는 것을 가능하게 한다는 생각을 제시했다. 비슷한 생각을 가진 사람들을 찾는 것이 값싸고, 쉽고, 알고리즘에 따라 이뤄지면, 조정 비용이 현저히 감소한다고 셔키는 주장했다.24

글래드웰은 「뉴요커」 기고문에서 셔키의 사례연구는 매우 피상적인 목표에만 적용된다고 주장하면서 셔키의 책을 공격했다. 셔키는 2011년 1월에 나온 『포린 어페어스Foreign Affairs』 기고문에서 글래드웰에게 짧은 답신을 보냈다. 소셜미디어는 우려를 표현하고 싶어 하는, 의사가 결정되지 않은 사람에게 유용한 반면, 중대한 변화를 불러일으키고 싶어 하는, 의사가 결정된 사람에게는 쓸모가 없다는 내용이었다. 셔키의 글의 상당 부분이 글래드웰에게 답변한다기보다는 클린턴 장관의 '인터넷 자유' 의제를 비판하는 의미를 띠고 있었다. 클린턴이 이끌던 국무부의 정책은 전체주의 정권에서 검열과 감시에 대항해 싸우는 활동가들에게 좋은 수단을 지원해 주자는 쪽이었다. 셔키는 이러한 접근법을 '도구적instrumental'이라고 부르면서 '정치적으로 호소하고, 행동 지향적이며, 거의 확실히 잘못된' 것이라고 파악했다. 그는 "이 구상에 따르면, 친親민주적 정권의 변화를 포함해서 한 나라에서 일생의 긍정적 변화들은 강력한 공론장의 발달에 앞선다기보다는 이를 뒤따른다"라고 썼다.25

셔키는 소셜미디어를 매우 폭넓은 방식으로 정의했다. 즉 문자와 e메일을 페이스북과 묶었다. 앞의 것들은 때로는 사회적 목적으로 사

---

* 클레이 셔키 저, 송연석 역, 『끌리고 쏠리고 들끓다』, 로드러너, 2011.

용되는 것이고, 페이스북은 소셜 그리드social grid를 맵핑mapping*하고, 알고리즘의 힘을 써서 사회적 연대를 구축하기 위해 특별히 만들어진 것이다. 이렇게 묶어 분류한 것은 좋지 않았다. 셔키는 페이스북이 대중운동 지지자들을 모으는 데 효과가 크면서도, 힘 있고 억압적인 세력에 장악당하기 쉬워진 핵심적 이유를 빠뜨리거나 최소화하고 말았다.

글래드웰이 대부분 옳았다. 셔키도 옳았다. 소셜미디어는 한계가 있다. 소셜미디어는 관심에 대한 폭넓은 표현을 날카롭고 강력한 행동주의의 형태로 전환하는 것을 지원하는 데는 한계를 갖는다. 독재자의 실각, 효과적이고 잘 훈련된 정당의 구축을 지원하는 것은 어렵다. 그렇지만 소셜미디어는 관심 있는 사람들의 넓은 배열을 가로질러 메시지의 전파를 돕는 강한 연대와 약한 연대들 모두를 가능하게 해준다. 그래서 데이터 활용에 의한 동종선호 현상도 도와준다.

글래드웰은 소셜 이론을 살아있는 현실보다 우위에 두고 거론하는 잘못을 저질렀다. 그는 또한 미국인의 시민권운동 전술을 몰도바와 이란 같은 부패한 전체주의적 국가에 저항하는 투쟁의 일반적 문제와 비교하는 잘못을 저질렀다. 셔키 또한 소통이 대화가 아니라는 사실을 지나쳐 버렸다. 소셜미디어, 특히 페이스북은 대화를 돕지 않는다. 소셜미디어는 선언을 선호한다. 그것들은 깊은 숙고를 허용하지 않는다. 그것들은 피상적인 반응을 촉발한다. 선언과 반응에 정치적인 힘이 있다. 그러나 그것들은 더 강한 선언, 더 격렬한 반응, 그리고 강한 역풍 이상의 어떤 것을 추구하는 데 충분하지 않다.

---

* 개인과 단체의 사회적 소통의 성격을 결정하고 이해하기 위해 사용되는 네트워크 맵핑.

저항운동의 역사에서 뉴미디어는 항상 중요했지만 치명적이거나 결정적이지는 않았다. 글로벌 위성 TV는 1989년 반소련 혁명에서 역할을 했다. 그러나 위성 TV는 4년 앞섰던 브라질의 민간인 통치의 복원이나 1989년 6월 베이징의 천안문 광장 시위에서는 역할을 하지 못했다. 천안문 광장의 사진들은 동유럽 시위자들을 확실히 고무시켰지만 거꾸로는 아니었다. 시위와 혁명은 복잡한 과정들이다. 역사적 사건에서 실험을 하고 다른 변수들을 제거하고 특정 미디어 유형의 상대적 영향을 측정하는 것은 불가능하다.

따라서 사람들은 소통하고 싶을 때 사용가능한 소통 도구들을 사용한다는 점을 우리는 그냥 받아들여야만 한다. 필리핀 활동가들이 2000년에 문자 메시지 사용을 선택하지 않았더라면, '월가를 점령하라' 활동가들이 2011년 9월 페이스북과 트위터를 사용하지 않았더라면, 하는 것은 깊이 조사해 볼 가치가 있었을 것이다. 그러나 우리는 그러한 도구들이 사람들에게 할 수 있게 해 주는 것과 쉽게 하지 못하게 막는 것, 그것들이 선호하는 소통의 종류들과 저해하는 소통의 종류들에 대해 면밀한 주의를 기울여야만 한다. 그리고 세부적 정치 상황에 특별한 주의를 기울여야만 한다.

숙제

와엘 고님은 체포됐다. 관용적, 민주적인 이집트를 바라는 꿈은 연기돼 버렸다. 그리고 페이스북은 더는 자유, 평등 또는 존엄성을 위해 투쟁하는 운동에 힘을 실어 주지 않는 것 같다. 2015년 고님은 또 한

번 테드 토크에 나왔다. 이번에 그는 청중들에게 기술 낙관론을 불어넣지도 않았고 기술에 대한 언급도 하지 않았다. "저는 한때 '사회를 조직하기 원한다면 필요한 모든 것은 인터넷이다'라고 말했습니다. 저는 틀렸습니다."

고님은 2011년 사태로 페이스북의 대단한 가능성이 드러났다고 말했다. 하지만 그는 "그것은 페이스북의 가장 큰 약점도 노출시켰습니다"라고 덧붙였다. "독재자들을 끌어내리도록 우리를 단합시킨 똑같은 도구가 결국은 우리를 갈가리 찢어 놓았습니다." 고님은 2011년 1, 2월에 시위자들을 뭉치게 한 유일한 것은 무바라크에 대한 반대였다고 언급했다. "우리는 합의 도출에 실패했고, 정치 투쟁은 심각하게 양극화되었습니다. 소셜미디어는 허위정보, 루머, 반향실, 그리고 혐오 표현을 부풀렸고 그 상태를 증폭시키기만 했습니다. 환경은 완전히 위험합니다. 저의 온라인 세계는 화를 부추기는 트롤, 거짓말, 그리고 혐오 표현들로 가득한 전쟁터가 되었습니다. 저는 제 가족의 안전을 걱정하기 시작했습니다."

고님은 소셜미디어가 직면한 다섯 가지 '중대한 도전들'을 강조했다. 사람들의 편견을 확증해 주는 루머들 처리하기, 반향실이나 필터 버블 없애기, 우리가 화면을 통해 소통하는 사람들의 인간성 인식하기, 속도와 간결성, 그리고 깊은 이해를 제한하는 소셜미디어에 대처하기, 숙고보다 선언을 선호하는 소셜미디어의 문제 등이다. 고님은 쉬운 해결책을 제시하지 않았다. 그는 2011년 이후 이집트에서 페이스북 사용이 급증하고 평화롭고 관대한 미래에 대한 이집트의 희망이 사라져 감에 따라 어떤 일들이 벌어졌는지를 자세히 살펴봤다. 그래서 도전과제들을 확인할 수 있었다.

ANTISOCIAL MEDIA

MEDIA

6

페이스북은
정치 기계이다

Politics
Machine

첫 번째 놀라운 소식이 날아온 것은 2016년 6월 23일이었다. 영국 총리인 보수당의 데이비드 캐머런David Cameron은 당의 강경노선, 즉 반유럽 노선에 영합했다. 그래서 영국이 창설멤버이고 주도국인 EU 와의 연계를 끊을지를 놓고 전면적인 국민투표에 붙였다. 캐머런은 보수당의 일반 지지자들과 국민 대다수가 보수적으로 행동할 것이라고 믿고 있었다. 그는 진지한 재계가 EU 탈퇴에 따른 금융, 무역, 노동 분야의 혼란이 엄청나게 충격적일 수 있다는 점을 입증할 것이라고 예상했다. 또한 보수당 내 자유주의자들이 영국으로 유입되는 노동자들과 일자리를 찾아 영국에서 대륙으로 나가는 사람들을 위한 호혜적 기회를 지켜 내기 위해 지지자들을 모아 집회를 열 것이라고 내다봤다. 보수당 내부에는 목소리 큰 강경파 선동가들이 있었고, 세력이 커 가는 영국 독립당UKIP이라는 우파도 있었다.

그런데 캐머런이 틀렸다. 3,000만 명 이상이 국민투표에 참여했고 51.9%가 EU 탈퇴에, 48.1%가 잔류에 투표했다. 양측의 입장은 떠나느냐, 남느냐 하는 간단한 단어로 소개되었다. 탈퇴파의 승리는 사회적 통념에 충격을 주었다. 선거에 앞서 수 주 동안 여론조사는 매우 시끄러웠고 결과는 일정하지 않았다. 사회적 통념은 잔류파가 근소한 차이로 승리할 것으로 예측했다. 때로는 선거 결과를 정확하게 예측했던 영국의 도박시장은 88%의 승률로 투표자 다수가 잔류를 선택할 것이라고 봤다.

보수당과 영국 정부는 혼돈 속으로 빠져들었다. 캐머런은 즉각 퇴진했다. 후임 총리 테레사 메이Theresa May는 탈퇴에 반대했지만 일단 통과되고 난 뒤에는 유권자들의 의지를 실행하기 위한 모호한 EU 탈퇴계획안을 공개적으로 지지했다. 재계와 금융계 리더들은 혼란과 상품 및 노동 분야의 시장 손실에 대한 계획을 세우기 시작했다. 금융계를 포함해 주요 기업들은 프랑크푸르트 같은 도시에서 새 본사를 물색하기 시작했다.

전문가들과 언론인들은 재빠르게 진상을 찾아 나섰다. 그렇게 많은 영국 유권자들이 자신의 경제적 이익에 반하는 투표를 결심했다는 사실에 많은 사람들이 당황해했다. '브렉시트'의 장점에 관한 뚜렷한 토론에서는 잔류를 선호하는 것으로 보였다. 잉글랜드, 스코틀랜드, 북아일랜드의 인구밀집지역에서 투표자들은 압도적으로 잔류에 투표했다. 그러나 중부와 북부 잉글랜드와 웨일스는 압도적으로 탈퇴에 투표했다. 탈퇴파 선거운동은 정확하게 맞는 선거구들에서 유권자들을 어떻게 그렇게 교묘하게 탈퇴 투표를 유도했을까?

브렉시트 표결 결과는 2016년 여름 내내 그해 11월 8일로 예정된 대통령 선거에서 힐러리 클린턴이 도널드 트럼프에 압승할 것을 확신했던 미국인들을 골치 아프게 했다. 여론조사에서 클린턴이 리드하지 않은 적이 단 하루도 없었다. 대부분의 예측기관들은 트럼프가 클린턴에 비해 더 많은 선거인단을 확보할 가능성은 보잘것없는 수준이며 총득표에서 이길 가능성은 거의 없다고 밝혔다.

결과가 주는 쇼크는 믿기 어려웠다. 세계 첫 번째이며 가장 오래된 민주주의라는 신화에 푹 빠져 있는 대부분의 미국인들에게 이번 세기 들어 두 번째로 총득표에서 패한 후보가 대통령이 되었다는 사실은 놀랄 일이고 당황스러운 일이었다. 미국 초기 건국자들이 노예제를 유지하고 확대하기 위해 만든 타협의 유산이라더니, 우리가 얼마나 이상하고 멍청한 시스템을 갖고 있었던 것인가. 게다가 다섯 번의 예외가 있었지만, 자신이 대통령이 되어야 한다고 가장 많은 유권자를 설득한 사람에게 보상을 주는 시스템이라니. 2000년 조지 W. 부시George W. Bush는 총득표에서 앨 고어Al Gore에게 50만 표를 지고도 대법원이 플로리다 주의 재검표를 중단시킨 뒤에 대통령직을 맡았다. 그때 사람들은 공화당의 반민주당 책략들에는 놀랐지만, 플로리다 주나 전국의 득표가 박빙이었다는 점에는 놀라지 않았다.

그러나 2016년 선거는 놀랄 일이었다. 선거는 박빙이 될 게 아니었다. 총득표는 클린턴이 거의 300만 표를 앞섰다. 트럼프는 각 주에 대략 인구수에 따라 3~55표를 부여한 투표인단 투표에서 이겼다. 트럼프는 TV 광고나 유권자 가정방문 접촉 같은 전통적 방식의 정치 광고와 유세에 큰돈을 쓰지 않았다. 그러고도 4년 전 선거에서 민주당 대통령 버락 오바마가 가져갔던 3개 주에서 예상 밖의 승리를 따냈다. 트럼프는 위스콘신 주에서 290만 투표 가운데 2만 2,000표 차이로 이겼다. 미시간 주에서는 480만 표 중 1만 700표 차로 이겼다. 펜실베이니아 주에서는 620만 표 중 4만 4,000표 차이로 승리했다. 이들 3개 주는 트럼프에게 선거인단을 몰아 줬다. 3개 주에서 단지 7만 6,700표 차이인데도 그렇게 됐다. 그런 간발의 차이가 도널드 트럼프 대통령과 힐러리 클린턴 대통령 사이를 갈랐다. 애리조나, 노스캐롤라이나, 플로리다를 포함한 다른 주들도 역시 박빙이었다. 트럼프는 950만 표 중에서 11만 2,911표 차이로 플로리다 주에서 승리했다. 클린턴이 플로리다와 노스캐롤라이나 주에서 앞섰다면 지금 미국 대통령이 되어 있을 것이다. 트럼프는 매우 박빙인 주에서 선거인단 전체를 독식한 덕분에 304 대 227표라는 상당한 차이로 클린턴에 승리했다.

트럼프는 어떻게 그런 솜씨를 보여 줄 수 있었는가? 그는 클린턴만큼 많은 돈을 쓰지 않고도, 오랜 세월 검증하는 미국 선거 정치판의 통과의례를 거치지 않고도, 전문가들과 노련한 기자들이 무슨 일이 벌어지는지를 채 알아차리기도 전에 승리했다. 선거는 복잡다기한 현상이다. 수백, 어쩌면 수천 가지 변수들이 미국 선거, 근본적으로 50개 별개 선거구의 지저분하고 역동적인 선거판을 그네처럼 흔들 수 있다. 한 가지는 명확해졌고 트럼프 선거운동은 그것에 노골적이었다. 바로 페이스북이 차이를 만들어 냈다.

페이스북 덕분에 트럼프는 몇 개 주를 골라 놀랄 만큼 정밀하게 유권자들에게 타깃 광고를 할 수 있었다. 때로 페이스북 광고의 의도는 클린턴에게 투표하지 말도록 설득하는 것이었다. 때로 트럼프 팀은 페이스북 광고를 조정하고 시험해 가며 잠재적인 트럼프 투표자들 소그룹이 여론조사에 참여하도록 독려했다. 그것은 주효했다. 한 가지 의문은, 페이스북이 유권자 타깃용으로 외부 컨설턴트들로부터 제공받은 유권자 상세 데이터의 양식을 만드는 데 도움을 필요로 했는가 하는 것이다. 또는 트럼프가 핵심 3개 주를 클린턴으로부터 훔쳐 가기 위해 필요했던 도구들을 페이스북이 모두 제공했는가 하는 것이다.

어쨌든 숙의가 아닌 동기에 기반해 선거가 결정된다는 것은 미국 민주주의의 운명에 관해 무슨 말을 하는 것인가? 페이스북 알고리즘이 설득의 예술과 과학을 다스린다면 민주주의는 어떻게 보일까?

사이코그래픽, 이건 뭐야

한 악당이 어둠으로부터 삽시간에 솟아나 브렉시트와 트럼프 문제를 동시에 설명하는 듯했다. 2016년 9월 27일 알렉산더 닉스Alexander Nix가 '빅데이터와 사이코그래픽스*의 힘'이라는 제목의 프레젠테이션을 했다. 닉스는 억만장자 투자자 겸 컴퓨터 과학자인 로버트 머서Robert Mercer 소유의 미국 소재 SCL그룹 산하 시장조사회사 케임브리지 애널리티카CA의 CEO였다. 머서의 친구 스티브 배넌**이 CA의 이사회에 참여하고 있었다. 배넌은 2016년 여름 밀리고 있는 도널드 트럼프의 선거운동을 관리하기 위해 이사직을 떠났다. CA 직원들은 영국 유권자들이 EU 탈퇴를 선택하도록 하는 선거운동에 관여돼 있었다.

"오늘 선거 과정에서 빅데이터와 사이코그래픽스의 힘에 관해 말씀드리게 되어 영광입니다." 닉스는 유럽에서 정부와 파트너 민간기업

---

* 기업이 고객을 더 잘 이해하고 더 쉽게 접근하기 위해 소비자의 심리 구성을 기술한다는 목표를 가진 소비자 연구의 한 방법. 소비자의 심리구조 등 변수들로 라이프스타일을 측정하는 분석기법.

** 트럼프의 최측근 참모로 '오른팔'로 불렸다. 트럼프 정부 초기 백악관 수석전략가를 지내다 밀려났다. 2년여 세계 곳곳을 다니며 포퓰리즘 운동을 지원해 오다 2019년 12월 하원에서 트럼프 탄핵이 의결되자 정치계로 돌아와 워싱턴에서 트럼프를 옹호하고 공화당의 대응전략을 공유하는 팟캐스트 및 라디오 방송을 개시했다고 현지 언론이 전했다.

일부만 대상으로 한 국제업무 관련 장려포럼인 콘코디아 서밋Concor-
dia Summit의 청중들에게 이렇게 말했다. 머서의 재촉에 텍사스 출신
상원의원 테드 크루즈Ted Cruz가 공화당 대통령후보 지명 승리 방안
을 듣기 위해 CA와 계약했다.

전직 대통령의 동생이며 또 다른 전직 대통령의 아들인 젭 부시Jeb
Bush, 리얼리티 TV 프로그램의 스타인 도널드 트럼프 같은 상대들과
치르는 경기에서 크루즈가 이길 가능성은 거의 없다고 닉스는 설명했
다. 닉스는 크루즈가 CA의 데이터 조합 및 정밀한 조언을 활용한 좋
은 사례라고 주장했다. 크루즈는 후보 지명전에서 트럼프에 이어 2등
을 했고 경선을 포기했다. 그러자 배넌은 머서에게 트럼프를 도우라고
설득했다. 텍사스 주 샌안토니오San Antonio에 차려진 트럼프의 디지털
팀은 CA에서 온 새로운 파트너들을 위해 재빨리 사무실을 만들었다.

닉스는 "대부분의 커뮤니케이션 기업들은 수용자들을 아직도 인
구통계나 지역통계에 따라 구분합니다"라고 말했다. 그런데 그러한
정체성 지표들은 상품과 정치를 포함해서 세계에 대한 개인적 견해를
대략적으로만 예측한다고 그는 지적했다. "이에 못지않게, 어쩌면 더
중요한 것이 사이코그래픽스입니다. 이것은 개성에 대한 이해를 말합
니다."

사이코그래픽 프로파일링을 하면 마케팅 전문가나 선거운동원은
큰 집단의 한 사람에 대해서도 정밀하게 접근할 수 있다. 그래서 사이
코그래픽 프로파일링은 한 사람이 새로운 경험을 얼마나 환영하는지
를 보는 '개방성openness', 한 사람이 질서와 규칙성 또는 변화와 유
동성을 얼마나 선호하는지를 보는 '성실성conscientiousness', 한 사람
이 얼마나 사교적인지를 보는 '사교성extroversion', 한 사람이 자신의

필요보다 다른 사람의 필요를 우선시할 의지가 있는지를 보는 '친화성agreeableness', 한 사람이 얼마나 걱정하는지를 보는 '신경성neuroticism' 같은 성격특성 항목들을 사용한다. 관련 업계에서는 앞 글자를 따 'OCEAN 모델'로 알려져 있다.

닉스는 대담한 주장을 했다. "이런 설문조사를 수천만 명의 미국인들에게 하게 한다면, 우리는 미국에서 모든 성인의 성격 예측모델을 만들 수 있습니다." 만일 이 주장이 실제였고, 사이코그래픽 데이터가 믿을 만한 미국인 개인별 정밀 정치성향 예측조사에 투입될 수 있었다면 어떻게 되었을까. 선거운동캠프는 하나 또는 좁은 주제, 편견, 정보 부족에 기초해 유권자들을 조종하듯 다룰 수 있었을 것이다. 박빙의 선거에서 이런 힘은 특정한 후보나 이슈를 지지했을 수천 명의 사람으로 하여금 다른 쪽에 투표하거나 투표하지 말도록 설득함으로써 결과를 바꿔 놓을 수 있다.

"예비선거를 위해서는, 수정헌법 제2조*가 선거인단들 사이에서 인기 있는 주제가 될 수 있다. 타깃팅하는 사람들의 성격을 안다면, 핵심 수용자 그룹에 더 효과적으로 울려 퍼질 메시지의 뉘앙스를 조절할 수 있다." 닉스는 미국인에게 총기 소유권을 확대해 주는 미국 헌법 개정안을 언급하면서 설명했다. 다른 성격특성 모음에 맞춰 다른 광고를 할 수도 있다고 닉스는 말했다. 그래서 어떤 유권자들은 손자손녀와 사냥하는 즐거움을 상기시켜 주는 따뜻하고 가족적인 동영상으로 움직일 수 있다. 또한 특정 후보를 지지하라고 어떤 유권자의 왼쪽, 또 어떤 유권자의 오른쪽을 슬쩍 찔러 줄 수도 있다. 충분한 데이

---

* '무기를 소유하고 휴대할 수 있는 국민의 권리가 침해받아서는 안 된다'는 내용이다.

터와 사이코그래픽 프로필을 갖고 있으면, 기업이든 선거운동캠프든 특정 유권자 또는 세분화된 유권자 집단을 위한 적합한 메시지를 개발할 수 있다고 닉스는 설명했다.

그런데 닉스의 이런 주장은 심각한 의문을 제기한다. 어떤 플랫폼이 수십 또는 수백 개의 정밀 타깃팅 광고들을 전달할 것인가? TV와 라디오는 방송만 한다. 선거캠프는 뉴욕과 텍사스에서 또는 댈러스Dallas와 휴스턴Houston에서 제각각 다른 타깃팅 광고를 할 수 있다. 이렇게 하면 더 많은 것을 얻어 낼 수 있다. 어떤 사람들은 특정한 장르의 음악과 뉴스 주변에 모여들기 때문에 라디오는 더 정밀한 타깃팅이 가능하며 광고비도 더 저렴하다. 신문과 잡지는 서사 또는 과장법 사용이 제한되고, 느리고, 정적이다. 종합적으로 대단히 조작적인 텍스트와 동영상으로 된 광고들을 거의 모든 잠재적 유권자들에게 아주 정밀하게 배달할 수 있는 유일한 플랫폼은 페이스북이다.

CA는 성격 데이터를 어떻게 모을 수 있었는가? 그것들 중 다수는 수십 년간 마케팅을 해 온 데이터 수집 민간회사들로부터 살 수 있다. 이들 소매회사들은 세계 수백만 소비자의 구매기록과 인구통계에 기반을 둔 상세한 자료를 보유하고 있다. 만일 CA가 민간 출처 데이터 그리고 유권자 등록이나 투표 경력 같은 공공부문에서 만들어지는 데이터만 갖고 있었다면, 닉스는 표준형의 개량된 기술에 대해 지지는 약하지만 대담한 주장을 했을 것이다. 그의 자랑은 철저한 조사를 받지 않았을 것이다.

트럼프가 승리를 선언한 다음 날 닉스는 보도자료를 통해 또 한 번 대담한 주장을 했다. "데이터 중심의 커뮤니케이션에 대한 우리의 혁명적 접근 방식이 트럼프 대통령 당선자의 대단한 승리에 요긴한 역할을 해냈다는 것에 흥분하지 않을 수 없다. 그것은 최첨단의 데이터 과학, 신기술 및 정교한 커뮤니케이션 전략의 적절한 조합이 가져올 수 있는 엄청난 충격을 보여 준다." 보도자료에는 '사이코그래픽스'라는 단어가 들어 있지 않았다. 하지만 닉스의 최근 연설과 그의 회사가 사이코그래픽스와 밀착되었던 점을 따라가 보라. '우리의 혁명적인 접근 방식'이란 것이 CA가 트럼프 선거운동의 승리를 위해 해낸 것이란 점을 누구든 쉽게 상상할 수 있다.

2016년 12월 스위스의 잡지 『다스 마가진Das Magazin』의 웹사이트에 기사가 떴다. 관심이 더 폭발한 것은 6주 뒤 미국에 기반을 둔 웹사이트 '마더보드Motherboard'가 '세계를 뒤집어 놓은 데이터'라는 기사를 게재했을 때였다. 이 기사는 젊은 연구자 마이클 코진스키Michal Kosinski의 보고서로 시작된다. 그는 케임브리지 대학University of Cambridge에서 심리측정psychometrics 연구를 시작했다. 심리학자들이 1980년대에 이 학문분야를 열었고 OCEAN이라 불리는 5가지 성격 특성 요소를 만들어 냈다. 개인이 긴 질문에 대답만 해 주면 연구자들은 OCEAN의 분석표를 활용해 그의 특성을 찾아낼 수 있게 되었다. 연구자들은 데이터 샘플로부터 예측모형을 만들어 낸다. 그러나 데이터를 집어넣고 모델을 시험하고 다듬어야 하는데, 그럴 만한 좋은 데이터가 부족한 상태가 오래 지속됐다. 이때 코진스키가 페이스북을 떠올리면서 그 모든 것이 달라졌다.

페이스북에서 사용자들은 '성격 퀴즈'를 기꺼이 풀었다. 이런 것은 손해는 없고, 재미는 있는 것처럼 보였다. 타블로이드 신문들은 특정한 선호 또는 행동이 '당신의 성격을 드러낸다'고 하는 흥미로운 기사를 과거 오랫동안 연재했다. 그리고 직원들의 업무 수행과 관리자의 관리, 인사담당자의 채용 업무를 돕는다는 MBTI라는 성격 유형 검사를 실시하는 기업도 있었다. 하지만 허울만 그럴 듯하고 실제 도움은 주지 못했다.

코진스키는 페이스북 안에서 구동하며 페이스북 사용자들이 기꺼이 공유할 수 있는 앱을 만들 수 있다는 것을 알았다. 페이스북 사용자들은 성격 퀴즈에 답변도 하고 '좋아요'를 누른 기록을 코진스키가 페이스북으로부터 긁어 가도록 허용하는 것을 선택할 것이다. 그러면 코진스키는 '좋아요' 기록들과 수백만 명의 사용자들이 성격 퀴즈에 답한 것과의 연관성을 따져 볼 수 있게 된다. 지금은 페이스북이 금지하고 있지만, 이런 방식으로 코진스키는 OCEAN 점수 이상으로 개인 정체성의 많은 측면을 보여 줄 수 있는 예측모형을 만들어 낼 수 있었다. 결국 사이코메트릭 연구소는 예상 밖으로 많은 데이터를 갖게 되었다.

퀴즈를 푼 사람들은 데이터를 자진해서 제공했다. 이들이 자신들의 사회적이고 정치적인 상호작용들에 관한 심층 감시를 허용할 수 있다는 암시를 이해했는지는 명확하지 않다. 데이터는 여전히 더 '자연스런' 설정에서 나온다. 컴퓨터 앞에 앉아 있거나 사무실 또는 버스에서 휴대폰을 노려보고 있는 사람들로부터 나온다. "그 모형은 88%의 정확도로 동성애자와 이성애자를 구별해 낼 수 있고, 미국인 중 흑인과 백인을 95%의 정확도로, 민주당원과 공화당원을 85%의 정확도로 구별해 낸다." 코진스키와 그의 공동저자들은 2013년 발표한 논문에서 이렇게 주장했다.

『다스 마가진』의 기사는 코진스키의 연구를 요약한 뒤 뒤이어 거북한 한 사건에 대해 기술한다. 그 사건은 코진스키의 케임브리지 동료 하나가 그에게 접근해 CA의 모기업인 SCL에 퀴즈와 모형의 라이선스를 넘겨 달라고 한 것이었다. 코진스키는 SCL이 정치 컨설팅 업체라는 것을 확인하고는 협업이나 라이선스 계약을 거부했다. 그런데 코진스키는 CA가 수백만 유권자의 성격특성을 예측할 수 있는 모델을 만들기 위해 페이스북의 데이터와 OCEAN 척도를 사용하고 있다고 자랑한 것을 발견했다. 결국 CA는 그 페이스북 데이터를 케임브리지 대학의 다른 연구자인 알렉산드르 코건Aleksandr Kogan한테서 도움을 받은 것으로 드러났다. 데이터 출처를 조사한 「옵저버The Observer」와 「뉴욕타임스」는 2018년 3월 동시에 기사를 썼다. 코건이 실제로 CA에 미국 유권자 8,700만 명 이상에 관한 데이터를 제공했다는 것이었다.*

기자들은 CA의 역할과 목표에 관해 의혹을 제기해 온 크리스토퍼 와일리Christopher Wylie 전 CA 데이터 엔지니어를 찾아냈다. 와일리는 "그들은 미국에서 문화전쟁culture war**을 벌이고 싶어 하며, CA는 그 문화전쟁을 치를 무기고로 구상되었다"라고 말했다. 그는 코건이 '학술연구'라는 명분하에 페이스북의 데이터를 복사했고 CA에 데이터 접근권을 팔았다고 폭로했다. 이 데이터로 CA는 유권자의 행동을 예측하기 위한 모델을 구축했다. 이어 이 모델이 미국과 전 세계의 선거운동캠프에 유권자를 타깃팅하고 설득하는 데 도움이 될 것이라고 광고했다.

---

* 미 연방거래위원회FTC는 2019년 7월 24일 페이스북이 CA 스캔들과 관련해 페이스북 가입자 중 8,700만 명의 개인정보 유출 문제로 50억 달러(약 6조 500억 원)의 벌금을 내기로 합의했다고 발표했다. 아울러 마크 저커버그는 새로운 개인정보보호 정책을 준수하고 있음을 증명해야 한다. 페이스북은 반복된 개인정보보호 위반으로 역대 최고액의 벌금을 물게 되었다.

** 이념·종교·철학 등의 차이에서 기인한 대립.

페이스북이 외부에 제공할 수 있는 데이터의 폭과 깊이에 관한 보도가 터져 나왔다. 그럼에도 페이스북으로서는 데이터를 그런 식으로 이용하는 기업들을 처벌할 마땅한 수단이 없었다. 이런 사실이 알려지자 페이스북은 이전에 경험하지도, 상상하지도 못했던 수준의 정치적, 상업적 압박을 받게 됐다. 트위터에서는 미국인들에게 페이스북 계정을 삭제하라고 촉구하는 운동이 벌어졌다.

곳곳의 베이퍼웨어

『다스 마가진』의 보도 직후, CA에 대한 비판가들로부터 심리측정과 선거 승리의 연관성이 약하다는 주장이 나왔다. 가장 실망스러운 반응은 크루즈의 선거운동 때 유권자 타깃팅과 접촉 프로그램을 운영했던 직원이 노골적으로 그 계획을 쓸모없는 것으로 폐기했던 사례였다. CA의 데이터가 사용기간의 절반 동안 공화당 투표자를 크루즈 지지자로 잘못 인식했다는 것이다. 크루즈 캠프 측은 문을 닫기 3개월 전인 2016년 2월, CA와 거래를 끊었다. 트럼프의 디지털 팀은 CA 데이터를 쓰려던 중 공화당이 제공한 더 오래되고 더 기초적인 데이터 세트가 더 신뢰할 만하고 유용하다는 것을 알게 됐다. 표준형 공화당 데이터의 상당분은 공개적으로 이용 가능한 유권자 기록들과 당이 유권자들로부터 과거 3년 동안 모아 온 반응들로 만든 것이었다.

정치학자 데이비드 카프David Karpf는 사이코그래픽의 도덕적 공황 상태의 여파에 대해 이렇게 썼다. "심리측정에 기반을 둔 타깃 광고는 개념적으로는 매우 단순하지만, 실제로는 매우 복잡하다. CA가 유권자 행동에 심리측정을 적용하는 과제를 풀어냈다는 증거는 없다." 닉스가 2016년 10월 인터뷰에서 묘사했던 심리측정의 개념은, 심리측정 표의 결과에 맞춤식으로 다듬은 선거운동 광고를 수백 또는 수천 가지를 만들어 낼 수 있고 만들어 낼 것이라는 것을 암시한다. 이를 위해서는 다양한 버전의 광고를 시험하기 위한 수백 명의 작가, 프로듀서, 편집자들로 구성된 크리에이티브 팀을 필요로 할 것이다. 이들은 24시간 일하며 특정 유권자를 위해 특정 광고를 재빠르게 바꾸는 작업을 할 것이다. 대충 타깃팅해 놓은 몇 개의 분류 안에서 이런 작업이 이뤄질 수 있다.

타깃팅은 양대 정당이 축적해 온 유권자 데이터를 사용해 10년 이상 할 수도 있다. 실제로 그렇게 해 왔다. "단순하게 설명하면, CA는 유서 깊은 실리콘밸리의 전통을 따르고 있다. 고객을 확보하기 위해 지독하게 마케팅을 벌이고는, 흔해 빠진 가동 가능한 제품을 배달해 가면서, 실행 가능한 최소 품목, 근본적으로 베이퍼웨어vaporware*를 개발하는 방식이 그것이다." 카프는 이렇게 썼다. 그는 "차이가 있다면, 도널드 트럼프를 백악관에 입성시킨 CA의 마케팅 비밀공식이 우리의 집단검색에 잡혔다는 점"이라고 덧붙였다.

얼마 지나지 않아 닉스와 CA도 과거 주장이 잘못됐음을 인정했다. CA 측은 트럼프 선거운동을 위해 사이코그래픽 프로파일링에 관여하지 않았다고 밝히고 있다. 이제는 브렉시트 탈퇴 투표 지원도 하지 않았다고 주장한다. 닉스는 회사가 트럼프 선거캠프 측에 전통적인

---

* 하드웨어나 소프트웨어 분야에서 미개발 상태의 가상 제품. 개발할 때는 요란하게 광고하지만 실제로는 완성될 가능성이 거의 없어 증기vapor 제품 같다는 의미로 붙여진 별명이다.

컨설팅 조언과 데이터 분석을 제공했다고 주장한다. 트럼프 선거캠프 측 간부들이 CA로부터 전통적인 조언들을 받고 고마워했다는 증거는 많지 않다. 그런다고 해서 머서, 배넌, 그리고 트럼프 등 사악한 패거리들에 대한 일부 인사들의 비난이 그치지는 않았다. 이 패거리들은 우리 개인 자료와 성격을 선거인단 투표에서 사용해 승리를 훔치고 압도적으로 클린턴을 지지했던 대중의 투표 의지를 없애 버렸다.

힐러리 클린턴조차 '미국의 유권자들에게 심리측정이라는 어둠의 마법을 구현한다'는 CA의 유혹적인 이야기에 속아 넘어갔다. 2017년 5월, 클린턴은 대선 실패 이후 기술 전문기자와 대화하면서 자신의 선거운동 캠프가 과거 데이터를 활용했다고 말했다. 그것은 2012년 오바마가 발전시키고 성공적으로 사용했던 것이었다. "상대측은 완전히 기만적인 콘텐츠를 사용하고 있었다. 그것을 아주 개인적인 방식으로 전달하고 있었다. 감시 레이더의 위, 아래에 있었던 셈이다." 클린턴은 공화당이 2012년 대선에서 패한 뒤 데이터 인프라를 업그레이드했고, 그 덕에 민주당과 박빙이거나 아마도 민주당을 이기는 수준으로 끌어올릴 수 있었다고 설명했다. 그러고는 이렇게 덧붙였다. "그때 우리도 CA를 보게 된 것이죠."

영국에서 CA와 심리측정에 대한 기사가 서서히 나왔다. 2017년 3월 4일 「옵저버」는 사이코그래픽의 유권자 타깃팅과 CA를 영국의 EU 탈퇴 투표 운동과 연결 짓는 시리즈의 첫 번째 기사를 내보냈다. 기사는 1년 전 선거전문 잡지 『캠페인Campaign』에 실린 닉스의 기고문을 거론했다. 닉스는 이렇게 썼다. "최근 CA는 영국의 EU 탈퇴를 찬성하는 영국 내 최대 그룹인 리브닷EULeave.EU를 지원하는 팀을 짰다. 우리는 이미 탈퇴파를 과도하다고 할 정도로 돕고 있다. 소셜미디어 선거캠프는 온라인에서 정확한 유권자들에게 정확한 메시지들을 보장한다. 그 선거캠프의 페이스북 페이지는 하루에 자그마치 약 3,000명씩 지지가 증가하고 있다."26

끈질긴 기자 캐롤 캐드월레어Carole Cadwalladr는 CA가 컨설팅 서비스를 탈퇴 선거캠프 측에 '현물' 비슷한 것으로 제공한 것이 적법한 것인지 심각한 의문을 제기한다. 그녀는 데이터 업계가 자신들의 목적을 위해 정부를 교묘하게 다루려고 하는 사람들에게 과도하게 많은 개인 정보를 제공하는 것을 문제 삼았다. 〈BBC〉 기자 제이미 바트렛Jamie Bartlett은 실리콘밸리와 데이터가 우리 삶에 어떻게 영향을 미치는지를 다룬 동영상 리포트를 제작했다. 그러나 누구도 사이코그래픽 타깃팅 자체가 선거캠프를 위해 일한다는 증거를 내놓지는 못했다. 반면에 기자들은 사이코그래픽 프로파일링과 조작을 강력한 것이고 놀라운 것이라고 언급했다. 이 때문에 정치 및 거버넌스에서 빅데이터를 사용할 때 발생하는 실제 문제를 모호하게 하였다.27

기사들이 이어지는 가운데 영국 정보위원회ICO가 2017년 탈퇴 선거캠프 측의 개인 데이터 사용과 CA와의 연계 가능성에 관한 조사에 착수했다.

악영향

머서, 닉스, SCL, CA가 유용한 모델을 실제로 만들었는지는 분명하지 않다. 2012년 오바마와 밋 롬니Mitt Romney, 2016년 클린턴 선거운동 때는 데이터 집약적인 표준형 기술이 사용되었다. 사이코그래픽스가 이것보다 조금이라도 성과가 좋았다는 증거는 2018년까지는 없었다는 것도 명확해졌다. 엘리트들과 분석가들에게 탈퇴파와 트럼프의 승리는 골치 아프고 당혹스러웠다. 그래서 사람들은 아주 작은 차이를 만들어 내는 복잡한 시스템을 설명하는 마법의 탄환의 정체를 필사적으로 밝히고 싶어 했다. 하지만 마법의 탄환은 없었다.

스파이 소설 같은 이야기이다. 세상을 등진 천재 억만장자 소유의 비밀 회사가 케임브리지 대학 연구원이 모아 놓은 민감한 데이터에 몰래 들어간다. 그때 회사는 러시아 대통령 블라디미르 푸틴Vladimir Putin을 존경하는 미국의 초국가주의자ultranationalist 대선 후보의 당선을 지원하고 있다. 케임브리지 연구원 코건은 러시아 상트페테르부르크 국립대학교St. Petersburg State University에서 잠깐 근무했었다. 그의 연구는 유권자들을 심리적으로 프로파일링하고 조작하는 방법을 개발하는 데 맞춰져 있었다. 토끼 굴에 깊숙이 내려가기 전에 알아 둘 게 있다. CA가 8,700만 명 이상의 미국 페이스북 사용자들에게 타깃팅하기 위해 모아 놓은 데이터는 페이스북에서 도난당하거나 유출되지 않았다는 점이다. 실제로는 훨씬 덜 드라마틱하지만 훨씬 더 중요하다. 2011년 미 연방거래위원회FTC가 페이스북을 조사한 뒤 제재를 가한 것은 오래된 이야기이다. 소셜미디어 연구자들이 최소한 2010년 이후 그런 착취 관행에 관해 경고해 왔다는 것은 심각한 이야기이다.

2010년부터 2015년까지 페이스북은 데이터 추출 기계였다. 페이스북은 페이스북에 귀엽고 영리한 기능들을 심어 주는 앱 개발자에게 그 데이터를 보냈다. 그 데이터 중에는 2010~2015년에 페이스북 주변에서 급격히 증가했던 짜증스러운 퀴즈를 풀기로 동의한 사용자들의 프로필이 들어 있었다. 그뿐 아니라 그런 사용자들의 페이스북 친구의 기록들까지 망라돼 있었다. 마피아워즈, 워즈위드프렌즈Words with Friends, 팜빌 같은 게임들도 마찬가지 기능을 했다. 당신이 게임을 했다면 당신과 당신 친구의 데이터를 다른 회사들에 넘기는 것을 자신도 모르는 채로 허락했던 것이다.

2015년까지는 사용자가 동의하는 한 앱 개발자들이 사용자의 민감한 데이터를 이용할 수 있도록 하는 것이 페이스북의 정책이자 관행이었다. 페이스북 사용자들은 자신의 페이스북 친구 데이터가 페이스북 밖으로 흘러 나갈 수 있다거나, CA와 같은 후속 당사자들까지도 데이터를 타당하게 확보하여 원하는 대로 사용할 수 있다는 점을 분명히 고지받지 못했다.

FTC는 이것을 문제 삼았다. 2011년 위원회는 조사보고서를 통해 페이스북이 개인 데이터 공유 및 사용과 관련해 사용자들을 기만했다고 밝혔다. 위원회는 사용자의 신뢰 위반 사항들 중 페이스북의 잘못을 찾아냈다. 페이스북은 팜빌 같은 제삼자 앱들에게 구동에 필요한 정보에만 접근할 수 있게 한다고 사용자들에게 약속했던 것이다. 사실 필수적이 아닌데도 앱들은 사용자의 개인 데이터 거의 전부에 접근할 수 있었다. 페이스북은 오랫동안 사용자들에게 '페이스북 친구에게만' 하는 식으로 데이터 공유 범위를 제한할 수 있다고 말해 왔다. 하지만 '페이스북 친구에게만'을 선택하는 것으로는 제삼자 앱들이 페이스북 친구들과의 통신 기록들을 진공처럼 빨아 가는 것을 제한하지 못했다.

결론은 형편없었다. FTC는 한때 껴안아 주고 싶을 정도였던 이 회사가 미국인들에게 거짓말을 했고 그들을 이용했다는 사실을 미국인과 미 의회에 알려야만 했으나 그러지 못했다. 대신에 위원회는 동의

명령을 통해 페이스북이 소비자 개인정보의 프라이버시나 보안 문제에 관해 부실표시를 하지 못하게 금지시켰다. 이에 따라 페이스북이 프라이버시 우선권을 무효화하려면 소비자의 명시적 동의를 얻어야 했다. 그리고 페이스북은 사용자가 자신의 계정을 삭제한 뒤 30일 이상 기간 동안 누군가가 사용자의 자료에 접근하지 못하게 막아야만 했다. 가장 중요한 것은, 페이스북이 사용자 프라이버시를 최우선적으로 하기 위해 앱 파트너들과 자체 제품들을 적극적으로 감시해야만 한다는 점이었다.

동의명령에 따라 코건, 오바마 선거운동캠프, 팜빌의 제작자들 같은 제삼자들을 감시하는 부담이 페이스북에 얹혀졌다. 페이스북은 CA 같은 제삼자들이 사람들의 정보를 확보하고 사용하지 못하도록 확인할 책임도 지게 되었다. 우리는 지금 페이스북이 그런 책임에 얼마나 부끄럽지 않게 살았는지 안다. 페이스북은 사용자들을 오도했다가 곤경에 처한 지 한참 후, 2016년 미국 선거의 열기가 오르기 전인 2015년에 '페이스북 친구들'의 데이터 공유 관행을 폐지했다. 그 뒤 페이스북이 세계에서 주요한 선거운동캠프에 컨설턴트들을 참여시키기 시작한 것은 우연의 일치가 아니었다.

2016년 페이스북은 자체적으로 유권자 타깃팅을 시도했다. 유권자들의 선호와 행동에 관한 모든 가치 있는 자료를 통제하는 페이스북은 이제 인기가 높은 새로운 정치 컨설턴트이다. 페이스북이 타깃팅 작업을 더 잘한다면, 아무도 CA나 오바마 2012 앱이 필요하지 않다. 이것이 우리가 CA의 토끼 굴 주변에 침착하게 머물러 있어야 했던 주요 이유이다. CA는 가짜 약을 팔았다. 어떤 선거캠프도 그것이 효과적이라며 넙죽 받은 적이 없다. CA의 CEO 알렉산더 닉스는 트럼프 선거운동 진영도 심리측정 프로파일링을 활용하지 않았다는 점까지 인정했다. 왜 그렇게 됐을까? 궂은일은 페이스북에 맡긴 것이다. CA는 데이터 도사로 보이기를 원했다. 그러나 그들은 단순한 길거리 약장수에 불과했다. 누군가를 등쳐 먹으려는 약장수.

우리는 데이터 활용에 의한 유권자 타깃팅의 관행을 경계해야만 한다. 그것이 세계의 트럼프들 또는 세계의 오바마들 중 누구를 위해 사용되든 간에 마찬가지다. 풍부한 데이터 타깃팅과 유권자 조작에 전념하는 그 업계는 SCL과 CA보다 훨씬 크다. 그것은 어느 대륙에서나 자라나고 있다. 그리고 그것은 곳곳에서 민주주의를 훼손하고 있다. 페이스북은 내부에서 데이터 분석을 수행한다. 페이스북은 캠페인을 직접 진행하고 있다. 많은 것이 독재주의와 국수주의 후보자들을 지원하는 일이다. 페이스북이 있다면 CA는 필요가 없다. 페이스북은 민주주의를 좀먹는다.

후보자들은 선거인단을 뚜렷하게 분할시킨다. 넓은 범위의 선거인단에 영향을 주고 유권자와의 간극을 메우기보다 감정적 호소를 많이 한다. 작은 이슈들에 영합하는 데 화력을 배치한다. 선거운동이 정부나 사회에 대한 일반적인 시각을 발표하거나 통합적 비전을 주장하는 것은 꼭 필요하지 않다. 이런 것은 어쩌면 역효과를 낳을 수도 있다. 사이코그래픽이라는 검은 마법의 힘이 없어도 마찬가지다. 유권자 타깃팅은 언론이나 감독당국의 눈에 띄지 않는 범위 내에서 활동할 수 있는 소폭의 개입을 권장한다. 트럼프 방식의 선거운동은 다음 날이면 사라지거나 서버에 영원히 밀봉되는 페이스북과 인스타그램 같은 플랫폼들을 통해, 작고 값싼 광고를 내보낼 수 있다. 그것이 투명성에는 좋지 않다. 그런데 현실에서 정확히 그런 일이 일어났다.

2000년 이후 미국 정당들, 선거캠페인들, 컨설턴트들은 커뮤니케이션, 설득, 조직화 방식을 변형시키고 민주공화국의 정신을 위협하는 두 가지 힘을 실험했다. 정치공학political engineering과 관리 대상 시민managed citizen이 그것들이다. 이러한 시도는 아직까지 캠페인에 일관되고 지속적인 결과를 가져오지 못하고 있다. 반면에 그것들이 낳는 부작용은 이미 분명하다. 정치공학은 사회공학과 비슷하다. 그것은 우선 시민에 관한 데이터, 즉 영리기업의 소비자 행동 기록들, 센서스 정보, 유권자 기록들, 여론조사 데이터 등을 수집한다. 이어 잘 다듬어진 메시지에 의해 변화될 만한 사람들에게 자원을 효율적으로 집중할 알고리즘 도구를 만든다. 관리 대상으로 타깃이 된 시민은 자신의 정보가 처리되고 있고, 자신이 프로파일링 되고 있다는 사실을 알 필요가 전혀 없다.

이것은 캠페인이 타깃 시민들 전체에 대한 일관된 주제나 메시지를 가질 필요는 없다는 것을 의미한다. 캠페인은 전술을 실시간으로 바꿀 수 있다. 이것이 상업적 마케팅의 표준 관행이다. 최소한 1960년대 이후 정치 컨설턴트들은 도구와 전략을 민간부문에서 빌려 왔다. 많은 컨설턴트들은 정치 커뮤니케이션은 물론 상업적 마케팅 분야에서도 일했다. 자고로 이러한 시너지는 건전했던 적이 없다. 이것은 조 맥긴스Joe McGinnis가 『1968년 대통령 판매The Selling of the President, 1968』*라는 책에서 리처드 닉슨Richard Nixon의 캠페인에 대한 매디슨

---

* 저자는 이 책에서 1968년 미국 대선에서 리처드 닉슨 후보를 대통령으로 만들어 간 뉴욕 매디슨 애비뉴의 광고 및 정치 캠페인 전문가들의 합동 작전을 보여 준다. 캘리포니아 소도시 출신인 닉슨은 미국 정계를 주무르는 동북부의 엘리트와 미디어로부터 소외감을 느꼈다. 그는 유권자와 잘 어울리지 못하는 성격이었다. TV와도 친숙하지 못했고 조명 아래

애비뉴Madison Avenue*의 여론 장사꾼들의 영향력을 폭로한 이후 비판받아 왔다.

마케팅이 점점 더 권리침해적이고, 데이터 중심적으로 되어 감에 따라, 정치 커뮤니케이션도 그렇게 되어 갔다. 마케팅이 소셜미디어로 전환하면 정치 커뮤니케이션도 그렇게 돼 갔다. 마케팅은 시詩 같은 것에서 공학 같은 것으로 변해 가고 있다. 정치도 그랬다. 정치 커뮤니케이션의 그런 변화들은 민주공화국의 원칙과 시민의 자율성을 훼손한다. 계획적으로 시민들을 오도하거나 혼란스럽게 할 수 있고 실제로 그렇게 한다. 시민들은 좁게 다듬어진 이슈들과 관심들에 반응하고 사회에 더 필요한 것들은 무시하도록 강요받는다. 그러므로 정치문화는 개인맞춤형이 되어 간다. 즉 우리는 후보 또는 플랫폼이 우리 지역사회, 국가, 세계에 좋은지가 아니라, 우리에게 좋은지, 우리의 즉각적인 만족감을 위해 좋은지를 질문 받는다.

정치공학은 비능률을 거부한다. 그래서 자잘하게 분류한 인구통계적 접근 방식의 문제를 해결하기 위한 광범위한 노력을 소용없게 만든다. 정치공학은 또한 정치적 상황과 후보들을 강력히 밀어붙이면서 동기부여와 행동주의의 힘을 확대하고 가속화한다. 행동주의자들과 이해관계 집단들은 돈과 시간과 노력을 덜 들이고도 행동을 유도할 수 있다. 기술과 전략들 덕분이다. 대중운동이나 정당이 자금지원

서 땀을 흘려 댔다. 그의 지지자들은 스마트하고 다감한 존 F. 케네디John F. Kennedy와의 TV토론에서 밀려 1960년 대선에서 패했다고 생각했다. 1968년 대선 때 TV에 주력하는 전략을 짰다. 전문가를 활용해 TV 장악에 나섰고 미디어 친화적으로 변신했다. 신문이 사실과 논점을 전달하는 매체라면, TV는 감성을 전달하는 미디어라는 점을 십분 활용했다.

* 광고사들의 사무실이 밀집한 뉴욕의 거리 이름. 미국 광고업계의 별칭으로 쓰인다.

을 잘 받을수록 효과적인 정치공학의 잠재력이 더 커지는 것은 당연하다. 그것의 반대급부는 공동체가 타협하고 협동하기 위한 도시국가polis 소집 능력의 약화이다. 정치는 격렬해지고 불투명해진다.

하이퍼미디어

페이스북이 미디어의 모든 측면에 대한 지배를 시작하기 전에도, 21세기 미디어 환경은 위험한 방식으로 시민정신을 구축하는 중이었다. 2006년 페이스북은 젊은 미국인들의 충성심을 놓고 싸우던 많은 소셜네트워크 사이트 중 하나였다. 필립 하워드Philip Howard는 새로운 정치적 미디어 생태계를 '하이퍼미디어hypermedia'*라고 불렀다. 하워드는 정치 스파이들의 소비자 데이터 수집 방식의 변화를 관찰했다. 그들은 인구통계와 지리적 구분에만 의존하지 않았다. 이슈에 대한 관심에 기초해 좁게 구분해 가며 유권자들을 프로파일링 했다. 그러고는 잠재적 투표자들을 이처럼 분류한 데 맞춰 전략, 전술, 메시지를 재빠르게 조정해 갔다. 하워드는 시민들이 정치와 정부에 공감하는 방식이 상당히 변할 것이라고 예견했다.

하이퍼미디어는 차별하도록 권한다. 반응이 비현실적이면 캠페인 자원의 배분 가치가 없을 것 같은 부분은 아예 배제하거나 무시한다. 더 중요한 것은 유권자들이 자신들의 최고 관심사나 애완동물 관심

---

* 하이퍼텍스트는 하이퍼링크를 통해 한 문서에서 다른 문서로 넘어갈 수 있게 한 텍스트를 말한다. 월드와이드웹www이 고전적인 하이퍼텍스트이다. 원리를 텍스트 정보만 아니라 그림, 동작, 소리 등을 포함한 멀티미디어 개체로 확장한 개념이 하이퍼미디어이다.

에 영합하는 맞춤형 메시지를 받는 경우다. 이때는 공동선 또는 공동 운명에 관한 더 큰 정치적 대화가 있을 수 없다. 하이퍼미디어는 정치 캠페인이 핵심적 정책에 대한 입장을 감추거나, 그것들을 '전략적으로 모호하게' 만들 수 있게 해 준다. 따라서 좁고 타깃화된 메시지는 잠재적 지지자들을 부추기거나 유권자들을 다른 정책들로부터 주의를 돌리게 할 것이다. 이것은 단일 쟁점의 선거운동을 키워 주고 단일 쟁점의 후보자를 밀어 준다. 또는 타깃팅된 메시지만 받아 보는 단일 쟁점 유권자에게 단일 쟁점 선거로 보이게 만든다.

집권 정부는 하이퍼미디어 캠페인을 통해 시민들을 '관리'할 수 있다. 정부는 정보와 선전의 흐름을 조작하고 정밀하게 타깃팅할 수 있다. 대중이나 공동체는 없고, 오직 순간의 필요에 따라 뭉치거나 쪼개질 수 있는 부족들이 있을 뿐이다. 정치 커뮤니케이션 문화는 즉각적인 반응과 만족에 대해 보상한다. 따라서 깊이 있고 진지한 정치 또는 공동선을 위해 공동의 희생을 장려하는 정치에 대한 어떠한 희망도 사라져 버린다. 손쉽게 닿을 수 있는 곳에 방대한 정보가 놓여 있지만, 그것은 불협화음을 낳고, 혼란을 주며, 모순된다. 그 때문에 시민정신은 균형 잡히지 않고 '홀쭉하게' 자라고 만다. 언론기관을 포함한 정치 행위자들의 접촉은 쉽고 빈번하다. 정치 행위자들은 시민에게 다른 사람이 필요로 하는 것, 또는 복잡한 쟁점들의 미묘한 차이를 이해하라고 요구하지 않는다.

정치적 상호작용은 퀴즈, 여론조사, 클릭, 공유, 댓글, 좋아요, e메일, 온라인 청원, 문자를 통한 기부, 또는 더 많은 관심 요청이 전부이다. 하워드는 이렇게 썼다. "홀쭉한 시민들은 메뉴에서 원하는 정치 콘텐츠의 범위를 정하는 데 정보 기술들을 사용한다. 따라서 정치적 삶에 많은 해석적 노동을 투입할 필요가 없다. 정치적 하이퍼미디어는 보편적이고 공통적인 필요성을 부정하고 다양한 개인적 필요성을 채택하도록 설계되었다." 이것은 대중운동과 조직들에게는 좋은 것이다. 한계비용이나 추가 시간이 거의 들지 않아 동기부여 할 만한 것들을 쉽게 찾아낼 수 있다. 그러나 그것은 숙의 민주주의를 약화시킨다.

하이퍼미디어의 발흥은 시민들에게 대중의 관심사와 정치의 문제에 정서적인 유대감을 제공한다. 종전에 시민들은 목소리를 내지 못하는 느낌을 갖기 쉬웠다. 권력층에, 또는 시민들끼리 '말대답'하게 해 주는 페이스북, 트위터, 유튜브, 온라인 여론조사, 그리고 다른 디지털 방식과 플랫폼들이 있기 전에는 그랬다. 하지만 끊임없는 관심의 표현들, 그리고 권력자들이 그 관심의 표현에 입각해 제공하는 지속적인 피드백은 정치의 빈곤을 초래했다. 정부가 신경 써 주기를 바라는 사람들의 진지한 열망은 무시되고 이용당했다.

사람들은 투표 조작을 알고 나서 CA의 악몽 같은 이야기를 예민하게 믿게 됐다. 이 회사는 사이코로직의 가장 짙은 어둠의 마술을 이용했다. 사실 이런 조작 방식은 거의 20년 동안 존재했다. 페이스북의 탄생 전까지는 그것이 완벽해지지 않았을 뿐이다. 2016년 선거 이전에는 미국에서 정치공학의 시행이 값비싼 상업적 데이터베이스보다 공개된 인구통계와 유권자 습성에 훨씬 더 의존했다는 사실 또한 중요하다. 유권자 통계는 투표의 빈도, 정당 등록 여부와 등록 기간 등이다.

상업적 데이터를 이용하기 위해 강력한 도구를 개발하려는 미국 양대 정당의 시도들은 실적이 나빴다. 아니면 양립할 수 없고, 신뢰할 수 없고, 다루기 불편한 것으로 드러났다. 정치공학은 여전히 데이터 집약적이었고 2010년 이후 더 심화돼 갔다. 그러나 CA는 2000년에 사용 가능했던 종류의 데이터를 여전히 사용하고 있었다. 그것은 2016년에 바뀌었는데, CA 때문은 아니었다. 트럼프 선거캠프 측은 유권자들을 움직여 보기 위해 또 하나의, 더 불투명한 파트너를 갖고 있었다. 바로 페이스북이었다.

그것이 집 안에서 나오고 있다

그동안 학자들이 정치공학과 시민 관리의 트렌드에 관해 분석해 온 것 중 상당 부분은 선거운동과 공익단체 내부에서 만들어졌다. 그것들은 길거리에서 휴대폰에 의해, 또는 전통 미디어와 광고 시스템을 통해 실행되었다. 그러나 페이스북이 광고제휴사들의 페이스북 사용자 데이터의 추출, 분석 및 사용 방법을 제한했던 2014년경 이후 약간 변화했다. 이제 페이스북은 정치공학과 시민 관리를 실행한다. 그리고 페이스북은 시민들을 교묘하게 조종하는 것이 일종의 시민사회의 의무인 것처럼 이런 노력을 자랑한다.

2010년 페이스북은 투표자를 늘리기 위해 페이스북이 사회적 조언을 어떻게 사용할지에 관한 실험들을 진행했다. 그것은 '당신의 페이스북 친구가 투표를 했으며, 당신도 해야 한다'는 메시지를 보내는 것이었다. 저커버그는 버락 오바마 대통령의 연설회를 여러 차례 주최하기도 했다. 그는 미국 내에서 자신 또는 회사의 정치적 관여 수준에 관해 한 번도 수줍어한 적이 없었다. 페이스북은 당시 전 세계 사용자 약 10억 명의 가치 있는 개인적, 정치적 데이터를 방대하게 수집했다.

이를 기정사실로 하면, 그런 파당적 기업 리더는 몇 곳 이상의 핵심 지역, 선거구 또는 주에서 몇몇 이상의 유권자들의 마음을 바꾸거나 동기부여를 할 수 있었다. 박빙의 선거나 박빙 지역에서 페이스북이 영향을 끼칠 수 있었다.

대중은 그런 조작의 범위를 전혀 알아차릴 수 없었을 것이다. 페이스북은 우리의 어떤 데이터를 갖고 있으며, 그 데이터를 어떻게 사용하는지를 공개할 의무가 없다. 페이스북은 미국에서 설득을 위한 데이터 사용 방법에 대한 규제를 당할 것 같지 않다. 페이스북은 애초부터 광고 판매 회사이며 설득은 그 회사의 목적이다. 하버드대 법학 교수 조나단 지트레인Jonathan Zittrain은 그런 조작이 발생하지 않게 하는 유일한 방법은 페이스북이 갖고 있는 사용자 신뢰의 가치에 대한 믿음이라고 했다. 조작이 은밀하게 발생하더라도 어떤 직원이 비밀엄수 계약을 깨고 폭로하지 않는 한 페이스북에게는 전혀 책임이 없을 것이다.

지트레인은 예일대 법학교수 잭 볼킨Jack Balkin의 제안을 지지했다. 볼킨의 생각은 연방 당국이 페이스북, 구글 그리고 다른 그런 기업들을 '정보 수탁자information fiduciary'로 다루자는 것이다. 그래서 법률에 의해 우리의 정보를 우리에게 유해하지 않은 방식으로만 사용하도록 요구하자는 것이다. 변호사, 의사, 금융 자문가, 그리고 다른 직종도 법과 전문직 규범에 따라 그들의 고객을 위해서만 행동하도록 요구받는다. 만일 페이스북이 법률에 따라 우리를 판매 가능한 상품으로 여기는 대신, 또는 그에 추가하여, 고객으로 여기도록 요구받는다면 어떻게 될까. 페이스북은 정치적 조작과 다른 종류의 조작으로부터 지켜 낼 명확하고, 공적이며, 강제할 수 있는 보호 장치들을 만들

어 내야만 할 것이다.[28]

2014년 페이스북은 정치 광고 분야에 강력히 진입하기로 결정했다.* TV와 라디오에서는 비싼 광고가 50년간 지배해 왔고 주요 캠페인의 실행 비용을 끌어올리고 있었다. 페이스북은 이들 매체로부터 벗어나 더 짭짤한 광고시장으로 옮겨 가겠다는 의도를 드러냈다. 회사는 유권자 타깃팅 능력을 자랑했다. 소수의 기자들에게 자신의 시스템을 설명하면서 2016년 미국 선거를 준비했다. 더 중요한 것은, 페이스북이 트위터, MS, 구글의 마케팅에 가세했다는 점이다. 페이스북은 그래서 정치 컨설턴트, 정당, 선거운동캠프에 양측의 이익 극대화를 위해 긴밀하게 일하자고 권유하기 시작했다. 페이스북은 정치 전문가들에게 각국의 TV 방송국들 대신 자신을 통해 광고하면 비용은 덜 들고 효과는 더 커질 것이라고 분명히 했다. 2016년 양당의 주요 대통령 및 의원 후보들은 대부분 페이스북의 제안을 받았다.[29]

정치 전문가들은 유권자 타깃팅을 위한 이상적인 데이터 시스템을 10년 이상 꿈꿔 왔다. 그것은 그 나라의 모든 유권자를 가능 행동 지표로 코드화하기 위해 다양한 데이터를 뒤섞을 것이다. 여기에는 상

---

* 트위터는 2019년 11월 22일부터 정치 광고 서비스를 중단했다. 잭 도시Jack Dorsey 트위터 CEO는 10월 말 "전 세계의 트위터에서 모든 정치 광고를 중단한다"고 발표했다. 그는 "인터넷 광고가 위력 있고 상업 광고주들에게는 매우 효과적이지만, 이 같은 힘은 수백만 유권자들의 투표를 좌우하는 데 이용될 수 있는 등 정치에는 중대한 리스크"라고 배경을 설명했다. 트위터 측은 금지할 정치 광고의 기준으로 '후보, 정당, 선출 또는 지명 공직자, 선거, 국민투표, 여론조사, 입법, 규제, 행정명령, 판결' 등 관련이라고 추가로 밝혔다. 투표나 재정지원 호소 광고도 금지된다. 정치 콘텐츠의 지지나 반대도 금지된다. 반면 마크 저커버그 페이스북 CEO는 이와 관련해 "예전엔 정치 광고를 해야 할지 고민했지만 계속하기로 했으며 앞으로도 균형을 지켜 갈 것"이라고 말했다. 그는 10월 미국 의회 청문회에서 정치인들은 페이스북을 통해 표현의 자유를 누릴 권리가 있다고 밝혔다. 그는 2020년 정치 광고는 전체 매출액의 0.5% 수준이라고 주장했다. 한편 구글은 침묵을 지켰다.

업적 소비자 행동 데이터, 인구센서스 데이터, 공식 선거 기록물, 정치 기부나 자원봉사 같은 정당 및 정치적 상호작용의 기록물이 포함된다. 알고 보니 상업용 데이터는 비싸고, 신뢰할 수 없고, 시대에 뒤져 있고, 다른 유형의 데이터와 결합하기 어려운 형식으로 작성되어 있었다. 반면 페이스북은 자신의 시스템에서 이런 문제들을 모두 해결했다. 또 정당과 선거운동캠프 측이 보유 중인 상업용 데이터 세트는 유권자의 인종, 종교, 성적 취향 등을 예측할 수 없었다. 그러나 페이스북은 그런 것을 모두 할 수 있다.

페이스북 사용자들은 정기적으로 자신의 프로필에 그런 특성과 다른 많은 것들을 밝힌다. 이들은 그런 견해와 소속을 드러낸 것이 선거 캠페인에 사용될 수 있다는 것을 전혀 생각도 못한다. 그것이 코진스키가 성격검사용 퀴즈로 페이스북에서 모든 데이터를 끄집어낼 때 품었던 핵심적인 통찰이었다. 페이스북 사용자들이 보고한 데이터는 사회과학자나 심리학자가 확보하겠다고 꿈꿔 온 가장 풍부하며, 가장 폭넓고, 가장 신뢰할 만한 수준이었다. 페이스북은 더는 이것을 유출하지 않을 것이다. 모든 데이터가 너무나 값지다. 그 회사는 광고주들과 선거 캠페인 측에게 들어와서 데이터를 사용하도록 허가하되, 항상 페이스북 광고시스템의 통제 아래서 하도록 할 것이다.30

페이스북의 트럼프 대선 지원

2015년 여름에 도널드 트럼프가 선거캠프를 하나로 합쳤을 때, 선택할 만한 공화당 내 베테랑이 얼마 없었다. 후보 지명전에 뛰어든 다른 후보가 16명 있었지만, 그중 전에 선출직에 있었던 두 명과 또 한 사람을 제외한 나머지는 선출직 출마 경험이 없었다. 이들 중 전 플로리다 주지사이자 전 대통령의 아들이고 또 다른 전 대통령의 동생인 젭 부시가 가장 관대한 기부자들과 가장 노련한 선거 고문들을 가장 많이 챙겨 놓은 것으로 보였다. 트럼프는 돈과 인재를 받을 몫이 크지 않았다.

트럼프는 공화·민주 양당의 선거캠프에 기부해 왔고 심지어 힐러리 클린턴 상원의원의 선거캠프에도 기부했다. 그는 한 정당에 올인하는 것을 싫어했다. 그는 여러 차례에 걸쳐 여성의 안전하고 합법적인 낙태권리에 대해 찬성했다가 반대로 돌아섰다. 이념적 일관성이 없었다. 그리고 공개적으로 인종차별주의자의 입장을 지지했다. 이런 요소들 때문에 잠재적 기부자들과 선거운동 전문 자문역들은 그를 꺼렸다. 그래서 트럼프는 자신의 선거운동 캠프 직원들을 오랜 친구들과 충성파들로 채웠다. 몇 사람만이 적절한 정치적 경험이 있을 뿐이었다.

현금도, 경험도 모자랐고 충성심에만 매달렸던 트럼프는 물려받은 재산이 많은 사위 재러드 쿠슈너Jared Kushner에게 눈을 돌려 디지털 전략을 모았다. "나는 내가 일하던 한 기술기업의 직원을 불러내 페이스북의 마이크로 타깃팅micro targeting(특정한 유권자 집단을 겨냥한 선거운동) 방법을 과외 받았다." 선거 후 쿠슈너는 『포브스Forbes』와의 인터뷰에서 이렇게 말했다. 군살 없는 전략을 실행하기 위해 트럼프와 쿠슈너는 근래에 트럼프의 여러 회사에서 인터넷 마케팅을 해 온 사람을 고용했다. 그가 브래드 파스칼Brad Parscale이다.31

쿠슈너는 맨해튼에 있는 트럼프 타워의 한 사무실에서 보직 없이 작업했다. 파스칼은 경비를 절약하기 위해 쿠슈너 회사의 정규직원으로 이름을 올리고, 샌안토니오 공항 근처의 수수한 사무실에서 일했다. 쿠슈너처럼 파스칼도 선거 캠페인 경험이 없었다. 쿠슈너는 컨설턴트와 정당 지도자들의 전통적인 지혜에 얽매이지 않았다. 페이스북의 작동 방식을 알았던 파스칼은 트럼프를 위해 페이스북 관련 업무를 맡았다.

샌안토니오에서 파스칼은 디지털 작업을 통해 페이스북에 매달 7,000만 달러를 지불하고, 세 가지 기능을 수행하였다. 즉 소셜미디어와 유튜브에서 후보를 홍보하고, 캠페인을 지원하기 위해 물건을 팔고, 지지자들로부터 기부를 얻어 내는 것이었다. 파스칼은 영업 경험을 통해 페이스북이 최저의 간접비로 세 가지 임무 모두를 완수해 줄 수 있다는 것을 알았다. 파스칼은 선거 후 뉴스 사이트 버즈피드에 "페이스북은 우리의 모금 기반을 키워 줄 가장 중요하고 유일한 플랫폼이었다"고 말했다. 캠프는 페이스북과 다른 온라인 사이트로부터 2억 5,000만 달러 이상의 기부금을 받았다. 파스칼은 자신의 디지털 요새에 '알라모 프로젝트Project Alamo'라는 별명을 붙였다.

페이스북 또는 트럼프 캠페인 웹사이트를 통해 돈을 기부하거나 '다시 미국을 위대하게Make America Great Again' 모자를 산 모든 사람은 캠페인 측에 이름, 주소, e메일 주소를 제공했다. 고객명단 기능을 하는 페이스북의 사용자 지정 광고Custom Audiences는 광고주들이 고객의 e메일 주소들을 페이스북에 올릴 수 있게 해 준다. 이어 페이스북은 그 e메일 주소들과 사람들이 페이스북에 처음 가입할 때 제공한 정보를 비교한다.

광고주들은 이런 식으로 예비고객에게 도달할 정밀한 방법을 확보한다. 트럼프 캠페인의 경우 고객은 유권자들이다. 사용자 지정 광고는 페이스북을 통해 과거의 기부자들을 타깃식으로 접촉해 더 많은 돈을 즉시 요청할 수 있게 해 준다. 파스칼은 이 방법을 써서 핵심 주州의 트럼프 지지자들과 강한 관계를 유지할 수 있다는 것을 알았다. 그는 지지자들에게 후보자의 페이스북 라이브 출연 여부에 관한 사전 안내를 보내 줬고, 트럼프 집회를 위해 장거리 여행을 하도록 권유할 수 있었다. 또한 선거일에 투표하도록 그들의 옆구리를 찌를 수 있었다.

사용자 지정 광고는 캠페인 측에 추가능력을 제공한다. 비非지지자 같거나 반대편 지지자 같은 사람들의 e메일 주소를 집어넣으면 20명 정도의 작은 그룹으로 타깃팅할 수 있다. 그러면 그들에게 투표를 하지 말도록 설득할 수 있었다. "우리는 세 가지의 주요한 유권자 압박 작전을 진행하고 있다." 캠프 간부가 투표 2주 전에 〈블룸버그 통신 Bloomberg News〉에 귀띔했다. 캠프 측은 타깃팅 설득 작업 중이었다. 예비선거 때 클린턴에 반대해 사회주의자 버니 샌더스Bernie Sanders를 지지했던 백인 좌파들과 자유주의자들, 선거일에 투표하러 가지 않을 젊은 여성들과 흑인들이 대상이었다.

트럼프 캠프 측은 반응 유도에 실패한 경우, 이들 메시지를 전달하기로 돼 있던 페이스북 기반의 동영상들을 재빨리 시험해 보고 교체할 수 있었다. 각 주제마다 10여 개의 버전을 시험해 볼 수 있었다. 캠페인은 이들 유권자들을 끌고 와 트럼프를 지지하게 할 수 있다는 환상을 전혀 갖지 않았다. 단지 몇 개의 핵심 주에서 클린턴의 득표가 기대보다 약간 저조해지기를 원했다. 그래서 이들 핵심 지지자들 중 그저 적당한 규모의 사람들 사이에 적당한 정도로 의심의 씨앗을 뿌리고 싶어 했다.

그것은 모험적인 시도였다. 대부분의 선거운동 기간 동안 트럼프는 전국 여론조사에서 클린턴에 8%포인트 이상 뒤지고 있었다. 트럼프의 예상 밖의 승리를 위한 한 방은 충분한 투표를 하지 못하게 함으로써 우파 주들을 자기편으로 끌고 오는 것이었다. 트럼프 선거운동 진영은 남플로리다에 사는 아이티 이민자 가족들을 타깃으로 삼았다. 이들은 2010년 아이티 대지진 때 빌 클린턴 대통령이 구호 지원의 총책임자로서 충분히 지원하지 못했다는 슬픈 추억을 갖고 있었다. 하지만 트럼프는 결국 11만 2,000표 차이로 플로리다에서 패했다. 리틀 아이티의 클린턴 지지자들 수천 명이 클린턴에 투표하지 않고 집에 머물렀다면, 비싸지 않은 페이스북 광고가 다른 결과를 냈을 것이다.

사용자 지정 광고는 2014년에 개발돼 페이스북이 수익과 매출의 이륙 지점에 도달하는 데 기여했다. 페이스북은 신발과 화장품을 파는 기업들을 위한 광고 도구부터 개발했고, 이어 정치 캠페인으로 넓혀 갔다. "그들은 이런 능력의 최악의 남용, 책임질 필요가 없고 재검토될 수 없는 정치 광고들에 관해 전혀 걱정하지 않았다"고 파슨스 디자인스쿨Parsons School of Design의 데이비드 캐롤David Carroll 교수는 말했다. 그런 광고들은 방대한 규모로 제작되었다. 작게는 20명 정도의 그룹들을 타깃으로 하고 사라져 버려 조사를 받거나 논의 대상에 오르는 일이 전혀 없었다.

새로운 컨설턴트들

2016년 선거를 위해 페이스북, 트위터, MS, 구글이 모두 주요 대선 후보들의 디지털 본부에 직원들을 파견했다. 정치 커뮤니케이션 학자 데이비드 크라이스David Kreiss와 샤넌 맥그리거Shannon McGregor는 캠페인을 도와준 직원 여러 명을 인터뷰했다. 이 회사들은 서비스 활용을 위한 기초 가이드만 제공한 것이 아니었다. MS의 경우 대부분 클라우드 소프트웨어와 서버의 구축, 환경설정에 관한 것을 도와줬다. 미국 양대 정당의 선거운동을 위해 사실상 무급 컨설턴트처럼 일했다. 유튜브를 소유하고 운영 중인 구글과 페이스북이 가장 영향이 컸다. 구글의 검색 기반 광고들은 주목을 만들어 내고 돈을 버는 방식으로 입증되었다. 유튜브는 세계적으로 가장 강력한 정치 동영상이다. 선거운동 광고, 정치 콘텐츠를 담은 아마추어 동영상, 주요 뉴스 클리핑newsclipping*을 제공하는 것을 지원하기 때문이다. 유튜브 동영상은 올리고 공유하기 쉬운데, 특히 트위터와 페이스북에서 그렇다. 페이스북은 미국 선거인단에 여러 측면에서 강력히 침투할 수 있고 막강한 타깃 광고서비스를 갖추고 있다. 그래서 2016년 미 대선에서 가장 중요하고 강력한 협력자가 되었다.

이들 여러 회사에서 각 캠프와 정치적 색깔이 같은 직원들이 각 진영 캠프에 조언을 해 주었다. 선거캠프 간부들과 정당 직원들은 관점이 같은 사람들을 신뢰하는 성향이 더 강하다. 뉴스가 터져 나오고 후보 순위가 오르락내리락하면서 캠페인이 달아오르면 캠페인 본부에 파견된 페이스북, 트위터, 구글 직원들은 자신의 고객을 지지하게 된다는 의미이다. 결과적으로 파견 기술자들은 고객의 목표를 통해

---

* 인터넷상에서 정보서비스 회사가 신문기사, 잡지, 학술지 등 다양한 분야의 정보를 회원이 필요로 하는 부분만 발췌, 요약해 e메일로 전송해 주는 서비스.

회사의 서비스를 홍보하는 데 관심을 기울인다. 이것은 트럼프 캠프에서 특히 심했다. 트럼프 진영은 이전의 캠페인 경험이 있는 베테랑이 전혀 없었다. 그러다 보니 페이스북의 파견 직원들이 주는 지침과 피드백에 의존했다. 계량분석에 연연하지 않고 선거를 위한 콘텐츠를 만들어 내는 데 열중했다.

크라이스와 맥그리거는 이렇게 썼다. "이것은 기술기업들에게 더 큰 수익을 의미했다. 선거캠프의 경우 광고 실적이 좋다는 의미는 타깃 그룹들 내에서 메시지에 더 큰 관심이 나타나고, e메일 명단에 더 많은 사람이 가입하고, 기부금이 더 많아지는 것이었다." 그 동반상승 효과는 명확하고 거부할 수 없는 것이었다. 페이스북은 전 세계에서 적극적인 정치적 역할을 수행하고 있다는 것을 부인했다. 또한 캠페인 진영을 광고와 마케팅을 하는 하나의 고객으로 대접해 줬다. 그렇게 함으로써 페이스북 직원은 효과적으로 트럼프 선거운동 진영이 크게 유리해지도록 해 줬다. 페이스북은 모금, 메시지 설정, 메시지 전달, 자원봉사자 모집, 물건 팔기, 그리고 가장 치명적으로 유권자 압박의 전달자였다. 페이스북은 정치 컨설턴트 겸 배달부 역할을 했다. 페이스북에게 이런 협업은 이해의 충돌이 아니라 이해의 합일이다.

페이스북은 감성의 힘이 큰, 소화가 빠른, 사진이 많고 동영상과 사진이 결합된 콘텐츠를 좋아하도록 설계되었다. 문맥과 동떨어진 소셜 아이템, 개인적 아이템, 연예오락에 기초한 아이템들의 이상한 혼합 사이에서 콘텐츠가 인간의 시야를 통과한다. 그래서 우리가 정치행위에 활용하기에는 최악의 토론장이다. 도널드 트럼프는 2016년 페이스북이 제공한 도구들을 성공적으로 사용했다. 페이스북은 2018년과 2020년에 뉴스 도구를 업데이트하고 추가할 것이 확실하다. 이 두

가지 사실은 미국에서 다음의 정치 캠페인 시리즈는 페이스북에 더욱 더 의존하고, 더 영향받게 될 것이라는 점을 의미한다.

음색, 기질 그리고 순수한 성격을 감안하면, 도널드 트럼프는 페이스북 문화를 이상적으로 구현한 인물이다. 트럼프는 홍보수단 겸 자신의 발언의 반응을 떠보는 안테나로서 트위터도 습관적으로 사용한다. 하지만 트위터는 미국 대중들에게 제한적으로 도달할 뿐이고, 그의 즉흥적이고 미숙하며 검증되지 않은 표현들은 그에게 좋다기보다 해를 끼칠 수 있다. 반면에 미국인의 생각과 삶 속에 깊이 침투해 있는 페이스북은 트럼프의 천연 서식지이다. 트럼프는 겉보기엔 능수능란하지만 문맹에 가깝다. 그의 관심 범위는 페이스북의 뉴스 피드처럼 빠르고 광적으로 달린다. 미국인들은 10년간 페이스북에 깊숙이, 변함없이 관여해 봐서 트럼프 스타일의 세계를 경험하기에 적합해졌다. 마치 트럼프가 페이스북을 위해 설계되었고, 페이스북은 그를 위해 설계된 셈이다.

트럼프는 타락의 원인이면서 타락의 증상이기도 하다. 힐러리 클린턴이 2016년 선거인단 선거에서 승리했더라도 우리는 똑같은 문제를 마주하고 있을 것이다. 민영화, 산업공동화, 페이스북이 키우고 확대한 정치문화의 분열 같은 것들이다. 트럼프가 퇴임하면 미국과 전 세계에 황량한 정치 생태계가 남겨질 것이고, 그것은 과거 그 어느 때보다도 페이스북에 더 많이 의존적이 될 것이다. 페이스북은 승리할 것이다. 민주주의가 패배할 수도 있다.

7

페이스북은
허위정보 기계이다

Disinformation
Machine

ANTISOCIAL MEDIA

2016년 9월 페이스북은 깜짝 놀랄 만한 발표를 했다. 러시아에 기반을 둔 광고 계정들이 힐러리 클린턴의 대통령 선거운동에 대한 지지를 약화시키려는 의도가 깔린 선전 광고를 미국 유권자 집단에 정밀 맞춤형으로 보내왔다는 내용이었다. 미국 민주주의에 러시아가 얼마나 깊게 관여했는지에 관한 추측들이 새로 나돌았다. CA가 러시아에도 관련되어 있는 것인가? 이들 광고 계정들이 그렇게 많은 미국인들에게 맞춤형 광고를 보내기 위해 사용했을 데이터는 누가 공급해 줬는가? 이들 광고와 트럼프 선거운동 진영 간에 커넥션이 있는가? 페이스북이 미국과 또 다른 곳에서 민주주의의 관행과 규범의 부식에 기여해 왔다는 사실, 그리고 그것으로 돈을 벌어 왔다는 점이 명확해졌다.

그 당시 페이스북 보안책임자였던 알렉스 스타모스Alex Stamos는 자신의 블로그에 이렇게 썼다. "우리는 2015년 6월부터 2017년 5월까지, 우리의 정책을 위반한 약 470개의 진짜가 아닌 계정들과 페이지들에 연결되어 있었고 약 3,000건의 광고들과 관련된 약 10만 달러의 광고 지출을 찾아냈다. 분석 결과 이들 계정과 페이지가 서로 연결되어 있으며, 러시아 밖에서 가동되었던 것으로 추정된다." 대부분의 광고는 어느 미국 대선 후보도 직접 거론하지는 않았다. 하지만 '성소수자 문제에서 인종 논란, 이민, 총기소유의 권리에 이르는 주제들을 건드려 가며, 분열을 조장하는 소셜 및 정치적 메시지들을 증폭시키는 데 집중한 것으로 나타났'고 한다. 스타모스는 얼마나 많은 페이스북 사용자들이 그 광고들을 보았는지도 밝히지 않았다. 페이스북 광고 시스템 전문가는 10만 달러어치의 그 광고들을 2,300만 내지 7,000만 명이 본 것 같다고 말했다.32

스타모스는 이 폭로가 2017년 4월 자신이 공저자로 참여한 보고서의 보완이라고 밝혔다. 보고서는 2016년 미국 선거, 가짜뉴스, 선전의 확산에 대한 논란이 커지는 와중에 나왔다. 보고서는 숙의와 민주적 관행을 약화시키는 데 기여했던 상당량의 미심쩍은 콘텐츠를 페이스북이 호스팅 했고 전달했다는 내용을 인정했다. "우리의 온라인 커뮤니티 같은 곳에서 발생할 수 있는 위험을 인식하고 예방하기 위한 조치를 취하는 것이 중요하다. 우리의 플랫폼이 진정한 시민의 참여를 위해 안심할 수 있는 것, 안전한 것으로 남아 있게 보장해야 한다." 그 보고서는 국가적, 비국가적 행위자에 의한 '정보 작전information operations'이 약간 있었다고만 말했다. 보고서는 '최근에 생겨난 정보 생태계가 건설적으로 형성될 수 있도록' 하기 위해 무엇을 할 수 있는지를 명시하지 않았다. 페이스북이 약속한 것은 자동화된 것으로 보이는 계정을 인식하기 위해 머신러닝을 구축하겠다는 것뿐이었다.

페이스북이 보유한 내부 데이터에 정부 관리들이 의문을 제기하기 시작했다. 그것은 트럼프 선거캠프 측이 러시아 정부 요원 또는 러시아 정부 지원자들과 적극적으로 공모했는지를 보여 줄 수 있는 자료였다. 9월의 발표는 그 후 처음 나온 페이스북의 특정한 '정보 작전'에 대한 폭로였다. 스타모스에 따르면 특정한 공격적 요소들은 광고업계에서 '어둠의 포스팅 광고dark-post ads'라고 부르는 것이다. 소수의 의도된 수용자만 제한적으로 볼 수 있고, 페이스북 뉴스 피드 내에서는 포스팅 흐름 때문에 보기 어려우며, 금세 사라지는 것이다.

페이스북은 어둠의 포스팅 서비스를 '비공개 페이지 포스팅 광고 Unpublished Page Post Ads'라고 부른다. 이 서비스는 저비용성, 용이성, 효율성, 효과성, 반응성 때문에 광고주들 사이에 인기다. 페이스북은 풍부하고 즉각적인 피드백을 광고주들에게 보내 준다. 광고주들은 그 덕분에 성과를 개선하거나 메시지를 더 세밀하게 맞추기 위해 재빠르게 새 광고를 다듬을 수 있게 된다. 광고 시스템이 정치용 대신 상업용으로 쓰이기만 한다면 그 자체로는 이해하기 힘들거나 부적당한 것은 아니다.

페이스북은 러시아 요원들이 미국에서 이민자 반대 집회 참가자들을 모으기 위해 페이스북에 이벤트 페이지들을 내붙였다고 시인했다. 러시아에 기반을 둔 광고주들의 존재를 폭로한 지 일주일 뒤의 일이었다. 또 다른 보고서는 러시아 요원들이 텍사스가 미국으로부터 분리 독립하는 것을 지원하는 페이스북 페이지를 내걸었다는 것을 보여 주고 있다. 3개월 전에는 크렘린Kremlin에 의해 통제받는 싱크탱크인 러시아 전략문제연구소RISS가 2016년 미국 대선에 영향을 줄 정교한 계획을 만들었다고 〈로이터〉가 보도했다. 그 문서는 소셜미디어와 국가 지원의 국제 뉴스매체를 통해 선전 캠페인을 시작할 것을 크렘린에 권유했다. 미국 유권자들이 대러 유화정책을 채택할 사람을 대통령으로 뽑도록 부추기기 위해서였다.

미국의 선거 캠페인이 전개되고 클린턴이 쉽게 승리할 것으로 보였다. 그러자 연구소는 투표 부정에 관한 허위 뉴스를 퍼뜨려 선거제도에 대한 미국인의 신뢰를 약화시키는 방향으로 소셜미디어 선전을 전환할 것을 제안했다. 2016년 11월 말 「워싱턴포스트」는 이와 관련된 보도를 했다. 러시아에 기반을 둔 조직들과 기업들이 페이스북에 미국 민주주의에 대한 신뢰를 약화시키는 의도를 지닌 허위정보를 뿌렸다고 인터넷 전문가들이 경고했다는 내용이었다. 여러 언론 보도들이 압박하자 페이스북은 알고 있는 것들을 발표하기 시작했다. 2017년 9월까지 페이스북은 제기된 의혹들 중 극히 일부만 공개했다.

그걸 보면 미국 수용자 타깃팅에 필요한 데이터를 누가 러시아 회사에 제공했는지 금세 알 수 있다. 러시아 요원들은 트럼프나 CA에 그 어떤 지원도 요구하지 않았다. 페이스북은 모든 타깃팅 작업을 조직 내부에서 수행한다. 페이스북 간부들은 상업적 광고와 정치적 선전 간의 차이를 제대로 이해하지 못한 것 같다. 이들은 정치 광고 캠페인 측의 상세 자료나 캠페인 측에서 온 데이터를 공개하는 것을 계속 거부했다.

페이스북의 프라이버시 부책임자인 롭 셔먼Rob Sherman은 2017년 6월 〈로이터〉에 그런 데이터는 영업 비밀에 맞먹는 '민감한 것'이라고 말했다. 그는 페이스북은 그런 자료를 엄격하게 기밀로 관리한다면서 이렇게 덧붙였다. "대부분의 광고주들은 페이스북에 광고를 하는 조건으로 우리에게 요구할 것이다. 자신들의 캠페인 진행에 관한 세부 사항을 공개하지 말라고." 결국 페이스북에서 정치 광고를 구입한 사람들은 매일 페이스북 서비스를 사용하는 우리들보다 훨씬 더 프라이버시를 존중받는다. 우리의 인터넷 사용, 구매, 장소, 친구 및 가족과의 교류 등에 관한 기록들은 모두 광고주들의 이익을 위해 캐내진다. 현재와 같은 감시의 만연 단계는 인류 역사상 유례가 없는 일이다.

책임성과 투명성의 전통은 페이스북에게는 중요하지 않다. '버지니아 거주, 자가 소유의 20, 30대 라틴계'를 겨냥한 페이스북상의 광고는 그런 틈새에 해당하는 사람 외에 누구에게도 보이지 않는다. 그 광고는 순식간에 사라질 것이다. 광고는 거짓말 또는 허위정보를 부추길 수 있을 것이다. 광고 속의 주장에 대해 누가 반응하지도 않고, 문제 삼지도 않을 것이다. 어떤 단체나 선거운동 캠프가 광고나 대응광고를 냈다고 누구도 비난하지 않을 것이다. 그리고 현재의 정치학자들이나 미래의 역사가들이 분석할 수 있는 캠페인 주제, 논란, 전략에 관한 공식 기록물도 전혀 없을 것이다.

남용 가능성은 매우 크다. 선거 48시간 전에 한 후보가 최악의 불법행위를 저질렀다고 비난하는 광고가 잘못 나올 수도 있다. 그 희생자는 그런 광고가 있었는지조차 모를 수 있다. 광고가 인종별, 성별 혐오를 부추길 수 있다. 심각한 해악이 빚어지기 전에는 누구도 이에 대비하거나 대응하지 못할 수 있다. 이런 일은 놀랍지 않다. 누구든 페이스북 광고를 낼 수 있다. 페이스북 광고는 저렴하고 쉽다. 이것이 페이스북이 전 세계에서 20억 사용자들의 주목을 끌면서 재계의 초신성이 된 이유의 하나다. 페이스북은 2016년 276억 달러의 매출을 거두면서 초특급으로 성장했다.*

---

* 페이스북의 매출revenue은 2017년 406억 달러, 2018년 558억 달러로 계속 크게 늘었다. 2019년에는 각종 악재에도 불구하고 디지털 광고의 호조로 전년 대비 27% 증가한 707억 달러(약 86조 원)의 매출을 올렸다. 페이스북 일평균 이용자DAU는 16억 6,000만 명으로 전년 대비 9% 증가했다. 2020년 1분기에는 코로나19에 따른 세계 경기침체 속에서도 전년 동기 대비 18% 증가한 177억 달러의 매출을 거뒀다.

노스캐롤라이나 대학University of North Carolina 커뮤니케이션 학자 다니엘 크라이스Daniel Kreiss는 페이스북, 트위터, 유튜브 같은 서비스들이 '선거운동 광고 저장소'를 차릴 것을 제안한다. 그래서 규제당국자들, 학자들, 언론인들, 그리고 일반 대중이 광고들을 검사하고 접할 수 있게 하자는 것이다. 새로운 아이디어이고 탐구해 볼 가치가 있다. 그러나 선거 캠페인은 동일한 광고의 수백 가지 버전을 만들어 낼 수 있다. 그리고 너무 많은 정치선전물이 전통적 선거운동 진영과 정당제도 밖의 사람들과 기업들로부터 쏟아져 나온다. 이런 사실들이 저장소의 효과를 제한할 수 있다. 게다가 법적 규제를 받지 않는 기업들이 그런 식의 아카이브에 동의하고 협조할 이유가 없다. 미 연방 의회 또한 자신들의 선거운동본부가 숙달하려고 하는 시스템을 개혁하지는 않을 것 같다.

페이스북은 인공지능과 머신러닝을 사용해 문제가 있는 계정에 표시를 하고 더 나은 필터링 시스템들을 설치하겠다고 약속한 바 있다. 봇에 의해 가동되는 계정들, 인적사항이나 이해관계를 허위로 게재한 사람들에 의해 운영되는 허위계정들, 또는 페이스북 서비스 조건들을 위반하는 계정들이 그것이다. 이것들은 애초에 문제를 일으켰던 기술의 새로운 버전이다. 페이스북은 말 이상의 어떠한 책임도 없을 것이다. 여전히 인간은 선전을 계속 흘려보내기 위한 군비경쟁에서 피해가 발생한 지 한참 후에야 골치 아픈 계정들만 들여다볼 뿐이다. 유럽과 영국에서의 개혁 전망이 더 강하다. 2017년 영국 정보위원회ICO는 2016년 브렉시트 국민투표와 2017년 총선 때 페이스북이 수행한 역할과 시민들의 데이터를 사용한 것에 대한 조사에 착수했다.*

허위정보

우리는 전 세계에 걸쳐 민주주의에 대한 인터넷에 기반을 둔 공격의 한복판에 있다. 옥스퍼드대University of Oxford 인터넷연구소의 학자들이 '봇', 즉 자동 신상입력기들을 추적해 봤다. 그것들은 페이스북과 트위터를 넘나들고 있었다. 민주주의에 대한 신뢰를 약화시키기 위해, 또는 필리핀, 인도, 프랑스, 네덜란드, 영국 그리고 어디에서든 지지하는 후보들을 당선시키기 위해 노력하고 있었다. 우리는 이제 러시아의 요원들이 강력한 페이스북 광고 시스템을 직접 이용하고 있다는 것을 알게 되었다. 러시아의 허위정보는 지난 2년간 프랑스, 네덜란드, 영국 유권자들의 소셜미디어 피드에 영향을 끼쳤다. 전 세계 권위주의 정당들을 위해 활동하는 소셜미디어 자원봉사자들도 있었다. 이들은 페이스북, 트위터, 페이스북 소유의 인스타그램과 와츠앱을 허위정보, 선전, 그리고 비판세력과 언론인들을 겨냥한 위협들로 넘쳐나게 했다.

이러한 허위정보는 여러 형태를 띠고 있고 여러 가지 다른 동기를 갖고 있다. 어떤 것은 광고 수익을 내기 위해 클릭을 유도하도록 설계되었다. 어떤 것은 정치적 압력을 행사하고, 민주주의를 작동하게 하는 제도들에 대한 신뢰를 약화시키거나, 민주적 숙의를 방해하도록, 정당, 정부 또는 비정부 활동가에 의해 설계되었다. 어떤 것은 그것을

---

* ICO는 조사 후 2018년 10월 CA 파문과 관련해 개인정보 보호의무를 심각하게 위반한 페이스북에 대해 50만 파운드(7억 7,000만 원)의 과징금을 부과했으며, 페이스북은 이에 대해 2018년 이의제기를 했다가 법적 책임은 인정하지 않지만 과징금은 내기로 2019년 10월 말 합의했다고 영국 언론이 보도했다.

홍보하는 사람들의 오락적 가치를 위해서 창작된 것으로 보인다.

난장판이어서, 그 현상을 하나의 영역이나 주제로 논하기는 어렵다. 다양한 유형의 허위정보를 조사하려면 민족학, 데이터 과학, 디지털 포렌식을 포함해 학술적, 저널리즘적 도구가 필요하다. 페이스북은 전 세계적인 범위와 사용자 및 광고 데이터를 풍부하게 수집해 갖고 있다. 페이스북은 이러한 허위정보 유포 행위가 전 세계 대중에게 미치는 영향을 정확하게 평가할 수 있도록 도와준다. 그러나 만일 그 데이터에서 페이스북의 문제가 드러난다면 페이스북이 가장 큰 손해를 볼 것이다. 예를 들어, 페이스북이 오래전에 허위정보의 흐름을 막을 수 있었으나 아무것도 하지 않았다는 것, 또는 페이스북이 그 문제를 해결하기 위해 할 수 있는 것은 아무것도 없다는 것, 그리고 그런 문제가 페이스북의 핵심 설계의 고질병 때문이라는 것이 밝혀진다면 말이다. 그래서 페이스북은 침묵을 지키고 있다.

페이스북이 허위정보의 유일한 활동무대는 아니다. 그리고 허위정보가 만들어지는 곳이라고 하기도 어렵다. 4Chan, 8Chan 같은 다른 플랫폼들은 괴롭힘과 허위정보에 대한 가장 골치 아픈 캠페인을 벌이고 있는 것으로 알려져 있다. 극우 민족주의 단체들의 활동을 지원하는 레딧Reddit,* 블로그, 웹사이트들도 그런 캠페인을 종종 벌인다. 마케도니아 같은 나라의 웹사이트들이 수천 개의 가짜 기사들을 위조했고, 페이스북과 트위터를 사용해 독자들을 그들의 사이트로 끌어들여 광고로 폭리를 취했다. 트위터는 봇에 감염되어 잘못된 서

---

* 미국의 소셜 뉴스 커뮤니티 사이트. 사용자가 자신의 글을 등록하면 다른 사용자가 '업up' 혹은 '다운down'을 선택해 투표하고, 업에서 다운을 뺀 점수가 높을수록 좋은 자리에 노출되게 하는 등의 방식으로 운영한다.

술과 허위정보들을 증폭시키거나 권위주의 정치인들을 비판하는 사람들에게 말도 안 되는 자료를 주어 혼란스럽게 만들었다.

허위정보가 어떻게 작동하는지 파악하려면 전체 생태계를 고려해야 한다. 이런 콘텐츠를 밀어내는 사람들은 레딧이나 4Chan과 같은 변방부에서 시작한다. 이런 곳은 글쓰기가 쉽고, 비슷한 생각을 하면서 뭔가 해보려는 동료들 사이에서 다양한 형태의 메시지를 시험해 볼 수 있다. 그들은 트위터용으로 눈에 띄는 새로운 해시태그를 만들거나, 새로운 콘텐츠를 이미 활용 중인 인기 해시태그와 결합할 수 있다.

그들은 유튜브에 동영상을 올릴 수 있다. 유튜브는 트위터와 페이스북을 통해 손쉽게 재배포하기 좋고, 자체 서비스를 선호하는 구글의 검색 알고리즘 덕분에 그 자체로 강력한 소셜 유통 플랫폼이다. 일단 트위터에서 아이템이나 이슈가 눈에 띄면, 버즈피드, 브레이트바트, 살롱, 허프포스트와 같은 인정받는 온라인 뉴스 및 논평 사이트의 편집자들이 주목하게 된다. 이런 사이트들은 종종 그날의 핫이슈나 논쟁과 연결될 수 있는 생생한 콘텐츠에 굶주리고 있다. 그래서 편집자들은 젊은 저임금 기자들로 하여금 서로 반향을 일으켜 보라고 열심히 다그친다. 서로 주장을 깎아 내리거나 틀렸다고 하는 것조차 포함해 '멋대로 주장'을 하거나 음흉한 논평을 주고받아 보라고 한다. 이 정도로 콘텐츠에 목마른 뉴스 사이트는 기사를 키울 수만 있다면 그 기사가 중요한 건지, 심지어 진실인지 여부도 따지지 않는다.

신생 뉴스 매체들은 기사의 제목 뽑기, 사진 배치, 글쓰기 스타일을 소셜미디어에 뿌리는 용도로 최적화했다. 만약 그 매체들이 그런 기사를 알아보지 못했다면, 「가디언」 〈BBC〉 〈폭스뉴스Fox News〉 〈CNN〉 「워싱턴포스트」와 같은 유력 뉴스 매체들이 나설 것이다. 이들이 그 날의 최고 화제를 따라잡고, 애초의 주장에서 잘못된 부분을 고쳐 가며 새 기사로 준비하게 될 것이다. 그런 것은 거의 문제되지 않는다. 이쯤 되면 허울만 그럴듯한 콘텐츠가 미디어 생태계 사슬의 맨 꼭대기까지 올라가 버리게 된다. 사슬의 매 칸마다 세계 최대 최강의 미디어 시스템인 페이스북이 허위정보를 증폭시키는 역할을 하는 것이다.

그 콘텐츠가 허프포스트 또는 브레이트바트 정도의 미디어에 도달할 때쯤 수많은 페이스북 사용자들은 이 콘텐츠를 거부할 수 없다. 허위정보의 주장에 찬성하는 사람들은 그것을 즐겁게 공유하고, 허위정보의 존재에 경악하는 사람들은 혐오감 때문에 또 그것을 공유한다. 순응 또는 혐오감 중 어떤 것을 드러내는 의도였든 간에 댓글과 공유는 똑같이 작용해 똑같은 결과를 낳는다. 페이스북은 부정적, 긍정적 댓글을 모두 '의미 있는 참여'라고 파악한다. 그러고는 그 메시지를 증폭시켜 더 많은 뉴스 피드에 밀어 넣고 더 잘 보이는 자리로, 더 자주 내보낸다. 그 효과는 똑같다. 혼란이 지배하게 된다. 그리고 허위정보의 창작자들은 '이 모든 것이 얼마나 쉬운 일이냐' 하면서 비웃는다.

미디어 생태계는 인간과 기계, 마음과 알고리즘을 포함한다. 그것은 유사하게 구별되고 순수한 일련의 선택들을 통해 작동한다. "이것을 읽어라, 이것을 보고하라, 이것을 공유하라, 이것에 대해 논평하라, 이것을 클릭하라." 다나 보이드 '데이터와 사회' 전 대표는 이에 대해 "우리는 소셜 네트워크를 통해 정보가 전달될 수 있는 정보 생태계를 구축했다"고 표현했다. 그는 페이스북이 도입하겠다고 약속한 기술적 개입이 그런 흐름을 막는 데 거의 도움이 되지 않을 것이라고 경고했다. 페이스북은 이런 현상을 증폭시키고 활성화시킨다. 보이드는 우리가 주목 경제를 구축했다고 주장한다. 그래서 우리는 사람들과 단체들이 주목 경제를 이용하기를 기대해야 한다. 인정사정없이, 무자비하게.33

알고리즘 이상으로 우리가 페이스북에서 다른 사람들을 위해 정체성 수행identity performance*을 하기로 선택한 것 때문에 허위정보의 유포 가능성이 증폭된다. 페이스북에 올라온 아이템을 '공유'하는 것은 사회적 실행 행위다. 공유는 정체성의 선언이다. 샌안토니오 스퍼스나 FC 바르셀로나에 관한 아이템을 공유하는 것은 특별한 모임 안에 나를 위치시킨다. 그것은 또한 나를 경쟁 스포츠클럽의 분개한 팬들로부터 분리시킨다. 분열을 일으키는 물질을 공유하는 행위는 나를 어떤 것과 결속시키면서 다른 것과는 분리시킨다. 마크 저커버그는 우리가 다른 사이트의 콘텐츠를 쉽게 공유하도록 추천하는 방식으로 사람들을 연결하기 위한 소셜 네트워크를 구축한다고 생각했다. 하지만 그는 우리를 연결함으로써 실제로는 우리를 갈라놓았다.

우리는 댓글, 좋아요, 공유 같은 작고 확실한 것을 갈망한다. 그래서 반응이 가장 좋았던 아이템들을 습관적으로 게시한다. 우리는 어떤 종류의 물건이 우리 부족tribe을 만족시키고 박수갈채를 유도할 수 있는지를 스스로 터득한다. 그렇게 하면 페이스북은 우리에게 보상을 주면서 그 만족스런 콘텐츠를 더 멀리, 더 빨리, 그리고 더 자주 내보낸다. 만약 그 아이템이 거짓이거나, 악의적이거나, 완전히 불합리하다 해도 공동체에는 거의 문제가 되지 않는다. 사실은 논쟁의 소지

---

* 사회적 상호작용 속에서 자신을 드러내기 위해 취하는 프로젝트, 의식적인 노력이나 행동.

가 크거나, 분열적이거나, 혹은 평판이 좋지 않은 콘텐츠가 정체성의
표시로 훨씬 더 큰 가치를 가질 수 있다. 신랄하고, 거짓되고, 증오를
품은 콘텐츠는 게시자가 관계보다는 신분의 표시에 더 신경을 쓴다
는 것을 증명하는 힘을 가지고 있다.34 비록 페이스북 친구를 잃는다
해도.

'허위 뉴스'에 관한 허위정보

2016년 미국 대선이 가을로 접어들면서 미국 언론인들은 합법적인
뉴스로 위장해 페이스북상에서 나돌던 픽션이 더 확산되는 것을 알
게 됐다. 많은 아이템들이 힐러리 클린턴, 무슬림, 멕시코 이민자 등에
대한 허위 주장을 포함하고 있었다. 그것들은 도널드 트럼프 지지를
강화하는 데 도움을 줄 수 있는 허위 기사들을 유포했다. 프란치스코
교황이 트럼프 후보를 대통령으로 지지했다고 주장한, 자주 공유되었
던 아이템도 포함돼 있다. 미국 언론인들은 재빨리, 그리고 불행하게
도, 그 현상에 '허위 뉴스'*라는 이름을 붙였다. 버즈피드와 그곳의 선
임기자 크레이그 실버만Craig Silverman은 '허위 뉴스' 현상에 대해 특

---

* 국내에서 'fake news'라는 용어는 초기에 '가짜뉴스'로 번역되었다. 하지만 '가짜'의 개
념은 매우 넓으며 'fake'는 단순한 가짜가 아니라 '사기' '기만' '속임수'의 의미를 띤다. 국
내 학자들은 풍자적 가짜뉴스, 루머, 잘못된 정보 등은 별도로 하고 '정치·경제적 목적에
서 의도적으로 조작되고 언론의 외양(보도 형식 등)을 띤 허위 정보'를 fake news로 파악한
다. 최근에는 '의도된 허위 뉴스' '허위 조작 정보' 등의 용어가 널리 쓰인다. 여기서는 '허
위 뉴스'라는 용어를 사용한다. 오세욱·정세훈·박아란,『가짜 뉴스 현황과 문제점』, 한국
언론진흥재단, 2017. 참조.

히 많은 기사를 쏟아냈다. 실버만은 2014년부터 이러한 사이트의 증가를 추적해 왔다.

'허위 뉴스'가 성공한 열쇠 중 하나는 이것들이 전문적으로 설계되었다는 점이다. 허위 뉴스는 페이스북 콘텐츠를 재빨리 공유하는 사람들의 확립된 습관과 페이스북의 엣지랭크EdgeRank* 알고리즘에 모두 잘 맞게 돼 있다. 허위 뉴스들은 뭔가 하려고 하는 페이스북 사용자 사이에 기존의 믿음을 강화했다. 터무니없거나 논란이 되는 게시물들은 그것을 기꺼이 믿을 사람들에게 공유되고 환영받을 가능성이 높다. 그런 게시물들의 진실성을 일축하는 사람들에 의해서는 묵살되고, 신랄하게 비판받고, 논쟁이 되고, 그러면서 공유될 가능성이 높다.

누군가가 페이스북 친구의 페이스북 사이트에서 명백한 사기성 주장을 발견해 반응을 보이면, 다른 진영 사람의 분노에 찬, 오랜 논쟁을 촉발시킬 것이다. 우리가 너무나 잘 알듯, 페이스북은 그런 참여를 확대하도록 설계되었다. 그래서 그런 게시물 조각들이 퍼져 나가는 것이다. 버즈피드는 두 부류의 기사에 참여를 유도하기 위해 설립되었다. 하나는 뉴스 게시물이고, 다른 하나는 라이프스타일 관련 특집 기사, 리스티클, 퀴즈 방식 기사들 같은 것들이다. 버즈피드는 페이스북의 역동성에 깊이 파고들어가기에 이상적인 보도기관이었다.[35]

우파 미디어 진영은 재빨리 실버만, 버즈피드, 그리고 '허위 뉴스'라는 어휘의 신뢰를 떨어뜨리려 했다. 보수 성향 잡지 『내셔널 리뷰 National Review』는 실버만이 '허위 뉴스'가 전통미디어의 뉴스보다 더

---

* 페이스북이 사용자의 포스팅을 어디까지 노출시킬지를 정하는 알고리즘. 엣지랭크가 높은 콘텐츠는 더 많은 사람에게 노출되고 2차적 확산도 기대할 수 있다. 친밀도(참여 정도), 엣지별 가중치(포스팅의 유형에 따른 기본 점수), 시의성 등을 평가해 우선순위를 정한다고 한다.

많이 공유되었는지를 판단하기 위해 사용한 방법론에 의문을 제기했다. 극단적 민족주의 사이트 브레이트바트는 실버만이 출세하기 위해 허위 뉴스를 떠들면서 도덕적 공황 상태를 조성하고 있다고 비난하는 기사를 실었다.36

이런 가운데서도 2017년 1월경까지 약 6개월간 '허위 뉴스'라는 별칭이 어느 정도 의미가 있었다. 그때 트럼프 측 인수위원회와 지지자들은 '허위 뉴스'라는 말을 반복적으로 사용했다. 검증과 수정의 전통에 따라 전문 보도기관들에 의해 생산된 뉴스와 구별하기 위해서였다. 다른 말로 하자면, 트럼프와 그의 일당은 '허위 뉴스'라는 의미를 거의 완전히 뒤집음으로써 우리가 그 용어와 현상에 대해 진지하게 검토하기 어렵게 만들었던 것이다.

2017년 1월 초 「뉴욕타임스」의 퍼블릭 에디터public editor*와 「버팔로뉴스Buffalo News」의 편집장을 지냈고 「워싱턴포스트」 칼럼니스트로 있는 마거릿 설리번Margaret Sullivan은 '허위 뉴스' 용어가 쓸모없다고 잘라 말했다. 설리번은 칼럼에서 "'피자게이트Pizzagate'보다 더 빨리 발음되는 그 딱지가 끌려 들어가 완전히 다른 수많은 것을 의미하고 있다. 진보진영의 쓸데없는 소리거나 아니면 중도좌파의 의견이다. 또는 뉴스를 보는 사람이 듣기 싫어하는 그 무엇일 뿐이다"라고 주장

---

* 퍼블릭 에디터는 독자의 목소리를 반영하고 기사의 오류 등을 심의하는 직책으로 편집국에 대한 비판자의 역할을 한다. 「뉴욕타임스」는 2003년 수십 건의 기사를 조작한 제이슨 블레어Jayson Blair 기자 스캔들 이후 이 자리를 신설했다가 2017년 폐지하고 대신 독자센터를 확대했다. 당시 아서 설즈버거 주니어Arthur Sulzberger Jr. 발행인은 "소셜미디어의 팔로워들이나 인터넷 독자들이 사실상 감시견watch dog 역할을 하고 있다"고 폐지 이유를 밝혔다. 「워싱턴포스트」는 2013년 옴부즈맨 제도를 폐지했다. 국내 주요 신문 중 일부는 심의실 또는 옴부즈맨 제도를 두고 있다.

했다.37

'피자게이트'는 미국의 극우 뉴스 사이트와 소셜미디어 사용자들 사이에 유포된 괴담을 지칭한다. 힐러리 클린턴 선거캠프 고위 관계자인 존 포데스타John Podesta의 컴퓨터에서 도난당한 e메일에 워싱턴의 한 피자집 지하실에서 운영된 아동 성매매의 기록이 담겨 있었다는 루머였다. 허위 기사를 믿은 한 남자가 존재하지도 않는 지하실에 감금되어 있다고 여겨지는 학대받는 아이들을 구출하기 위해 2016년 12월 총을 들고 피자집에 들어가기도 했다.

애당초 '허위 뉴스'라는 용어는 허위 뉴스의 문제를 제대로 다루지 않았다. 페이스북상의 모든 골치 아픈 아이템들이 순전히 거짓인 것은 아니다. 때때로 그것들은 진실의 요소, 심지어는 존중받을 만한 뉴스 매체의 링크를 포함하고 있다. 그러면서도 당파적 의제를 홍보하기 위해 그런 요소들을 왜곡하거나 부정하게 끌어다 틀을 만들어 버렸다. 이것은 선전의 전형적인 테크닉이다. 그렇게 보자면 이런 현상은 새로운 것이 아니었다. 다만 가장 생산성 높은 매체를 활용해 놀랍도록 증폭시킨 것이 새로운 것이었다.

'허위 뉴스'라는 용어 대신 어떤 용어가 현재 일어나고 있는 일을 잘 포착하고 묘사할 수 있는가? '데이터와 사회'의 연구원 캐럴라인 잭Caroline Jack이 분류를 시작했다. 페이스북 뉴스 피드에 떠다니는 각종 골치 아픈 기사들과 조작된 이미지들을 더 잘 기술할 수 있는 방법을 찾기 위한 시도였다. '거짓말 용어사전: 문제의 정보용어Lexicon of Lies: Terms for Problematic Information'라는 제목의 그녀의 보고서는 '선전propaganda' '선전선동agitprop' '오류정보misinformation' 등 여러 용어의 장단점, 강점과 한계를 설명한다.38 잭은 허위정보를 '고의적으로 거짓되거나 오도하는 정보'라고 묘사했다. 허위정보에는 페이스북 사용자들의 손가락 클릭질에 따라서, 페이스북 알고리즘의 배포 능력에, 종종 속수무책으로 당할 수밖에 없다는 특성이 가미되어 있다. 가장 믿을 수 없는 이야기들은 믿지 못할 것임에도 불구하고 감정적으로 가장 강력하다. 그러한 오해의 동기는 장난, 이기심, 혹은 악의일 수 있다. '허위정보'라는 단어가 그 현상을 가장 폭넓고, 가장 정확하게 묘사하는 것으로 보인다.[39]

'허위 뉴스'를 식별하고, 걸러 내고, 파기하는 데 골몰하느라 많은 사람들이 더 크고, 더 깊은 허위정보라는 문제로부터 멀어지게 됐다. '허위 뉴스'는 미국과 전 세계에서 수년간 작동해 온 시민과 민주주의 규범에 대한 일반적인 공격에 비하면 하찮은 문제다. 웃음, 피, 이익 등 무엇을 위해서든, 허위정보 확산은 시민 규범과 제도에 대한 신뢰를 훼손한다는 목표를 공유한다. 허위정보는 공동체를 분열시키고 약화시킨다. 충분한 시간 동안 허위정보에 충분히 노출되면, 신뢰에 대한 생각은 우스꽝스럽게 되고, 진실에 대한 생각은 관계가 없게 되며, 정의에 대한 생각은 부족의 복수나 보복과 뒤섞이게 된다. 언론인 피터 포메란체프Peter Pomerantsev의 푸틴 치하 러시아에 대한 폭로 서적의 제목처럼, 사회는 '어떤 것도 사실이 아니고 모든 것이 가능하다'는 비겁하고 이기적인 상태로 변모한다.

권위주의 전술 책

권위주의 지도자들과 반민주적 운동을 유지하기 위한 미디어 시스템을 설계하려 할 때 페이스북보다 훨씬 더 잘할 수 없다. 아제르바이잔 등 구소련 국가들에서의 소셜미디어 사용 연구자인 카티 피어스 Katy Pearce는 페이스북이 주로 해방과 민주주의의 촉진에 기여한다는 생각을 일축했다.

1980년대부터 미 국무장관 힐러리 클린턴이 '인터넷 자유' 의제를 추진했던 시기까지 전문가들과 정치인들은 디지털 미디어의 확산을 강조했다. 그들은 이것으로 권위주의 지도자들의 전통적 권력 유지 수단이었던 정보통제시스템에 균열을 일으키겠다고 장담했다. 반체제 인사들 및 교회, 노조, 인권단체 같은 신생 시민사회운동과 동맹국들 및 민주주의 사회의 정보를 연결하는 방안을 제시했다. 인터넷이 세계적인 인정을 받기 10년 전 대통령을 지낸 로널드 레이건조차 "전체주의라는 골리앗은 마이크로칩이라는 다윗에 의해 무너질 것"이라고 말했다. 하지만 이런 이론은 경험적 정밀검증을 제시하지 못했다고 피어스는 주장한다. 소셜미디어, 특히 페이스북은 시민사회가 효율적으로 조직하게 돕도록 설계된 것이 확실하다. 하지만 그것들은 권위주의자들이 그들의 반대자들보다 더 좋은 자원을 가지고 착취하도록 설계되기도 했다.

권위주의 정권이 페이스북과 여타 소셜미디어 서비스를 활용하는 방법은 크게 다섯 가지가 있다. 첫째, 그들은 그것을 신흥 시민사회 또는 시위운동에 대한 반대운동을 조직하는 데 사용한다. 둘째, 그들은 자신의 조건에 맞춰 공개 토론의 틀을 짤 수 있다. 반대자나 비판자들보다 더 큰 자원과 기술적 전문지식을 갖고 있기 때문이다. 셋째, 그들은 시민들이 직접적인 호소나 항의 없이 불만을 표출하는 무대로서 소셜미디어를 이용하도록 허용하거나 관리할 수도 있다. 따라서 시민들은 부패나 정부의 무능에 대한 감정을 그쪽에서 터뜨릴 수 있다. 중국이 시민의 위챗 사용을 허용하는 것도 이런 관점에서 볼 수 있다. 넷째, 각 정권은 엘리트층의 지지를 규합하기 위해서도 소셜미디어를 활용할 수 있다.40

권위주의 정권이 소셜미디어, 특히 페이스북을 사용하는 다섯 번째 가장 위험한 방법은 반정부 활동가들과 언론인들을 감시하고 탄압하는 데 있다. 활동가 개인이나 단체의 프로필 페이지에 가짜 '페이스북 친구'를 쉽게 심어 풍부한 개인 정보와 조직 정보를 접할 수 있다. 또한 타협적인 상황에서는 사진과 동영상을 조작할 수 있다. 활동가나 언론인을 보여 준다면서 그의 명예를 손상시키거나 최소한 그의 주의를 산만하게 하고 개혁 노력을 약화시키는 것은 쉬운 일이다. 일단 유명인사에 관한 선정적인 아이템이 페이스북에 도착하면 여기저기 돌아다닌다. 그 기사가 잘못된 내용이라고 주장해 봤자 그것의 침투력과 영향력을 키워 줄 뿐이다. 세계의 대부분은 2011년의 세칭 '아랍의 봄' 때 소셜미디어가 반군집단에 무엇을 기여했는가에 초점을 맞추고 있었다. 그 사이 바레인과 시리아 정부는 위와 같은 전술들을 활용해 초기 시위운동을 진압했다. 따라서 두 나라는 튀니지 및 이집트와 같은 그룹으로 분류되지 않게 되었다.

블라디미르 푸틴 정권은 이러한 전술들에 숙달해 국내외에서 활용하였다. 미국 페이스북 뉴스 피드에 등장한 친트럼프 및 이민 반대 자료의 상당 부분은 상트페테르부르크에 본사를 둔 '인터넷리서치에이전시'라는 회사에서 나왔다. 이 회사는 러시아 정부의 이익에 도움을 줄 수 있는 허위정보를 만들고 퍼뜨리기 위해 수백 명의 직원을 고용하고 있다. 러시아 국영 선전매체인 〈RT〉*와 〈스푸트니크Sputnik〉**는 언론, 정부, 시민사회의 기관들에 대한 신뢰를 약화시키기 위해 짬짜미한다. 이들은 독일, 영국, 프랑스, 우크라이나, 미국에 반이민, 반이슬람, 반통합의 씨앗을 뿌리는 역할을 자임했다. 푸틴의 연합세력들은 국내에서는 비평가, 반체제인사, 언론인을 모욕하거나 괴롭히는 메시지를 확산시켰다. 러시아는 이런 방식이 성과를 내자 다른 권위주의 지도자들에게 본보기로 삼게 했고, 미국과 서유럽의 문제에도 관심을 가져왔다.

친권위주의 소셜미디어의 진정한 거장이며 조기 채택자early adopter는 현재 러시아보다 인구가 더 많은 두 나라를 통치하고 있다. 그곳은 인도와 필리핀이다. 나렌드라 모디 총리가 이끄는 인도국민당BJP의 부상과 통합은 역사적인 사건이었다. BJP는 2014년 선거 이전에는 압도적 다수당이 된 적이 없었다. BJP는 지역 민족주의 정당 및 종교 민족주의 정당들과의 연합인 국민민주연합NDA을 공고히 해 왔다. 인도에는 인디라 간디Indira Gandhi와 그녀의 아들들의 의회당Congress Party 일당 지배체제였던 1984년 이후 확실한 다수당이 없었다. BJP의 압도적인 승리는 여론조사기관과 전문가들을 놀라게 했다. 그것은 의회

---

* 2005년 모스크바에서 개국한 국제 보도전문 TV채널. 〈러시아 투데이 Russia Today〉였다가 2009년부터 약칭인 〈RT〉를 공식적으로 사용해 오고 있다.
** 러시아의 뉴스통신사로 러시아 정부의 대외 선전매체로 알려져 있다. 2014년 모스크바에서 개국했다. 국제 정치와 경제 보도에 집중하고 있으며 워싱턴, 베이징 등 주요 도시에 지역사무실을 두고 있다. 「뉴욕타임스」는 이 매체가 고의적인 허위정보에 관여하고 있다고 보도한 바 있다.

당 내의 고질적인 부패에 대한 보도들과 모디가 애호했던 소셜미디어 덕분으로 인정되었다.

BJP는 호전적인 힌두 민족주의 운동의 정파인 국가애국당RSS으로 시작했다. RSS는 오랫동안 여성의 전통적 역할과, 이슬람교도가 다수인 방글라데시의 이민 제한을 주장했다. RSS는 인도를 힌두교의 조국이며 신정국가로 보는 원형적 파시스트의 관점인 힌두트바Hindutva 사상의 주창자이다. 반이슬람 정치와 정책은 RSS와 BJP의 핵심이었다. RSS의 오랜 멤버였던 모디가 구자라트 주지사로 있던 2002년 반무슬림 집단학살이 벌어졌다. 1,000명 이상이 죽었는데, 그중 790명이 이슬람교도였다. 모디는 조사를 거쳐 불법 혐의를 벗었지만, 그는 분명히 무슬림 시민들을 대신하여 행동하지 못했고, 다른 BJP 간부들은 집단학살에 참여했다. 국제인권단체 휴먼라이트워치HRW는 모디 정부가 잔학행위 당시 정부의 역할을 은폐하고 있다고 비난했다. 미국과 영국은 모디가 총리로 취임할 때까지 그의 입국을 금지했다.

폭력적 민족주의 세력들과 함께 해 온 후보자에게 페이스북은 잠재적인 지지자들의 동기 부여를 돕는 이상적인 플랫폼이었다. 모디는 자신의 선거운동을 위해 가공할 소셜미디어 팀을 만들었다. 그가 속한 BJP는 2014년 선거 승리 후에도 전문가와 자원봉사자들이 함께 일하는 소셜미디어 팀을 계속해서 운영했다. 이 팀의 주된 목적은 BJP 정책에 유리한 선전을 확산시키는 일이었다. 이 팀은 언론인, 시민사회 운동가, 반이슬람 정책 비판자, 정적들의 평판을 나쁘게 하라는 명령도 받았다.

인도의 언론인 스와티 차뚜르베디Swati Chaturvedi는 자신의 저서 『나는 트롤이다I Am a Troll』에서 BJP의 힌두 민족주의에 빠져버린 미국 거주 여성의 이야기를 들려준다. 그녀는 인도로 돌아오자마자 BJP 디지털 본부에 소셜미디어 담당자로 등록했다. 처음에 그녀는 즐거운 마음으로 와츠앱을 통해 친BJP와 반의회당 아이템을 퍼뜨렸다. 얼마 후 그녀는 그 부정적인 메시지들이 잔인하고 부당하다고 느꼈다. 이 여성은 차뚜르베디에게 "그것은 소수민족, 간디 가족들, 공격 대상 명단에 언론인들, 진보주의자들에 대한 끝을 모르는 증오와 편협함의 물방울이었다"고 말했다. 이 여성은 "바크하 두트Barkha Dutt 같은 여기자들을 상대로 강간 위협을 하는 것을 보고 나는 더 이상 소셜미디어 국장의 지시를 따를 수 없었다"고 말했고, 곧 BJP를 그만두었다.

모디의 선거운동 기간 동안 페이스북 직원들이 BJP 관계자들과 함께 일했다. 인도는 2018년에 2억 5,000만 명이 넘는 페이스북 사용자를 갖고 있다. 미국보다 약 3,000만 명이 더 많으며 세계 어느 나라보다 많다. 페이스북의 미국인 사용자 2억 2,000만 명은 미국 인구의 60% 이상을 차지한다. 인도의 2억 5,000만 명은 그 나라 인구의 4분의 1에도 못 미친다. 인도 페이스북의 현재와 미래 모두 유망하다. 모디의 페이스북 페이지의 팔로워는 세계 어떤 지도자보다 많으며, 트럼프의 두 배 가까운 4,300만 명이다.[41]

인도의 라이벌 정당들도 BJP의 성공을 흉내 내 비슷한 소셜미디어 팀을 만들었다. 그리고 이제 다수의 독립적인 '트롤 농장'들이 다른 사람들의 명성을 파괴하고 싶어 하는 시민, 정치인, 기업들에게 서비스를 제공한다. 이 서비스들은 표적 인물들이 섹스, 마약 사용, 종교적 모독에 관여하는 가짜 동영상을 만들어 낸다. BJP가 정치적 입지를 공고히 함에 따라 인도의 전반적인 정치문화는 소셜미디어의 괴롭힘과 협박을 통해 수준이 낮아졌다.

'프리베이직'이 억압을 가능하게 한다

필리핀 대통령 로드리고 두테르테는 다바오Davao 시의 오랜 시장 직에서 2016년 5월 대통령이 될 때까지 자신의 소셜미디어 전사들을 몰고 다녔다. 두테르테와 그의 지지자들은 각 단계마다 매서운 인격 살인과 협박, 학대에 나섰다. 2015년 필리핀은 인도와 달리 페이스북을 불러들여 '프리베이직 서비스'를 확산시켰다. 페이스북을 사용해도 월별 유료 데이터 할당량을 까먹지 않는다. 해당자는 정기적으로 휴대폰으로 소셜미디어에 참여하는 1억 300만 명 중 절반이다. 이들이 다른 유명한 뉴스 사이트를 방문하려면 데이터가 들고 그래서 돈이 든다.

저커버그는 2015년 3월 "필리핀에서 인터넷닷오그를 출시해 세계를 연결하는 데 한 걸음 더 가까이 갔다"고 했다. 그러면서 이런 글을 페이스북에 올렸다. "이제 전국의 모든 사람들이 건강, 교육, 일자리, 그리고 스마트 네트워크의 통신을 위해 인터넷 서비스에 무료로 접근할 수 있게 되었다. 두바이로 이주한 사랑하는 사람들과 연락하기 위해 페이스북과 인터넷을 사용하는 마닐라의 운전사 제이미의 사진이 여기에 있다." 달콤하고 사랑스러운 포스팅이었다. 저커버그는 필리핀에서 이 서비스를 제공함으로써 무고한 필리핀인에게 잔인함과 불행을 불러일으킨다는 사실을 전혀 인식하지 못했다.

가난한 필리핀인들이 어쩔 수 없이 미디어 다이어트를 해야만 하는 상황에서 페이스북은 프리베이직 서비스 덕분에 즉각적으로 주도권을 잡았다. 이것은 두테르테에게 딱 맞아떨어졌다. 그는 2015년 선거운동에 나서면서 소셜미디어 관리자 채용과 팀 구성부터 했다. 그 팀

266

은 페이스북의 프리베이직 서비스에 의해 새롭게 확보된 연결능력을 재빨리 지렛대로 활용했다. 두테르테의 유급 소셜미디어 팀, 자원봉사자 500명, 수천 개의 봇들은 허위 기사들을 지어 내고 확산시켜 전문 언론인들의 신뢰를 약화시킨다. 그들은 허위정보 공유의 영향력을 키우기 위해 가짜 계정들을 활용한다.[42]

2016년 선거운동 당시 두테르테의 소셜미디어 군단은 해외 필리핀 노동자, 루손Luzon 섬 주민, 비사야 제도Visayas 주민, 민다나오 섬Mindanao 주민 등 4개 그룹으로 편성돼 업무를 분담했다. 각 그룹은 각자 콘텐츠를 만들어 유세본부의 지시대로 일상적인 이야기로 포장했다. 종종 이 그룹들은 스스로 두테르테 비판자라고 밝힌 대학생들을 목표로 삼았다. 이들은 학생들의 휴대전화 번호를 공유하고 공개했다. 한 페이스북 게시물은 한 학생을 죽이겠다고 위협했다. 어떤 학생들은 강간 위협을 받았다. 두테르테는 취임 후 전문 언론인들과의 인터뷰와 만남을 피했고, 대신 트위터와 페이스북을 통해 소통했다.

페이스북은 자체적으로 이 모든 서비스를 가능하게 했다. 2016년 1월 페이스북은 마닐라로 직원 3명을 보냈다. 대선 후보들과 선거운동 직원들에게 서비스를 가장 잘 사용하는 방법을 훈련시키기 위해서였다. 페이스북 팀은 두테르테의 선거운동 직원들을 페닌슐라 마닐라 호텔에서 만나 선거운동 페이지 설정, 파란색 체크 표시로 인증받기, 팔로워 유치 등 기초를 가르쳤다.

두테르테의 선거캠프는 다른 후보들과 달리 소셜미디어 조직을 만들었다. 선거캠프는 다음 날 사용할 메시지를 만들어 낼 것이다. 자원봉사자 팀들은 많게는 수십만 팔로워를 가진 페이스북의 실제 계정과 가짜 계정을 넘나들면서 메시지를 올릴 것이다. 거의 즉시 인증되지 않은 페이지들에 대한 불만이 페이스북에 접수됐지만 문제없이 처리된다. 두테르테 선거캠프는 프란치스코 교황의 사진 아래 '심지어 교황도 두테르테를 존경한다'는 구절을 넣은 허위 기사들을 유포하라고 팔로워들에게 가르쳤다.

진실은 더 이상 중요하지 않다. 인도, 러시아, 우크라이나, 심지어 에스토니아의 정치 관찰자들에게 익숙한 패턴에 이어 트롤 군단이 주도하는 선전이 정치적 대화를 지배했다. 어떤 정책이나 선택, 또는 타협에 대한 논의도 불가능해졌다. 두테르테의 대담함에 반대파, 언론인, 시민사회 지도자들은 헐떡거릴 수밖에 없었다. 선거를 한 달 앞둔 2016년 4월 페이스북의 한 보고서는 그를 '반박의 여지가 없는 페이스북 대화의 제왕'이라고 불렀다. 두테르테는 필리핀 내 페이스북 페이지상의 선거 관련 대화 중 64%를 점유했다.

두테르테의 승리 후 페이스북은 정부와 협력을 확대해 두테르테가 폭력적, 민족주의적 의제를 실행할 수 있도록 도왔다. 두테르테는 독립 언론이 자신의 취임식을 리잘 기념관 안에서 생중계로 보도하는 것을 금지했다. 그는 오로지 페이스북을 통해 취임식 행사를 생중계했다. 두테르테의 등장으로 페이스북은 1억 500만 명 이상의 인구에, 자원이 풍부하며, 다국어를 사용하고, 인구가 세계 각지로 분산되어 있는 필리핀에서 유일하게 중요한 미디어 서비스로 입지를 다졌다. 소셜미디어를 통해 두테르테가 시도하는 지지자들과의 직접 소통은 강력했다.

필리핀은 1986년과 2001년 부패 독재자를 거부하는 민중봉기의 전통이 있는 나라였다. 2001년 봉기는 활동가들이 처음으로 SMS 문자 메시지를 사용해 주도했던 시위들 중 하나였다. 2001년 이후 필리핀의 정치 문화 수준은 낮아졌다. 페이스북이 프리베이직 서비스를 도입하고 두테르테가 이를 최대한 활용하면서 가장 심각하게 하락했다.

페이스북은 2017년 11월 두테르테 정권과 새로운 제휴를 발표했다. 페이스북은 태풍과 지진으로 표준케이블이 자주 손상되는 루손 해협을 우회하는 해저 데이터케이블을 구축하기 위해 정부와 협력할 것이다. 페이스북은 해저 링크에 자금을 댈 것이다. 필리핀 정부는 케이블 육양국*을 건설할 것이다. 필리핀은 수년간 동아시아와 남태평양의 디지털 데이터 흐름을 촉진하기 위해 광섬유 케이블의 중심 허브가 되고자 노력해 왔다. 페이스북이 두테르테 정권의 선전과 억압의 핵심 플랫폼 역할을 하는 사이에 필리핀 정부가 페이스북과 깊숙하고 이익을 낼 수 있는 제휴를 맺었다. 이것은 페이스북으로서는 테러 캠페인을 확대하는 두테르테를 계속 지원하는 것 외에 다른 선택이 없다는 것을 의미한다.

캄보디아 독재자 훈 센도 두테르테처럼 프리베이직 서비스의 힘을 빌려 반대파를 괴롭히고 자신의 이미지를 홍보하면서 페이스북 스타가 됐다. 그는 고전적이고 권위주의적인 전략 계획서를 사용했다. '페이스북상에서 독립 미디어가 국가 선전과 경쟁할 수 없도록 확실히 하라. 페이스북은 인터넷 그 자체와 동등하다는 것을 확실히 하라. 긍정적인 시각으로 자신을 보여 주는 아이템들을 내보내고, 반대파와 비판자를 겁주고 모욕하는 두 가지 임무를 수행할 트롤 군단을 고용하라.'

---

* 해저 광케이블을 육지에 구축된 네트워크와 연결하는 시설로 교환기 등 접속설비를 갖춰 놓았다.

훈의 경우 이런 방식으로 해 본 경험이 있는 두 나라, 인도와 필리핀에 본사를 둔 회사들에서 트롤 군단을 채용했다. 가장 중요한 것은, 훈의 직원들이 페이스북 직원들과 직접 협력해 비판자들의 입을 막고 훈의 페이스북 페이지의 영향력을 극대화한다는 점이다.43

2017년 10월 페이스북은 캄보디아, 슬로바키아, 스리랑카, 볼리비아, 과테말라, 세르비아의 페이스북 페이지에 전문 뉴스 매체들의 뉴스를 띄우는 방식을 변경했다. 전문적이고 독립적인 뉴스 항목은 더 이상 광고, 개인 게시물, 뮤직비디오와 함께 메인 뉴스 피드에 나오지 않았다. 그 대신 뉴스는 페이스북의 별도의 칸으로 들어갔고 보기가 더 힘들어졌다. 결과는 예측 가능했다. 이들 나라 모두의 페이스북에서 독립 뉴스 사이트로 가는 트래픽이 급격히 줄었다. 훈은 페이스북에서 훨씬 더 좋은 경험을 얻게 됐다.

이런 개편에 화가 난 세르비아의 언론인 스테판 도지치노비치Stevan Dojcinovic는 「뉴욕타임스」에 '이봐요, 마크 저커버그: 나의 민주주의는 당신의 연구소가 아니오Hey, Mark Zuckerberg: My Democracy Isn't Your Laboratory'라는 칼럼을 썼다.44 이 글에서 그는 이렇게 주장했다. "주요 TV 채널, 주류 신문, 조직범죄로 운영되는 매체는 페이스북 광고를 구입하거나 수용자들에게 도달하는 다른 방법을 찾는 데 아무런 문제가 없을 것이다. 고통받을 것은 나의 매체 같은 작고 대안적인 조직들이다." 페이스북은 이렇게 바꾼 모든 나라에서 미디어 생태계를 지배하고 있다. 페이스북 설계나 알고리즘 강조점의 작은 변화조차도 국민 전체의 정치적 운명을 바꿀 수 있다.

저커버그는 인터넷닷오그와 프리베이직 서비스가 사람들을 하나로 연결하는 도구라고 제시했다. 이 자비로운 개념의 악의적인 결과는 너무나 분명해졌다. 페이스북은 소동을 빚은 뒤 언론에 대한 실험을 취소했다.* 그러나 작고 가난한 나라들을 실험실로 사용하려는 페이스북의 의지는 세계 평화와 안정을 사랑하는 모든 사람들을 괴롭힐 것임에 틀림없다.45

　페이스북은 어떻게 폭력적이고 억압적인 국가 권력을 더 많이 부여했는가? 어쩌면 이에 대한 가장 놀라운 설명으로, 프리베이직 서비스 방식이 수십 년간의 군사 통치에서 막 벗어난 미얀마를 변화시킨 사례가 있다. 1960년 이후 처음으로 실시된 자유선거가 인권운동가 아웅산 수지를 권좌에 올려놓기 불과 1년 전인 2014년, 최초의 휴대전화 회사가 미얀마에서 데이터 연결을 구축했다. 정부는 휴대전화 도입 정책을 신속하게 밀어붙였다. 2016년까지 페이스북은 프리베이직 서비스를 도입하여 필리핀에서와 같이 많은 버마인들에게 페이스북과 인터넷이 구분되지 않도록 했다.

　그러면 인터넷에 연결한다는 것은 페이스북을 사용한다는 의미이다. 다른 서비스는 모두 돈이 든다. 미얀마에서는 성숙하고 전문적인 미디어 시스템이나 전문 저널리즘의 전통을 발전시킬 시간이 없었다. 그래서 페이스북의 혼란스러운 성격은 다른 나라들보다 훨씬 뚜렷하다. 50년 이상 일상의 모든 면을 군사적으로 통제한 후 최근에 문을 연 나라에서, 페이스북은 선물처럼 보인다. 이제 버마인들은 뉴스와 루머를 읽고, 공유하며, 뮤직 비디오를 경험하고, 농담을 나누며, 물

---

* 페이스북은 6개국에서 뉴스를 둘러보기 피드explore feed에 집어넣는 테스트 서비스를 진행했다가 2018년 3월 기존 방식으로 돌아갔다. 테스트 시작 직후 과테말라, 슬로바키아 등의 일부 언론매체의 트래픽이 약 60% 급감하는 등 충격이 빚어졌다고 「가디언」이 보도한 바 있다.

론 증오를 퍼뜨릴 수 있다.46

군사정부 시절에 루머는 '뉴스'의 지배적인 형태였고 주요 토론 주제였다. 그 오래된 습관이 페이스북을 통해 번성한다. 불교 민족주의자들이 전 세계의 무슬림들이 공모해 불교계를 파괴하기 위해 혈안이 되어 있다는 루머를 퍼뜨렸다. 그들은 페이스북을 통해 무슬림 소유 기업에 대한 불매운동, 이교도와의 결혼 금지, 미얀마 거주 무슬림의 권리 제한을 요구했다. 반무슬림 폭동은 2015년 미얀마 전역의 도시에서 발생했다.

군부의 지원을 받은 불교계 공격자들은 2017년까지 미얀마 서부의 무슬림 소수민족인 로힝야Rohingya족에 대한 대량학살을 감행했다. 많은 로힝야족을 이웃 방글라데시로 몰아넣었는데 그곳은 난민을 흡수할 능력이 없었다. 그래서 많은 로힝야 난민들이 서쪽으로 인도까지 쫓겨 갔다. 2017년 9월 전 세계가 집단학살에 주목했다. 아웅산 수지는 자신의 페이스북 페이지에 집단학살을 지어낸 이야기라고 단언하면서 미얀마 서부지역의 소요를 '테러리스트' 탓으로 돌리는 글을 올렸다.* 그 후 그녀는 모디에게 도움을 요청하기 위해 인도에 갔고, 모디는 이슬람교의 위협에 대한 그녀의 평가에 동의했다.47

미얀마의 무슬림 로힝야족에 대한 학살과 추방과 같은 악행은

---

* 1991년 노벨평화상 수상자이며 미얀마의 실권자인 아웅산 수지 국가고문은 2019년 12월 10일 네덜란드 헤이그의 국제사법재판소ICJ에 출석해 "로힝야족 무장세력이 전면적으로 무장 공격을 했고, 미얀마 정부군이 이에 대응한 것"이라고 주장했다. 수지는 제소당한 미얀마 군을 대신해 직접 진술했다. 이에 국제사회의 비난이 수지에 집중됐다. 앞서 유엔특별조사단은 수지의 책임을 분명히 했다. 수지는 로힝야 학살에 침묵했다는 이유로 2018년 엠네스티 인권상을 박탈당했다. 노벨위원회는 "수지에 일정 책임이 있지만 노벨상을 박탈하지 않는다"고 밝혔다.

새로운 것이 아니다. 그런 것은 인류 역사에서 항상 있었다. 그리고 2011년의 여러 봉기와 마찬가지로, 사람들은 자신들이 이용할 수 있는 의사소통 기술을 사용할 것이다. 그래서 우리는 권위주의자들, 종교적 편견이 아주 심한 사람들, 혈통에 집착하는 국수주의자들이 페이스북을 통해 허위정보를 쏟아 낸다는 사실에 놀라서는 안 된다.

하지만 우리는 조심스럽게 생각해 봐야 한다. 페이스북의 어떤 특징과 구조가 권위주의자들과 그들을 지지하는 움직임들에 의해 일관된 방식으로 허위정보를 그렇게 유용하게 만드는가? 페이스북은 권위주의 지도자들과 국수주의 운동을 돕는다. 그리고 감정을 자극하고 실존하는 적이나 상상 속의 적들에 대한 폭력과 학대를 조직할 수 있게 해 준다. 페이스북은 과거에는 아무것도 아닌 것 같았다. 케냐, 필리핀, 캄보디아, 미얀마 같이 수 세기에 걸친 식민지배 후에도 여전히 어려움을 겪고 있는 국가를 보자. 이들 나라에서 페이스북은 어디에나 존재하며, 쓰기 편리하다는 점 때문에 가장 파괴적인 세력에게 이상적인 선전 시스템을 제공한다. 페이스북은 증오를 선호하지 않는다. 다만, 증오가 페이스북을 좋아할 뿐이다.

결론

페이스북은
난센스 기계이다

ANTISOCIAL MEDIA

2017년 8월 우리 마을이 해시태그가 되었다. 인구 4만 5,000명인 버지니아 주 샬러츠빌은 '#샬러츠빌'이 되었다. 내 페이스북 뉴스 피드는 우리 집에서 불과 3km 떨어진 곳에서 일어난 사건에 대한 사진과 해석으로 부풀어 올랐다. 8월 12일, 차량 한 대가 반인종차별주의 시위대로 뛰어들어 충돌했다. 샬러츠빌 주민 한 명이 사망했고 적어도 19명이 백인우월주의자들에게 부상을 당했다. 샬러츠빌에서 몇 개 주나 떨어진 곳, 심지어 바다 너머 살던 사람들도 수천 명의 백인우월주의자들과 반인종차별주의자들 간 격돌의 더 큰 의미에 대해 이러쿵저러쿵 말하게 됐다.

지역의 백인우월주의 지도자인 제이슨 케슬러Jason Kessler는 그해 8월 12일로 예정된 샬러츠빌 시위 계획 발표와 시위대 모집에 페이스북 페이지를 사용했다. 케슬러는 유튜브, 페이스북, 트위터를 포함한 주요 소셜미디어 플랫폼을 오랫동안 활용해 왔다. 새로운 인종차별주의자의 깨끗한 이미지를 보여 주고 주류사회의 인정을 얻기 위해서였다. 그것은 잠재적 가담자, 일반 대중, 경찰, 그리고 언론인들을 위해 준비된 외향적인 메시지였다.

백인우월주의 단체 내부의 대부분의 의사소통은 이것들을 활용하지 않았다. 실제 작업은 더 못된 다른 소셜미디어와 논쟁 플랫폼인 4Chan, 레딧, 그리고 디스코드Discord라는 채팅 앱에서 이루어졌다. 다양한 수준의 의사소통 수단들이 사용됐다. 폐쇄적 채팅 앱, 사용자가 코드에 맞춰 완곡하게 말하는 유튜브 동영상과 추종자들의 댓글 같은 것들이다. 여러 개의 트윗을 연결하는 트위터 스레드Twitter threads,* 그리고 페이스북의 페이지와 그룹도 포함되었다.

이것들은 모두 백인우월주의자들을 모집하고, 동기부여하고, 방심하지 않도록 하고, 조직화하기 위해 작동한다. 이 단체들도 이러한 플랫폼을 통해 자신들의 주장을 '사슬 위로' 올려 하위 미디어에서 점차 상위 미디어까지 닿게 했다. 그래서 브레이트바트 같은 블로그와 선전 사이트까지 닿게 하고, 마침내 주류 언론 매체에 전달되게 하는 방법에 능숙했다. 반인종차별주의 운동가들은 백인우월주의자들의 계획에 관한 정보를 모으기 위해 똑같은 플랫폼의 많은 부분을 활용했다. 일부는 상대방의 논쟁에 끼어들었다.

최근 미국의 백인우월주의 단체들은 특히 소셜미디어상에서 대담해졌고, 그 때문에 반인종차별주의자들은 상대의 성장과 활동을 매우 성공적으로 예의주시할 수 있게 되었다. 페이스북은 같은 생각을 가진 샬러츠빌 주민들 간에 잘 작동했다. 같은 마음을 가진 사람들과 의사소통을 하고 싶어 하는 사람들은 가장 효과적인 방법을 사용했던 것이다. 페이스북도 그 도구들 중 하나였다.

8월 12일의 잔혹한 공격 직후, 많은 소셜미디어 플랫폼 회사들은

---

* 트위터에서 본 트윗 밑에 원 작성자가 달아 놓은 멘션.

백인우월주의 선전의 유통금지 조치들을 발표했다. 하지만 허울뿐이었다. 작동 중인 모든 상충되는 가치들과 인간관계의 다양성을 감안할 때, 세계적 규모로 콘텐츠를 필터링하고 조정하는 것은 불가능하다. 콘텐츠를 걸러 낼 책임을 페이스북에 너무 강하게, 또는 충분히 강하지 않게 지우는 것은 핵심을 빗나가는 것이다.[48]

멈춰 생각하라

일반적으로 페이스북은 생각하는 것을 어렵게 만든다. 그것은 개인적으로는 어느 정도 사실이다. 하지만 우리는 개인적으로 대처하기 위한 전략과 전술을 전개할 수 있다. 우리는 앱을 삭제하거나 휴대폰을 끌 수 있다. 페이스북이 우리의 집단적 사고 능력에 끼치는 해악에는 그런 전략이 없다. 우리가 도전이나 위협을 알게 되었을 때, 페이스북은 가장 간결하고 얕은 방법으로 우리 스스로를 표현하도록 해 준다.

페이스북은 개인의 기부 결과 총액이 인상적인 수준이 되면 문제들이 해결될 수 있는 것으로 생각하도록 우리를 속인다. 페이스북은 아주 멀리 있는 사건들과 사람들에게 우리 스스로가 중요한 줄로 믿게 만든다. 또 단지 한두 번의 클릭만으로 변화를 가져올 수 있다고 믿게 한다. 그래서 우리를 푹 빠지게 만든다. 일반적으로 페이스북은 우리가 합의된 사실들과 공유된 의제로 커다란 도전 과제들을 의논하고 대처하는 것을 어렵게 만든다.

인류가 모두 한 종족이라니, 참 황당하다. 21세기 초엽에 우리는 세계의 한 쪽에서 다른 쪽으로 하루 만에 갈 수 있는 강력한 도구를 갖고 있다. 신호의 손실 없이 아이디어와 논란거리를 퍼뜨릴 수 있다. 그러나 우리는 거대한 폭풍이나 지진을 예상해, 대도시의 생명과 안전을 향상시키기 위한 진지한 글로벌 대화를 할 수는 없다. 우리는 전염병이 발생하기 전에 공중보건 문제에 대해 고심할 수 없다. 이제는 권력을 잡기 위해 두려움을 이용하는 것이 너무 쉽기 때문에, 우리는 혈통에 집착하는 국수주의에 효과적으로 저항하는 세계 윤리global ethic를 되살릴 수 없다. 그래서 우리는 무력하고 취약하다. 바로 그 도구와 기술들이 우리를 파멸시킨다고 위협한다. 우리는 무한한 재능을 발휘하지만 숙달하지는 못한다. 무한한 데이터를 처리하지만 지혜를 보여 주지 못한다.

이것이 제2차 세계대전 후 한나 아렌트Hannah Arendt가 천착했던 문제다. '문명'과 기술의 '진전'에 대한 우리의 가정은 잘못된 것으로 판명되었다. 두 차례의 세계대전 후 전체주의 정권이 유럽과 아시아 전역에서 부상한 결과이다. 한 종으로서, 우리는 똑똑하면서도 멍청해 보였다. 우리는 물건을 만드는 데 아주 대단했다. 특히 개인 소비를 위한 일회용품, 그리고 죽음과 억압의 기술을 만드는 데 있어서 탁월했으며, 이 때문에 아렌트는 인간을 '호모 파버Homo faber*라고 명명했다. 우리는 어떤 일을 하기 전에 충분히 생각하는 데 서툴렀다.

푸틴, 모디, 에르도안, 트럼프 등의 등장 이후 많은 사람들이 전체주의에 관한 아렌트의 고전 논문들을 다시 읽었던 것이 이해가 된다. 나는 사회, 사고, 행동에 대한 그녀의 사상을 재발견할 것을 촉구한다. 그녀의 사상은 중대한 도전을 마주하지 못하는 우리의 무능력을

---

* 도구를 사용하는 인간을 의미한다.

언급한다. 그것은 1950년대와 마찬가지로 오늘날에도 적절하다. 아렌트의 주요 통찰 중 하나는 권력이 없는 사람들이 너무 바빠서 자신의 행동의 큰 파장을 고려하지 못하는 곳에서 전체주의가 살아남을 수 있다는 것이었다. 특히 반인륜적 거대 범죄에 연루되는 행동의 경우에 그렇다는 것이다. 아렌트는 사람이 분명하게 생각하기 위해서는 모든 움직임을 멈춰야 한다고 믿었다. 그녀가 가장 좋아하는 구절 중 하나는 '멈춰 생각하라stop and think'는 것이었다.49

비합리적 현재로 가는 합리주의자의 길

고통스러운 역설이 있다. 우리는 불편함을 덜어 주고 결정과 행동의 능률을 높여 주겠다고 장담하는 복잡한 시스템을 우리 삶에 받아들였다. 그것은 인류의 놀라운 업적의 최고봉이다. 우리는 수학, 금속공학, 언어학, 논리학, 재료과학, 행동심리학과 경제학의 힘을 활용하고 조정해 왔다. 이것들은 과학혁명과 계몽주의의 위대한 성과에 속한다. 그러나 시장과 정치권력은 이번에도 역시 계몽주의의 산물을 계몽과는 반대쪽으로 돌려놓고 말았다.

이러한 새로운 기술 시스템은 중대사에 관해 깊이 숙고하려는 노력을 저해하도록 설계된다. 즉각적인 것들과 만족스러운 것들을 선호하는 시장의 힘에 의해 증폭되었기 때문이다. 그것들은 다르게 설계될 수 있었지만 그러지 못했다. 그것들은 더 많은 공개 논의와 토론으로 조심스럽게 나올 수 있었지만 그러지 못했다. 우리는 경솔한 투자와 배치에 대한 신중한 규제를 마련할 수 있었지만 그러지 못했다.

기술 시스템이 끼치는 장기적인 피해를 피하기에는 너무 늦었다. 하지만 자동차 같은 다른 기술 시스템의 경우에도 그랬다. 문제는 기술의 적용 그 자체에 있지 않다. 순수과학 또는 과학적 방법에 문제가 있지 않다는 것도 확실하다. 문제는 우리가 과학과 기술에 대해 생각하는 비이성적인 방식에 있다. 장기적인 비용을 고려하지 않고 기술을 숭배하며, 기술의 즉각적인 보상과 편리함을 우리 삶에 기꺼이 받아들일 때, 우리는 스스로 바보가 되고 만다. 또한 지식의 탐구 그 자체를 목적으로 한 응용 순수과학을 무시하거나 일축할 때, 우리는 스스로 바보가 되고 만다. 적어도 미국에서, 우리는 이 두 가지를 모두 해냈고, 바보가 되고 말았다.

이런 기술제품들은 상대적으로 값이 싸다. 오히려 그 제품 없이 사는 데 돈이 훨씬 더 든다. 게다가 많은 서비스들이 '무료'로 알려져 있다. 우리는 재빨리, 분별없이, 수백 개 회사들과 강력한 국가들이 우리 자신을 추적하고 프로파일링 하는 것에 동의한다. 많은 회사들은 우리가 직접적인 관계를 맺고 있지도 않다. 우리는 농장에서 데이터를 생산하는 동물 처지가 돼 버렸다. 길들여지고 의존적이 되었다. 우리는 암소다. 페이스북이 우리를 클릭한다. "그 데이터는 광고주나 다른 이해당사자들에게 팔릴 때 엄청난 이윤의 원천이 된다는 것은 말할 것도 없다. 데이터는 강압과 통제라는 눈에 보이지 않는 격자로 짜여 있다." 최악의 바보 게임 카우클리커Cow Clicker의 개발자 이안 보고스트Ian Bogost는 이렇게 말했다.

거의 전 세계 어디서나 가능해진 페이스북의 성공은 또 다른 성공을 낳는다. 중국이나 이란 같이 현재 페이스북 사용이 안 되는 곳들을 제외하고, 페이스북에서 탈퇴하려면 사회적 비용이 든다. 다른 소셜미디어 서비스 중 어느 것도 페이스북만큼의 도달력, 기능, 그리고 끌어당기는 힘을 갖고 있지 않다. 페이스북의 그러한 규모는 편협한 사람들을 비슷한 생각을 가진 또 다른 편협한 사람들과 접촉하게 하고, 가끔은 편견의 대상들과 충돌하게 하면서, 거의 모든 사람이 거기에 참여할 이유가 있다는 것을 의미한다. 학대와 괴롭힘이 페이스북에서 자유롭게 떠다닌다는 것은 놀라운 일도 아니다.

하지만 페이스북은 증오와 위협을 관리하는 책임을 그 행위의 대상자와 희생자들에게 돌린다. 그것은 유감스런 일이지만 이해할 수 있다. 페이스북은 너무 크고, 인간의 타락상은 너무 다양하다. 페이스북이 수백만 명의 잘못된 행동을 예측하고 규제하기 위해, 충분한 인력이나 컴퓨터 코드를 배치할 순 없다. 페이스북의 세계적인 규모가 이런 위험을 불러일으킨다. 기업의 사회적 책임에 대한 생각 때문에 마크 저커버그는 그의 발명에 의해 야기된 악행을 인정조차 하지 못하고 있다.

진보 대 혁신

애당초 이런 식은 아니었다. 이렇게 하려던 계획이 아니었다. 페이스북 이전에 '인터넷'이라는 압도적이고 마음이 끌리는 이야기가 있었다. 네트워크들 중의 새로운 네트워크, 그것을 구축했던 사람들, 그 위에 사물을 쌓은 모든 사람들은 총괄적으로 인터넷의 힘을 계몽주의 원칙, 주로 진보주의 원칙에 맞추겠다고 공약했다. 진보주의는 18세기 계몽주의 사상의 큰 몫을 차지했다. 미국 헌법의 기초자들은 의회에 저작권과 특허법을 통해 '과학과 유용한 예술의 발전을 촉진하라'고 지시했다. 20세기 후반 시점에 '진보'는 유행에서 벗어났다.

오늘날, 기술에 대한 투자 및 보호 확대의 주창자들은 '혁신'을 내건다. 혁신은 중대한 개선이라는 규범적 주장이 없다. 그것은 하향식의 웅장한 계획들이 아니라 수많은 작은 움직임들로부터 발생한다. 혁신에는 거창한 길이나 잘 알려진 미래에 대한 원대한 구상이 담겨 있지 않다. 혁신은 항상 강력한 중앙집권적 국가가 고안한 웅장하고 계획적인 정책보다는 권력분산적인 기업 세계에서 나오는 것 같다. 이제는 국가에 대해 대형 난제들을 해결하거나 시장 실패를 시정하라기보다는 혁신하라고 장려한다. '혁신'은 오늘날 어디에나 있다. 모두가 혁신하도록 요구받는다. 인터넷이 대중의 생활 속으로 들어오고 닷컴 붐이 시작된 1994년부터 책에 '혁신' 용어 사용이 급증했다.

하버드대 경영대학원 클레이튼 크리스텐슨Clayton Christensen 교수가 1997년 『혁신가의 딜레마The Innovators' Dilemma』를 출간했다. 그 이후 그의 '파괴적 혁신disruptive innovation' 용어는 공공 부문과 민간 부문 모두에서 경영에 대한 논쟁을 지배해 왔다. 그 책은 역사적 복잡성이 결여되고 주장을 뒷받침하는 일화들을 증거라고 엉성하게 늘어놓았다. 그 바람에 하버드대 역사학자 질 레포어Jill Lepore를 비롯한 학자들에 의해 완전히 신빙성을 잃게 됐다. 그러나 크리스텐슨의 영향력은 줄어들지 않았다. 파괴적인 종류의 혁신이라면, 비판에 면역이 되는 종교적 개념이 되었다.

아마도 생태학이 진보의 이념에 가장 큰 타격을 주었다. 생태사학자들은 인간이 농작물의 수확을 증대시켜 온 것을 도표로 만들었다. 인간이 자신의 서식지를 불태워 많은 부분을 변질, 약화시키고 화석

연료 연소기계와 화석연료 기반 비료를 사용한 것으로 나와 있다. 따라서 '식량 생산을 능가하는 인구'라는 '맬서스의 덫Malthusian trap'으로부터의 탈출처럼 일부 사람에게 발전은 전체 농업시스템의 붕괴로 인해 훗날 모든 사람들에게는 파괴를 의미할 수도 있다. 혁신도 인류의 목표가 될 수 없다. 해답은 혁신의 작은 비전과 진보의 거창한 오만 사이의 어딘가에 있을 수 있다. 우리는 20세기에서 21세기로 마구 달려오다가 바로 그 시점을 막 지나쳤다. 그것을 되찾아야만 한다.

인터넷과 그에 대한 불만

이 새로운 매개체를 가지면 상황이 나아질 수밖에 없다는 소리를 들었다. 혁신은 우리를 구해 줄 것이다. 거래는 더 공정할 것이다. 결정은 더 합리적일 것이다. 시장과 회사들은 더 경쟁력을 지닐 것이다. 국가는 더 인도적일 것이다. 사회는 더 자유로울 것이다. 물론 이것은 신화였다. 신화는 가장 이성적인 일은 중앙집권적일 수도 없고 부패할 수도 없는 의사소통 시스템을 구축한 것이었다고 설명했다. 그것은 규제되거나 검열될 수 없었다. 그것은 우리 모두를 동등한 조건으로 관여하게 할 것이다. 그것은 사람들이 자신들에게 새로운 생각과 사실들을 연결할 수 있도록 할 것이다. 그래서 미신과 편견에 도전하도록 해 줄 것이다. 대담하고 창의적인 사람들이 그 위에 웅장한 구조물을 짓고 그 안에서 풍요로운 공동체를 유지하게 할 것이다. 그것의 개방성, 설정변경 가능성, 그리고 확장성 덕분이다.

수십 권의 책과 수백 편의 논문이 그 신화를 알렸다. 그 신화는 계몽주의의 가정을 이행한 것이었다. 대화, 숙의, 논쟁, 정보, 상호인식, 소통은 좋은 결정을 내리는 데 이상적인 환경을 만들어 줄 것이다. 18세기 커피하우스coffee house*는 이 새로운 매체가 가진 어떤 것도 갖지 못했다. 새 매체는 라디오와 TV가 그랬던 것처럼, 채널의 부족 때문에 제약받지 않을 것이다. 그것은 신문, 잡지, 책 출판이 그랬던 것처럼, 진입 장벽이 높지 않을 것이다.

'인터넷'은 한 사람이 구상할 수 있는, 따로 떨어져 있는 물건이 결코 아니었다. 이 용어는 이산형 디지털 네트워크들 사이의 관계, 즉 네트워크들 중의 네트워크를 설명한다. '인터넷'의 상호연결성은 네트워크와 그것을 사용하는 사람들의 힘을 증폭시켰다. '인터넷'은 우리 마음속에서 모양을 갖춰 온 은유이다. 그래서 우리는 이제 인터넷이 마치 이 세상에서 분리된 사물, 장소 또는 힘인 것처럼 말하고 있다. '인터넷'에 수반된 급진적인 자유는 20세기의 마지막 10년과 21세기의 첫 10년의 공학, 정책, 투자 결정의 많은 부분을 결정지었다. 세계에 통합적, 기술적 무정부주의가 도입되고 있었다. 그리고 그것은 영광스러울 것이라고 약속했다.50

미디어 이론가인 피에르 레비Pierre Lévy는 1995년 저서 『집단지성 Collective Intelligence』에서 이 신화를 가장 잘 묘사했다. "그렇다면 우리의 새로운 통신도구는 무엇에 쓰이게 될까?" 레비는 미국인과 유럽인들에게 이렇게 물었다. 그들은 전화 접속 모뎀을 통해 흑백 모니터를 갖춘 대형 데스크톱 컴퓨터에 연결된 온라인 미디어의 즐거움을

---

* 17, 18세기 영국 등 유럽에서 전문 직종의 사람들, 일반인들이 커피를 마시면서 자유롭게 의견과 정보를 주고받는 일종의 토론장 역할을 했다.

맛보도록 초대받았다. 레비는 설명한다. "사회적으로 가장 유용한 인터넷의 목표는 틀림없이 우리 자신에게 도구를 공급해 주는 것이 될 것이다. 집단적 지성이나 상상력의 구축에 있어서 우리의 정신적 능력을 공유할 수 있는 도구들 말이다. 인터넷으로 작업된 데이터는 생활 공동체의 집단 두뇌나 하이퍼코텍스hypercortex*의 기술적 인프라를 제공할 것이다." 레비는 우리가 지식의 토대로서 무거운 문서에 의존하는 것에서 일단 해방되면 뛰어난 창조성의 이상향에 도달할 것이라고 장담했다. 지식은 순전히 사회적인 것일 터이다. 레비는 구글 탄생 3년 전, 페이스북 탄생 9년 전에, 이들 둘 모두가 타당한 이유를 예측했다.

그 성가신 인간들과 그들의 역사, 정체성, 동맹, 가정, 편견, 힘의 불일치가 없었다면 그러한 신화의 대부분은 꽃을 피울 수 있었을 것이다. 신화의 핵심 윤리에 동의하지 않았던 수백만, 그 뒤엔 수십 억 명의 사람들이 '인터넷'을 일단 손에 넣자 자신들의 욕망과 습관에 맞춰 미디어를 만들었다. '인터넷'은 그것을 사용한 사람들을 따라 좋기도 하고 나쁘기도 했다. 그것은 확실히 사람들의 일상생활과 사람들에 대한 가정을 변화시켰다. 하지만 사람들은 '인터넷'을 더 많이 바꾸었다.

1995년 또는 1996년경 북미와 서유럽에서, 이어 2002년 또는 2004년까지 전 세계에서 인터넷이 시작되자마자 변화가 나타났다. 그 무렵 디지털 통신 채널의 상용화가 정부와 기술기업들 모두의 첫째 관심사였다. 반체제인사와 테러리스트에게 힘을 실어 주고, 은행과 신용카드 거래를 안전하게 해 주는 강력한 암호화가 2000년까지 널리

---

* 개인 지성이 실시간으로 모여 형성한 공동체적 지혜.

확산되었다. 구글은 스탠포드 대학의 컴퓨터 과학 연구실에서 뛰쳐나와 WWW의 질서를 구축했다. 그에 따라 우리는 결정을 내릴 때 구글 프로그래머가 정해 준 방식에 따라 다른 웹 사용자들의 지혜를 빌릴 수 있게 되었다. 주목은 돈벌이의 한 방식이 되었다. 데이터도 또 하나의 돈벌이 방식이 되었다.

그러자 사물things에 집중되었다. 2004년까지 구글은 다른 디지털 플랫폼 개발의 모델 역할을 하는 두 가지 개념에 통달했다. 구글은 광고 경매 시스템을 구축했고 자체적으로 사용자들 사이에서 감지한 패턴을 반영하기 위해 광고를 타깃팅했다. 구글은 또한 홈페이지를 활용해 돈을 벌 수 있는 광고 시장을 도입했다. 캘리포니아 주 마운틴 뷰*에 돈이 쏟아졌고 그 이후로도 돈 줄기가 약해지지 않았다. 2010년까지 구글은 WWW와 e메일 분야를 독차지했다. 도서관, 학교, 대학, 정부, 신문사, 출판사, 엔터테인먼트 회사 및 소매점들은 구글을 성공의 모범사례로 바라보았다. 몇몇은 저작권과 프라이버시에 관한 문제로 구글과 싸우기도 했으나, 이들 중 다수는 자체 기업 구조조정을 위해 구글과 공개적으로 협력했다.

애플은 2007년 아이폰을 선보였다. 그것은 지금까지 나온 것 중 가장 흥미롭고 가장 좋은 것이었다. 구글 소프트웨어에서 주로 실행되는 아이폰과 복제 스마트폰들은 우리의 조수가 되었고, 우리 주변의 데이터 흐름과 지속적으로 연결해 주는 원천이 되었다. 또 우리를 위대한 데이터베이스에 연결시켜 주었고 우리의 생각과 움직임을 기록해 왔다. 그것들은 우리에게 말을 거는 고삐이다. 가장 중요한 것은,

---

* 구글의 본사 단지. 모회사 알파벳도 이곳에 있다.

모바일 기기가 우리 이미지와 소리를 기록한다는 점이다. 그리고 그것들은 영리기업과 국가의 이익을 위해 가동되는 거대하고 국제적인 감시활동에 우리들의 이름을 올려놓았다. 그것들은 데이터의 흐름에, 그 데이터를 소유한 회사들에 우리들을 연결시켰다.

우리는 캔디크러쉬 게임을 시작한다. 우리는 우리의 셀프카메라에 개의 귀와 사슴의 뿔이 나오는 필터를 붙이기 시작한다. 그리고 우리는 밤낮으로 우리에게 울어 대고 윙윙거리는 이 작고 값비싼 플라스틱과 유리 덩어리를 끼고 산다. 그것으로 아이 돌보기, 직장 일, 연애, 돈 관리, 교통, 사교생활을 아슬아슬하게 때워 간다. 점점 더 어렵고 불안정한 우리의 삶을 모바일로 관리하게 된다.

구글이 결코 마스터할 수 없는 것 하나는 소셜 네트워킹이었다. 친구, 친구의 친구, 그리고 전혀 모르는 사람들 사이의 연결을 추적하고 지원한다는 개념 말이다. 구글이 디지털 문화의 궁극적인 측면에서 시장을 독식하기에는 너무 늦어 버린 시점 이전에는 구글의 리더들에게 이것이 떠오르지 않았다. 2004년 이후 우리는 활동과 소통에 있어서 일상적이고, 직접 얼굴을 맞대고, 현실 세계에서 해 오던 것을 페이스북으로 꾸준히 옮겨 갔다. 페이스북은 현재 22억 명 이상의 사람들이 그들의 정치적 삶을 수행하고, 이익과 열정, 그리고 증오를 공유하는 사람들과 연결하며, 자신의 정체성과 소속을 선언하는 매체다. 페이스북은 점점 더 사람들에게 여흥, 오락, 정보, 위안의 원천이 돼 간다. 그리고 우리의 최고, 최악의 집단적 습관 일부를 증폭시켰다. 확실하게 악화된 것 한 가지는 문제를 함께 생각하는 우리의 능력이다.

테크노폴리

구글과 페이스북 사이에서 우리는 전 세계적인 부와 힘의 집중을 목격했다. 영국과 네덜란드의 동인도 회사가 광대한 영토, 수백만 명의 사람들, 그리고 가장 가치 있는 무역로를 지배했던 이후 보지 못했던 양상이다. 놀랍게도, 동인도 회사들과 달리, 구글과 페이스북은 폭력적이지 않고 별로 관계도 없는 국가 지원만으로 이 업적을 달성했다. 동인도 회사들처럼, 그들도 선교 정신에 호소함으로써 전 세계에 걸친 자신들의 열정과 분노를 변명한다. 즉 "결국은 우리가 세상을 더 좋게 만들고 있지 않은가?" 하는 것이다. 그들은 우리를 불러들였고, 우리를 속여 우리 스스로 그들의 돈과 힘의 수단으로 활용되는 것을 허용하도록 했고, 우리의 활동내역과 신분에서 데이터를 뽑아냈고, 주요한 이념운동을 전개해, 이 모든 것을 이뤄 냈다. 이것이 1992년 닐 포스트먼이 '테크노폴리technopoly'*라고 묘사한 것이다.

포스트먼은 "테크노폴리는 문화의 상태"라고 했다. "그것은 또한 정신 상태이다. 그것은 기술의 신격화로 구성되어 있다. 즉 문화는 기술에 대한 인증을 추구하고, 기술에 대한 만족을 찾으며, 기술로부터 주문을 받는다는 의미이다." 이러한 이념적 지배는 과거의 모든 안정된 신념체계의 희생을 요구한다. 그래서 과거의 것이든 현재의 것이든 간에, 제도에 대한 신뢰는 퇴색한다.51 이러한 이념적 변화에서 그것을 예측하고 처방한 사람들이 승리자로 보인다. 결국은 이미 특권적이고 지식을 갖춘 사람들의 부분집합일 뿐이다.

---

* 기술이 인간을 지배하는 상태.

포스트먼은 또 "테크노폴리에서 가장 편안함을 느끼는 사람들은, 기술적 진보가 인류의 최고의 성취이며 우리의 근원적인 딜레마를 해결할 수 있는 도구라고 믿는 사람들"이라고 했다. 그는 이어 이렇게 말했다. "그들은 정보라는 것을 섞인 것이 없는 순수한 축복이라고 믿는다. 또한 계속적이고 통제되지 않는 정보의 생산과 보급을 통해 자유, 창의성, 그리고 마음의 평화가 제공된다고 믿는다." 포스트먼은 "테크노폴리는 올더스 헉슬리가 소설 『멋진 신세계』에서 개략적으로 설명한 바로 그 방식으로 자신의 대안을 제거한다"고 말했다. 그의 설명이 이어진다. "테크노폴리는 다른 대안들을 불법적인 것으로, 부도덕한 것으로, 인기 없는 것으로 만들지는 않는다. 다만 테크노폴리는 대안들을 보이지 않게, 무관하게 만든다." 그래서 우리는 여전히 책을 읽고, 강의를 듣고, 근처 술집과 이발소에서 논쟁한다. 그런데 그 사이에, 포스트먼이 '생각하는 세계'라고 불렀던 그 모든 실행들은 중요한 것들로부터 사라진다.

페이스북, 또는 위챗, 트위터, 유튜브, 웨이보weibo, 스냅챗, 인스타그램에서 그런 일이 생기지 않았다면, 그런 일은 아예 없었을 것이다. 테크노폴리는 갑자기 일어나지 않았다고 포스트먼은 설명했다. 그것은 20세기의 여명기부터 서서히 들어왔다. 포스트먼은 TV가 우리의 생각과 삶을 지배할 때 테크노폴리가 정점에 도달했다고 생각했다. 우리는 이제 채널의 수를 세다가 잊어버렸다. 채널이 너무 많은 게 문제다. 우리가 고급 정보나 신뢰할 수 있는 출처를 필터링하는 데 의존하는 소수의 기관들은 굶어 죽고 왜곡되어 가고 있다. 페이스북이나 구글의 문화적, 시장적 힘 때문이다. 우리는 그늘지고, 좁고, 조작하려 들고, 과장된 것들이 너무 많은 곳에 있다. 과장법은 페이스북에 보상을 준다.

그것은 더 이상 '인터넷'에 관한 이야기가 아니다. 인간 활동의 효율성을 높이기 위해 시너지가 나오는 일련의 기술들의 힘과 영향에 관한 이야기이다. 일련의 기술 요소는 복잡하고 유연한 알고리즘을 통해 방대한 양의 데이터를 처리할 수 있는 강력한 컴퓨터, 저렴한 데이터 저장 장치data storage, 빠른 데이터 연결, 장치 및 어플라이언스appliance* 또는 인체에 적합한 소형 컴퓨터 등이다. 이제 그것은 우리 삶의 운영체제에 관한 것이다.

저항과 탈퇴

2013년 유명한 인터넷 문화 작가 더글러스 러쉬코프Douglas Rushkoff는 'CNN닷컴CNN.com' 칼럼에서 페이스북 탈퇴를 선언했다. 페이스북이 작동하는 방식, 페이스북이 강화시키는 것들, 그리고 페이스북이 모호하게 하는 것들은 그의 가치와 맞지 않았다. 러쉬코프는 "페이스북은 그저 그런 기술일 뿐"이라며 페이스북이 특히 위험하고 정직하지 못하다고 썼다. 페이스북은 '페이스북 친구들'이라는 용어를 사용해 모든 관계를 수평적 거래의 연결로 취급한다. 그리고 페이스북은 우리의 노동을 착취한다. 러쉬코프는 "수 억 명의 페이스북 사용자들이 꼼꼼하게 페이지를 꾸며 가느라 들이는 노력에 비하면 페

---

* 운영체제나 응용소프트웨어를 설치할 필요 없이 전원만 켜면 바로 사용할 수 있는 정보기기 장치로 주로 인터넷에 접속해 사용한다.

이스북 멘로파크 사옥에서 수천 명의 직원들이 기울인 노력은 희미하다"고 했다.52

근본적으로 러쉬코프는 페이스북이 우리의 창작 콘텐츠와 데이터를 자신의 목적으로 용도 변경했던 방식들을 찾아냈다. 이 과정은 페이스북의 핵심적인 주장 및 조언과는 모순되었다. 문제는, 2013년의 페이스북이 이미 막강해, 페이스북에서 빠져나오면 다른 사람들 눈에 보이지 않게 된다는 것을 의미하게 됐다는 점이다. 2018년까지 확실히 세계의 많은 부분에서 그렇게 됐다. 나도 여전히 페이스북 사용자이며 그만둘 계획이 없다.

페이스북의 중대한 영향력에 대해 우리는 무엇을 할 수 있을까? 아쉽게도 많지는 않다. 이 글을 읽은 사람들 모두가 오늘 페이스북 계정을 탈퇴해도 페이스북의 수익이나 계량지표에는 일시적 문제로도 올라가지 않을 것이다. 저항은 소용없다. 이 글을 읽은 모든 사람들이 페이스북의 기능 중 일부를 바꾸거나 세계에 미치는 영향을 더 깊이 고려하라고 촉구하는 편지를 페이스북에 보냈다고 하자. 회원 수가 너무 방대해 페이스북의 어느 누구도 반응하거나 답변하지 않을 것이다. 우리가 광고주들에게 페이스북에 항의하도록 압력을 가했다 해도, 그들이 우리를 지지하리라 기대해서는 안 된다. 페이스북이 창출한 수익원에서 이탈하는 선택은 기업의 과오가 될 것이다.

그러나 저항은 필요한 것 같다. 즉각적인 대응이 없을 것 같다고 해서 문제를 설명하고 개입을 요구하는 것을 단념해서는 안 된다. 공중담론의 질적 저하와 전문가와 기관에 대한 신뢰의 침식을 우려하는 사람들이 기술원리주의에 도전하는 캠페인을 벌여야 한다. 그것은 때때로 수십 년 또는 수 세기에 걸쳐 결과를 낳는다. 나는 곧 이 책보다 더 강력한 책이 뒤따를 것이라고 확신한다. 학술논의도 계속되고 발전돼야 한다. 그러면 능력 있는 활동가들이 분명하고 달성 가능한 의제를 들고 나올 수 있다. 현재 이러한 문제를 우려하는 학자와 평론가, 작가, 활동가, 정책 입안자들의 공동체가 커질 것 같다.

페이스북이 만들어 내고, 드러내거나, 증폭시키는 문제에 대한 가장 유익한 대응은 깊고 의미 있는 지식을 창출하는 기관들에 재투자하고 그것들을 강화하는 일일 것이다. 우리는 전 세계의 과학 공동체, 대학, 도서관, 박물관을 지원해야 한다. 우리는 또한 가장 시급한 과제에 대응하기 위해 전문성을 활용할 수 있는 더 좋은 저널리즘, 토론 포럼, 위원회를 통한 숙의를 강화해야 한다. 우리는 어리석었다. 그간 우리는 잃은 것들을 고려하지 않고 투자가 이러한 기관들로부터 '혁신'을 장담하는 사업으로 흘러가게 했다. 이런 것이 계속돼서는 안 된다.

규제와 개혁

이 문제 극복을 위한 몇 가지 정책적 개입이 있다. 그것은 프라이버시, 데이터 보호권, 그리고 독점 금지와 경쟁의 영역에 놓여 있다. 이 분야에서 EU는 미국보다 시민들에게 더 나은 서비스를 제공한다. 오랫동안 미국의 정책은 잠재적 피해에 대한 우려보다 기업의 이익, 특히 혁신을 우선시해 왔다. 미국에서 피해는 '입증할 수 있는 금전상의 손해'로 한정되어 있다. 수천 명의 사람들이 매일 괴롭힘을 당하고 있어도 미국 정책입안자들은 그 문제를 체계적으로 해결할 동기를 갖지 못했다. 유럽에서는 경쟁정책이라고 부르는 미국의 독점금지법도 최근 수십 년간 부진해졌다.

우리가 할 최소한의 일은 세계적으로 EU식 데이터 보호법을 채택하는 것이다. 개인은 자신이 생성한 데이터가 민간 기업에서 어떻게 사용될 것인지를 알 권리를 가져야 한다. 사람들은 페이스북이나 구글 같은 기업의 사용자 자료 기록에서 자신의 데이터를 제거할 수 있는 권한을 가져야 한다. 이러한 권리와 권한에 대한 토대가 유럽의 프라이버시와 데이터 보호법*의 최신 버전에 들어 있다. 페이스북은 EU의 표준에 부합하도록 세계적으로 자신의 관행의 일부를 바꿀지도 모른다. 물론 그러지 않을 수도 있다. 브라질, 인도, 호주, 캐나다, 멕시코, 일본, 미국 등 주요 국가들은 EU의 데이터 보호법을 모델로 해 EU를 따라가야 한다.

반독점을 위한 강력한 정책 개입은 페이스북이라는 권력 집중을 해소하는 최선의 방법이 될 것이다. 미국은 페이스북을 해체해야 한다.** 페이스북의 핵심 애플리케이션과 회사로부터 와츠앱, 인스타그램, 오큘러스 리프트, 그리고 페이스북 메신저를 분리해야 한다. 각

---

* 유럽의 개인정보데이터보호법GDPR(General Data Protection Regulation)은 2018년 5월 25일 시행에 들어갔다. EU 내 기업이나 해외에서 EU시민의 개인정보를 처리하는 기업은 개인 데이터와 정보를 보호하기 위해 필요한 사항들을 갖춰야 한다. 빅데이터는 공익을 위한 기록보존, 과학 또는 연구, 통계 등 목적의 개인정보 처리의 경우 가명처리 등 안전장치가 있으면 정보주체의 동의가 없어도 추가적 처리가 가능하다. 벌칙으로 최고 2,000만 유로 또는 연 매출액의 4%의 벌금에 처할 수 있다.

** 미국 정부 내에서도 IT 대기업 해체론이 거론되는 것으로 미국 매체에 보도되었다. 미 법무부 반독점 담당 마칸 델라힘Makan Delrahim 국장은 2019년 10월 22일 「월스트리트저널 WSJ」의 '테크 라이브Tech Live' 행사에서 실리콘밸리 대기업들을 해체하는 방안도 테이블에 올라와 있다고 말했다. 그는 "소비자들이 기술 혁명의 혜택을 받고 있지만 시장에서 권한을 남용하는 기업이 있느냐가 큰 문제"라면서 "국가 대표 기업들이라고 해서 배려하는 건 부적절하다"고 덧붙였다.

부문이 별도로 존재하면서 노동, 자본, 사용자, 데이터, 광고주를 놓고 서로 경쟁해야 한다. 향후 인수합병M&A은 데이터가 급증한 페이스북, 또는 인스타그램, 또는 오큘러스 리프트의 잠재력에 대해 심각한 의문을 제기할 것이다.

미국 반독점법에 관한 현행 이론으로는 그러한 분리가 불가능하다. 현재는 소비자 가격이 집중에 따른 정치적 영향력이나 사회적 결과보다 더 중요하다. 페이스북 사용자들은 서비스를 무료로 사용하고 광고주들은 선택할 시장참여자들이 많다. 따라서 단기적으로는 반독점적 개입의 명확한 근거가 없다. 페이스북과 구글의 부상은 세계적으로 반독점법과 경쟁법의 정신과 목적에 대한 심도 있는 검토를 촉발할 것이다.*

어쩌면 우리는 아무것도 실행할 필요가 없을지도 모른다. 인간은 회복력이 있다. 우리는 페이스북이 만들거나 증폭시키는 것보다 더 큰 굴욕과 약탈을 견뎌 왔고, 또 견디고 있다. 우리는 저항 방식, 개혁계획, 그리고 최적 규제를 찾아낼 수 있을 것이다. 그러면 문화적, 시장적, 정치적 세력들이 이 모든 것을 해결하도록 해 줄 수 있다. 컴퓨터 기술이 인간의 삶을 향상시키고 마음을 연결시켜 준 40년 동안 우리가 해 온 일이 그것이다.

---

* 미 연방거래위원회와 법무부의 반독점 조사를 받고 있는 페이스북은 주 정부의 조사도 별도로 받고 있다. 2019년 10월 미국 언론에 따르면 페이스북에 대해 반독점 조사를 벌이고 있는 미국 주 정부가 전체 51개 가운데 47개에 이른다. 조사를 주도하고 있는 레티샤 제임스Letitia James 뉴욕 주 검찰총장은 "각 주 검찰총장들은 페이스북이 이용자 데이터를 위태롭게 하고 소비자 선택권의 질을 저하시키는 한편 광고료를 인상했을 수 있다고 우려하며 가능한 모든 수단을 동원해 조사할 것"이라고 밝혔다. 또한 아일랜드 데이터보호위원회IDPC는 페이스북이 EU의 GDPR을 위반했다는 혐의에 대해 조사 중이라고 발표했다.

하지만 페이스북은 현재 잘못됐다. 그리고 마크 저커버그조차도 무언가 깊이 잘못되었다는 것을 알고 있는 것 같다. 그는 심지어 페이스북이 위협의 증대에 한몫했을 수 있다는 것을 인정하는 것 같다. 아아, 저커버그가 모든 걸 잘못해 왔구나. 그는 불충분하거나 역효과를 낳는 대응방안들을 제시해 왔다. 그리고 그는 듣고 실험하는 것을 실제 학습으로 잘못 이해했다. 2016년 11월 미국 대선 직후 저커버그는 페이스북이 허위정보와 선전물을 배포하는 과정에서의 역할에 대한 우려를 일축했다. 더 이상 사실을 무시할 수 없게 되자, 그는 사실인지 의심스러운 콘텐츠에 표시하도록 지원할 뉴스 매체를 등록하게 하는 계획을 미국에서 시작했다. 품질 표시는 페이스북 사용자들이 이미 거부했던 것이다. 그걸 믿을 것이라는 기대하에 다른 유사한 실험들이 뒤따랐다. 페이스북은 확증 편향과 자화자찬을 바로잡는 아무런 조치도 하지 않았다. 페이스북은 점점 더 많은, 그리고 더 나은 정보가 선전의 영향을 최소화해 주기를 희망했을 뿐이다. 그것은 그간의 모든 증거 및 경험들과는 반대로 가는 길이다.

더 나쁜 것은, 저커버그가 페이스북 그룹을 세계를 질식시키고 있는 악의적 세력의 해결책이라고 밀어붙였다는 점이다. 페이스북 그룹은 같은 마음을 가진 사람들이 효율적이고 효과적으로 대화를 나누고 조직할 수 있도록 해 준다. 그러나 그것이 이해관계나 이데올로기적 거리를 뛰어넘는 조우나 몰입을 용이하게 하지는 않는다. 페이스북 그룹에 대한 강조는 오히려 사회와 국가들을 더욱 분열시킬 뿐이다. 지구가 평평하다고 다른 사람들에게 납득시키기 위해 애쓰는 수백 개의 페이스북 그룹들도 존재한다. 이런 사실은 알면 페이스북의 리더들 사이에 페이스북 그룹을 성장시키는 것이 페이스북의 정보 생태계를 발전시키지 못할 수도 있다는 의구심이 생겼어야 했다.

그럼 실리콘밸리는 스스로 개혁할 수 있을까? 동료 집단의 압력이 페이스북에 영향을 미칠 수 있을까? 구글의 제품 관리자였던 트리스탄 해리스Tristan Harris는 그것이 가능하다고 믿는다. 그는 기술 리더들이 카지노와 같은 설계 기법의 사용을 자제하고, 방대한 데이터 수집에 덜 의존하도록 광고 관행을 개혁해야 한다고 주장한다. 그는 이런 설득을 하기 위해 구글을 떠나 비영리 단체를 설립했다.* 해리스는 인터페이스 설계자들에게 영향을 주려고 한다.

그러나 실망스럽게도, 해리스는 페이스북과 구글이 세계 역사상 가장 강력하고 수익성이 높은 광고 회사로 부상하기 위해 방대한 양의 데이터를 수집하고 이용하도록 강요한 동기에 대해 아무런 반응을 보이지 않는다. 해리스는 또 중독성 기능을 억제하기 위해 기기, 플랫폼 및 애플리케이션을 설계하는 사람들에게 동기를 주지 않는다. 기업이 더 인간적이고, 더 윤리적인 설계를 앞장서서 추진할까? 기업이 주목 경제를 활용하는 개인 맞춤식 광고를 앞장서서 포기할까? 그런 계획들은 실패할 것이다. 게다가 실리콘밸리의 모든 회사가 해리스 식의 행동강령을 채택해도 다 되는 게 아니다. 마닐라, 모스크바, 뭄바이 Mumbai에서 온 회사들의 시장 진출을 막을 수는 없을 것이다.53

여기서 해리스와 실리콘밸리 개혁가들이 쓰러지고 만다. 복잡한 문제에 대한 비정치적인 대응은 아마도 효과가 없을 것이다. 우리는 인

---

* 해리스는 애플 출신 인터페이스 디자이너인 아자 래스킨Aza Raskin, 페이스북 투자고문을 지낸 로저 맥나미Roger McNamee 등과 함께 2013년 인도적 기술센터CHT(Center for Humane Technology)를 공동 창립했다. 이들은 "디지털 몰입 위기를 되돌려 놓고 인류 최선의 이익을 위해 기술을 재편해야 한다"고 주장한다.

식 제고, 지지세력 결집, 의제 정의, 동맹 구축을 위한 정치운동을 조직해야 한다. 이 운동은 세계적이어야 하고, 적어도 다국적적이어야 한다. 이 운동은 시장과 경쟁을 통해, 입법을 통해, 다자간 표준 제정 기구를 통해 페이스북과 다른 회사들에 압력을 가해야 한다. 기업이 책임감 있게 행동한다는 생각은 독선의 자만심을 불러일으킨다. '악이 되지 않겠다'고 선언하는 것과 잘못을 범할 수 없다고 믿는 것 사이에는 차이가 있다. 엄격한 국가 규제의 위협과 힘만이 기업들로 하여금 바로잡게 할 수 있다. 당연히 그렇게 돼야 한다.

내 계획도 여기서 어그러진다. 미국의 '정책'이라는 개념은 잔인한 농담이다. 미국 연방 정부와 모든 주 정부는 진지한 정책 업무에 전념하는 사람들로 가득하다. 어떤 사람들은 입법부를 위해 일한다. 또 다른 사람들은 기관이나 위원회를 위해 일한다. 그리고 많은 사람들이 비정부기구와 싱크탱크를 위해 일한다. 정치적 설득력을 지닌 사람들로 구성된 이 정책 집단은 전통적으로 명확한 규범을 따른다. 그러나 도널드 트럼프 대통령 취임 이후 이 모든 것이 바뀌었다. 그는 연방기관에 정책의 규범과 전통을 진지하게 받아들이지 않는 사람들을 배치했다. 그들은 트럼프와 그의 지지자들이 제시한 의제들의 관심사만 실행할 뿐이다. 그래서 미국의 연방기관들은 거의 즉시 데이터 프라이버시 보호를 철회하고 네트워크 중립성 폐지에 착수했다. 이 모든 것은 연구도 하지 않고, 공식 논평도 없이, 객관적인 분석이나 공익에 대한 고려도 전혀 하지 않은 채 이루어졌다.

트럼프 정부는 냉소적인 태도 그 이상이다. 정부가 정책 입안자와 정책 과정을 다시금 존중하기 전까지 미국 기업들과 소비자들은 결코 안정과 안전을 누릴 수 없을 것이다. 진지한 사람들은 이러한 문제들을 연구해야 한다. 모든 이해당사자들을 고려하는 제안서를 작성해야 한다. 그것들을 신중하게 소개하고, 그것들의 효과를 평가하고, 앞으로의 최선책에 대해 정직하게 논의해야 한다. 그것이 불가능한 꿈인 것 같지만 우리는 최근까지도 그렇게 해서 얻는 것이 있었다.

유럽, 캐나다, 일본, 한국, 호주, 브라질, 멕시코, 뉴질랜드, 그리고 심지어 인도에서도 합리적인 정책들이 나올 수 있다는 희망이 여전히 있다. 그러나 꼭 필요한 운동과 숙의에 대한 전망은 해가 가면서 점점 흐릿해져 가고 있다. 반이성적, 권위주의적, 국수주의적 운동이 페이스북에 의해 힘을 얻기 때문이다. 증가하는 비자유주의적 과점oligopoly에 저항하고 우리의 정보 생태계를 개혁하기 위해 세계 차원의 입장을 취하려면, 우리는 그것을 곧 해야 한다. 날이 빠르게 어두워지고 있다.

감사의 말

　나는 뉴욕대학교NYU(New York University)의 한 학과에서 닐 포스트먼과 함께 일하면서, 기술과 사회에 대해 내가 생각하거나 펴낸 모든 것에 영향을 준 사람들과 일할 기회를 얻었다. 먼저 헬렌 니센바움이다. 그녀는 컴퓨터 윤리라는 응용철학 세부 분야의 지도자들 사이에 이미 잘 알려져 있었다. 나보다 1년 뒤에 교수진에 합류하면서 내게는 믿을 수 있는 동료 겸 멘토가 되었다. 검색 엔진의 윤리성에 대한 그녀의 연구는 내 책 『모든 것의 구글화The Googlization of Everything』의 기본적인 아이디어 역할을 했다. 프라이버시를 '문맥적 무결성'으로 파악하는 그녀의 생각은 그 책과 이 책 모두에 영향을 미쳤다.

　마이클 짐머Michael Zimmer는 도덕적 헌신에다 예리한 분석적 사고

방식과 타의 추종을 불허하는 직업윤리를 결합시켰다. 그는 닐 포스트먼과 헬렌 니센바움의 영향을 자신의 뛰어난 통찰력과 결합시킨다. 그의 저작은 이 책의 모든 페이지에 영향을 미쳤다. 구체적으로 마크 저커버그의 대중 연설과 글들을 수집한 마이클의 아카이브 프로젝트는 나의 연구에 필수적이었다. 그런 자원 없이 페이스북에 관한 책을 쓰려는 사람이 불쌍하다. 밀워키의 위스콘신 대학University of Wisconsin이 만든 저커버그 파일을 통해 나는 마크 저커버그의 인터뷰를 읽고, 그의 TV 출연을 시청하고, 그의 대중 연설을 들을 수 있었다.54

앨리스 마윅Alice Marwick은 워싱턴 대학University of Washington에서 석사 논문을 쓰고 박사과정에 입학했다. 그 논문은 내가 보기로는 소셜미디어라고 불리는 새로운 현상에 관한 최초의 학문적 접근이었다. 앨리스는 나의 강의 조교와 연구 조교로 일했다. 2005년 존 스튜어트Jon Stewart가 진행하는 〈데일리쇼The Daily Show〉* PD한테서 쇼에 출연할지를 묻는 전화를 받았을 때, 나는 그 제안을 재빨리 받아들였다. 코미디언 드미트리 마틴Demetri Martin이 나오는 '시니어 청년 특파원'이라는 패러디 코너에서 소셜미디어 '전문가' 역할이었다. 승낙을 하고 나서 내가 소셜미디어에 대해 거의 아무것도 모른다는 것을 깨달았다. 이때 앨리스가 몇 가지 아이디어를 말해 주었다. 나는 그녀의

---

* 1996년부터 '코미디 센트럴Comedy Central' 채널에서 방영 중인 정치 풍자 뉴스프로그램. 존 스튜어트가 1999~2015년 진행했고, 뒤를 이어 트레버 노아Trevor Noah가 진행 중이다.

논문을 다시 읽었다. 덕분에 나는 심술궂고 냉소적인 늙은 교수 역할을 할 수 있었고, 소셜미디어에 대해 딱 부러지게 말하는 모습으로 과분한 평가를 많이 받았다. 지난 십여 년 동안 앨리스는 디지털 미디어 분야에서 빛나는 논문을 쏟아 냈다.

이 책에 대한 가장 큰 지적 영향력을 준 사람은 다나 보이드일 것이다. 그녀는 UC버클리University of California, Berkeley에서 박사학위를 받고 뉴욕으로 건너가 네트워크, 데이터, 프라이버시, 기타 중요한 것들의 사회적 영향을 연구하는 싱크탱크인 '데이터와 사회'를 출범시킨 뒤 몇 년 지나서 뉴욕대학으로 자리를 옮겼다. 다나는 블로거 시절부터 일찌감치 내게 감동을 주었고, 디지털 미디어를 이해하려고 애쓰는 많은 사람들을 재치, 양심과 박식함으로 감동시켰다. 우리의 지적 관계는 상호적인 것과는 거리가 멀다. 내가 '데이터와 사회'와 어울릴 수 있도록 해 주었다. 다나의 아이디어들이 이 책의 모든 페이지에 퍼져 있다.

영감이 피어오르던 2014년의 3개월 동안 낸시 베임Nancy Baym이 나를 매사추세츠 주 케임브리지에 있는 MS 연구소에 초대하지 않았다면 이 책은 가능하지 않았을 것이다. 타를레톤 길레스피Tarleton Gillespie, 메리 그레이Mary Gray 등과 함께 시간을 보내고 아이디어를 공유했다.

나는 페이스북 및 그 회사의 주요 경쟁업체들을 포함해 어떠한 소셜미디어 플랫폼 회사로부터 연구기금이나 직접 지급되는 돈을 받은 적이 없음을 밝힌다. 2014년 케임브리지에 상주하면서 일하고 MS 연구소로부터 수당을 받은 적은 있다. 페이스북에 관한 책을 쓰기로 결정하기 2년 전이었다. MS는 2007년 페이스북에 2억 4,000만 달러(지분율 1.6%)를 투자했고, 현재 투자 규모는 분명하지 않다. 나는 어떤 주식도 판 적이 없고, 기업 비판을 이용해 이익을 얻은 적도 없다. 내 퇴직저축의 대부분은 미국사학연금이 관리하는 광범위한 주가지수 펀드에 투자되고 있는데, 사학연금은 페이스북 주식에도 투자한다. 나는 그 외의 주식이나 채권 투자는 하지 않는다.

나는 내 책이 주목받지 못하는 사회적, 문화적 비평의 풍부한 전통에 기반을 두기를 바란다. 이 책은 소스타인 베블런Thorstein Veblen, C. 라이트 밀스C. Wright Mills, 제임스 볼드윈James Baldwin, 제인 제이콥스 Jane Jacobs, 한나 아렌트, 리처드 세넷Richard Sennett, 수전 손택, 크리스토퍼 래쉬Christopher Lasch, 토니 주트, 수잔 더글러스Susan Douglas, 토드 기틀린Todd Gitlin, 판카지 미슈라Pankaj Mishra를 관통하는 계보를 갖고 있다. 그들의 저서를 다시 읽는 것은 내가 논거의 틀을 짜고 글 전개 속도와 흐름을 정하는 데 도움이 되었다. 닐 포스트먼의 목소리는 내가 이 책을 구성할 때 내 머릿속에서 가장 크게 들렸다. 우리의 대화에 관한 기억, 특히 그 첫 번째 대화는 여전히 강렬하다.

3장의 많은 부분은 이전에 내가 「헤지호그 리뷰Hedgehog Review」

에 쓴 글에 들어 있었다.55 편집자 제이 톨슨Jay Tolson은 친절하게도 이 책에 그것을 사용할 수 있도록 허락해 주었다. 페이스북과 소셜미디어를 받아들이기 위한 나의 첫 번째 노력은 앨리스 마윅, 진 버지스Jean Burgess, 토마스 포엘Thomas Poell이 편집한 「소셜미디어에 관한 세이지 핸드북Sage Handbook of Social Media」의 한 장을 쓸 때 나왔다. 내가 그 글을 위해 짜낸 아이디어들이 결국 이 책에 실렸다.

2017년 초 나는 케임브리지 대학 예술사회과학인문연구센터의 학자들 앞에서, 그리고 며칠 후에는 옥스포드 인터넷연구소에서 이 책의 주요 골자를 발표할 수 있었다. 또 2017년 가을 시카고 인문학축제에서 이 책을 바탕으로 강연을 했고, 첫 오바마재단 서밋에서 책이 주장하는 주요 포인트를 소개했다. 나는 그 행사에서 대통령과 영부인께 내 생각을 제시할 수 있는 기회를 가졌던 것을 늘 감사히 여길 것이다.

내가 최고의 영광으로 여기는 버지니아 대학의 교수직을 나에게 부여해 준 리사Lisa와 팀 로버트슨Tim Robertson의 관대함 덕분에 이 책을 위한 연구가 가능했다. 버지니아 대학의 레오나드 쵸파Leonard Schoppa 사회과학부 학장과 이안 바우컴Ian Baucom 예술과학대학원장의 지지와 격려에도 힘입었다. 테레사 설리번Teresa Sullivan 총장은 재직 중 내내 나를 격려했듯이 이 책의 구성 전반에 대해 격려해 주었다. 미디어학과와 미디어시민센터의 동료들은 몇 년 동안 나의 여행,

나의 강박관념, 그리고 나의 산만함을 참고 견뎌 왔다.

나에게 가장 큰 동기부여와 가장 깊은 보상은 나의 학생들로부터 온다. 그들은 매일을 즐거움으로 만들어 준다.

이 책은 나의 아이디어가 아니었다. 오랫동안 잡지 편집장을 지내왔고 텍사스의 오랜 친구였던 마크 워런Mark Warren은 우리 생애 최악의 선거 몇 주 후에 나를 방문하기 위해 뉴욕에서 샬러츠빌로 차를 몰고 내려왔다. 그는 동지애, 비전, 그리고 사명감을 찾고 있었다. 그는 위대한 미국을 덮친 2016년의 치욕에 어떻게 대응해야 하는지 알고 싶어 했다. 우리는 명확하고 차분하게 사고하고 소통하며 진실과 거짓을 구별하는 우리의 능력을 떨어뜨리는 데 페이스북이 어느 정도 역할을 했는지 궁금했다. 도널드 트럼프의 선거캠프가 데이터를 활용해 유례없이 정밀하게 유권자들을 공략하도록 페이스북이 어떤 지원을 했는지를 생각해 봤다.

마크는 내게 "페이스북이 우리에게 어떤 짓을 했는지 책을 써야 한다"고 말했다. 저녁 식사를 함께한 「버지니아 쿼터리 리뷰Virginia Quarterly Review」의 편집장 앨리슨 라이트Allison Wright가 이 말에 즉각 동의했다. 나는 아내 멜리사 헨릭슨Melissa Henriksen을 바라보았고, 그녀는 고개를 끄덕였다. 그것이 내게 필요한 전부였다. 다음 날 아침 나는 제안서 초안과 장별 개요를 정리했다. 마크, 멜리사, 앨리슨은 그것을 잘 다듬도록 도와주었다. 나의 훌륭한 에이전트 샘 스톨로프Sam

Stoloff는 강한 열정으로 제안서를 확실하게 편집해 주었다. 그는 그것을 며칠 후에 발송했다.

옥스포드 대학 출판부의 오랜 친구 데이비드 맥브라이드David Mc-Bride와 니코 펀드Niko Pfund가 보여 준, 나에 대한 신뢰는 만족스럽다. 니코는 1999년 뉴욕 대학 출판부를 운영하면서 나의 첫 번째 책인 「저작권과 해적판Copyrights and Copywrongs」 판권을 인수했고, 우리는 종종 어떻게 다시 함께 일할 수 있을지 생각해 봤다. 이 프로젝트는 옳은 것 같았다. 나는 35년 이상 모든 것에 대한 데이비드의 판단을 믿어 왔다.

마크 워런이 나에게 이 책에 대한 생각을 말한 다음 날 아침, 나는 아내 멜리사에게 그녀의 어머니인 앤 헨릭슨Ann Henriksen에게 내가 사과해야겠다고 말했다. 앤은 수년간 나에게 페이스북이 우리에게 그리 좋지 않다고 말해 왔고, 페이스북의 사회적 비용이 개인적 가치를 초과했다고 말해 왔다. 나는 종종 그녀에게 반론을 펴거나 페이스북의 전반적인 효과가 무엇인지 말하기에는 너무 이르다고 말하곤 했다. 이제는 더 이상 너무 이르지 않다. 앤이 옳았다. 나는 항상 장모님 말씀을 새겨들어야만 한다. 그녀는 초등학교 교사로서 어린 학생들을 고무시키고 훈련시키는 데 일생을 보냈다.

나는 지금 소셜미디어를 비평하는 척 하고 있지만, 실은 소셜미디어에 빚을 지고 있다. 나는 온라인 데이팅 앱을 통해 아내 멜리사를 만

났는데, 그것은 21세기 초에 등장한 수많은 소셜 네트워크 사이트들의 초기 모델이다. 만약 그 사이트가 서로 다른 자기소개서 두 개를 연결하는 묘한 능력이 없었다면 우리는 결코 만나지 못했을 것이다. 멜리사와 나는 둘이 모두 아는 공통의 친구도 없었다. 6명을 거치면 세계의 누구라도 연결이 된다는데, 우리는 공통으로 아는 사람이 없는 상태였다. 우리를 엮어 줄 취미나 활동의 공통점도 없었다. 우리는 맨해튼의 다른 지역에 있는 완전히 다른 분야의, 다른 대학에서 일했다. 지하철도 다른 노선을 탔다. 멜리사와 함께하는 멋진 삶은 인터넷 기반의 소셜 네트워킹 사이트에 의해 가능해졌다.

내 딸 자야Jaya는 몇 년 동안 우리 부부의 소셜미디어 사용 습관을 감수해 왔다. 모든 전자기기를 음식 가까이에 오지 못하게 하자는 것은 일곱 살 난 자야의 발상이었다. 그리고 우리 중 누군가가 휴대폰에 너무 몰입해 그 순간에 주의를 기울이지 못하는 때, 가장 먼저 불평을 한 사람도 그 아이였다. 자야는 인스타그램과 스냅챗을 하루에 단 몇 분만 사용하기로 스스로 규칙을 정했다. 그녀도 그룹 문자 메시지와 페이스타임 대화를 이미 시작했기 때문에, 그런 정신력이 나머지 청소년기를 버텨 내고 살아남을 수 있을지 확신할 순 없다. 하지만 그녀는 소셜미디어의 유혹에 대해 멜리사나 나보다 강하다. 어른들 사이에서 자신을 표현하려는 자야의 의지, 그리고 중요한 문제에 대한 사려 깊은 그녀의 태도가 가장 자랑스럽다.

나의 첫 번째 책처럼 이 책을 나의 부모님께 바친다. 미 대법원이 갈색 피부를 가진 사람이 백색 피부를 가진 사람과 결혼할 수 있다는 판결을 내리기 2년 전인 1965년 어느 날, 아칸소 주 리틀록Little Rock에서 이민자 출신 과학자와 미 해군 장교 자녀가 기회를 잡았다. 그들은 외국인 혐오증, 인종 차별, 그리고 어리석음이 자신들을 방해하도록 내버려 두지 않았다. 그들은 삶을 건설했고, 이 나라의 나머지 사람들이 자신들을 따라하게 했다. 미국 시민정신과 정체성이 위태로운 이 순간, 그들의 결합은 이 나라가 다다를 수 있는 최상의 것들을 대표한다. 그들이 진정한 애국자이다.

주

1 Mark Zuckerberg, "Building Global Community," Facebook, February 16, 2017, https://www.facebook.com/notes/mark-zuckerberg/building-global-community/10154544292806634.

2 William Easterly, "Democracy Is Dying as Technocrats Watch," *Foreign Policy*, December 23, 2016, https://foreignpolicy.com/2016/12/23/democracy-is-dying-as-technocrats-watch; Siva Vaidhyanathan, "Facebook Wins, Democracy Loses," New York Times, September 8, 2017, https://www.nytimes.com/2017/09/08/opinion/facebook-wins-democracy-loses.html.

3 Sandy Parakilas, "We Can't Trust Facebook to Regulate Itself," *New York Times*, November 19, 2017, https://www.nytimes.com/2017/11/19/opinion/facebookregulationincentive.html.

4 Masha Gessen, "The Autocrat's Language," *New York Review of Books*, May 13, 2007, http://www.nybooks.com/daily/2017/05/13/the-autocrats-language.

5 Siva Vaidhyanathan, *The Googlization of Everything (And Why We Should Worry)* (Berkeley: University of California Press, 2012).

6 Neil Postman, *Amusing Ourselves to Death: Public Discourse in the Age of Show Business* (New York: Penguin, 2006).

7 Postman, *Amusing Ourselves to Death: Public Discourse in the Age of Show Business*.

8 Donna Freitas, *The Happiness Effect: How Social Media Is Driving a Generation to Appear Perfect at Any Cost* (Oxford: Oxford University Press, 2016).

9 Adam L. Alter, Irresistible: *The Rise of Addictive Technology and the Business of Keeping Us Hooked* (New York: Penguin, 2017).

10 David Kirkpatrick, *The Facebook Effect: The Inside Story of the Company That Is Connecting the World* (New York: Simon & Schuster, 2010).

11 Joseph Turow, *The Aisles Have Eyes: How Retailers Track Your Shopping, Strip Your Privacy, and Define Your Power* (New Haven, CT: Yale University Press, 2017); Joseph Turow, *The Daily You: How the New Advertising Industry Is Defining Your Identity and Your World* (New Haven, CT: Yale University Press, 2011).

12 Josh Constine, "Facebook Is Done Giving Its Precious Social Graph to Competitors," TechCrunch, accessed November 12, 2017, http://social.techcrunch.com/2013/01/24/my-precious-socialgraph.

13 Kashmir Hill, "Facebook Figured Out My Family Secrets, and It Won't Tell Me How," Gizmodo, August 25, 2017, http://gizmodo.com/facebook-figured-out-myfamily-secrets-and-it-wont-tel-1797696163.

14 Vaidhyanathan, *The Googlization of Everything*.

15 Lucy Townsend, "How Much Has the Ice Bucket Challenge Achieved?," BBC News, September 2, 2014, http://www.bbc.com/news/magazine-29013707.

16 Tim Wu, "Blind Spot: The Attention Economy and the Law," March 26, 2017, available at Social Science Research Network, https://papers.ssrn.com/abstract=2941094.

17 Mike Isaac and Scott Shane, "Facebook's Russia-Linked Ads Came in Many Disguises," *New York Times*, October 2, 2017, https://www.nytimes.com/2017/10/02/technology/facebook-russia-ads-.html.

18 Eli Pariser, *The Filter Bubble: What the Internet Is Hiding from You* (New York:Penguin, 2011).

19 Vaidhyanathan, *The Googlization of Everything.*

20 Elisa Shearer and Jeffrey Gottfried, "News Use Across Social Media Platforms 2017," Pew Research Center: *Journalism and Media*, September 7, 2017, http://www.journalism.org/2017/09/07/news-use-across-social-media-platforms-2017.

21 Philip N. Howard, *Pax Technica: How the Internet of Things May Set Us Free or Lock Us Up* (New Haven, CT: Yale University Press, 2015).

22 Frank Pasquale, *The Black Box Society: The Secret Algorithms*

That Control Money and Information (Cambridge, MA: Harvard University Press, 2015).

23 Rahul Bhatia, "The Inside Story of Facebook's Biggest Setback," *Guardian*, May 12, 2016, https://www.theguardian.com/technology/2016/may/12/facebook-free-basics-india-zuckerberg.

24 Clay Shirky, *Here Comes Everybody: The Power of Organizing Without Organizations* (New York: Penguin, 2008).

25 Clay Shirky, "The Political Power of Social Media: Technology, the Public Sphere, and Political Change," *Foreign Affairs* 90, no. 1 (2011): 28-41, http://www.jstor.org/stable/25800379.

26 Alexander Nix, "How Big Data Got the Better of Donald Trump," *Campaign*, February 10, 2016, http://www.campaignlive.co.uk/article/big-data-better-donaldtrump/1383025; Doward and Gibbs, "Did Cambridge Analytica Influence the Brexit Vote and the US Election?"

27 Carole Cadwalladr, "The Great British Brexit Robbery: How Our Democracy Was Hijacked," *Observer*, May 7, 2017, http://www.theguardian.com/technology/2017/may/07/the-great-british-brexit-robbery-hijacked-democracy.

28 Jonathan Zittrain, "Facebook Could Decide an Election-Without You Ever Finding Out," *New Republic*, June 1, 2014, https://newrepublic.com/article/117878/information-fiduciary-solution-

facebook-digital-gerrymandering.

29 Philip Bump, "How Facebook Plans to Become One of the Most Powerful Tools in Politics," *Washington Post*, November 26, 2014, https://www.washingtonpost.com/news/the-fix/wp/2014/11/26/how-facebook-plans-to-become-one-of-themost-powerful-tools-in-politics.

30 Eitan D. Hersh, *Hacking the Electorate: How Campaigns Perceive Voters* (New York: Cambridge University Press, 2015).

31 Steven Bertoni, "Exclusive Interview: How Jared Kushner Won Trump the White House," *Forbes*, November 22, 2016, http://www.forbes.com/sites/stevenbertoni/2016/11/22/exclusive-interview-how-jared-kushner-won-trump-the-white-house.

32 Craig Silverman, "Facebook's Russian Ads Disclosure Opens a New Front That Could Lead to Regulation," *BuzzFeed*, accessed September 7, 2017, https://www.buzzfeed.com/craigsilverman/facebooks-russian-ads-disclosure-opens-anew-front-that.

33 danah boyd, "Google and Facebook Can't Just Make Fake News Disappear," *Wired*, March 27, 2017, https://www.wired.com/2017/03/google-and-facebook-cant-just-make-fake-news-disappear.

34 Judith Donath, "Why Fake News Stories Thrive Online," *CNN*, November 20, 2016, http://www.cnn.com/2016/11/20/opinions/

fake-news-stories-thrive-donath/index.html.

35 David Rowan, "How BuzzFeed Mastered Social Sharing to Become a Media Giant for a New Era," *Wired*, January 2, 2014, http://www.wired.co.uk/article/buzzfeed.

36 Timothy P. Carney, "Study Showing 'Fake News' Beating 'Real News' Looks like Garbage," *Washington Examiner*, November 16, 2016, http://www.washingtonexaminer.com/study-showing-fake-news-beating-real-news-looks-like-garbage/article/2607626.

37 Margaret Sullivan, "It's Time to Retire the Tainted Term 'Fake News,'" *Washington Post*, January 6, 2017, https://www.washingtonpost.com/lifestyle/style/its-time-to-retire-the-tainted-term-fake-news/2017/01/06/a5a7516c-d375-11e6-945a-76f69a399dd5_story.html.

38 Caroline Jack, "Lexicon of Lies: Terms for Problematic Information," *Data and Society*, August 9, 2017, https://datasociety.net/output/lexicon-of-lies.

39 Jack, "Lexicon of Lies: Terms for Problematic Information."

40 Seva Gunitsky, "Corrupting the Cyber-Commons: Social Media as a Tool of Autocratic Stability," October 6, 2014, available at Social Science Research Network, https://papers.ssrn.com/abstract=2506038.

41 Lauren Etter, Vernon Silver, and Sarah Frier, "The Facebook Team Helping Regimes That Fight Their Opposition," *Bloomberg*, December 21, 2017, https://www.bloomberg.com/news/features/2017-12-21/inside-the-facebook-team-helpingregimes-that-reach-out-and-crack-down.

42 Sean Williams, "Rodrigo Duterte's Army of Online Trolls," *New Republic*, January 4, 2017, https://newrepublic.com/article/138952/rodrigo-dutertes-army-online-trolls; Pia Ranada, "Duterte Says Online Defenders, Trolls Hired Only During Campaign," *Rappler*, July 25, 2017, http://www.rappler.com/nation/176615-duterte-online-defenders-trolls-hired-campaign.

43 Megha Rajagopalan, "This Country's Leader Shut Down Democracy-with a Little Help from Facebook," *BuzzFeed*, January 21, 2018, https://www.buzzfeed.com/meghara/facebook-cambodia-democracy.

44 Stevan Dojcinovic, "Hey, Mark Zuckerberg: My Democracy Isn't Your Laboratory," *New York Times*, November 15, 2017, https://www.nytimes.com/2017/11/15/opinion/serbiafacebook-explore-feed.html.

45 Sheera Frenkel, Nicholas Casey, and Paul Mozur, "In Some Countries, Facebook's Fiddling Has Magnified Fake News," *New York Times*, January 14, 2018, https://www.nytimes.com/2018/01/14/technology/facebook-news-feed-changes.html.

46 Catherine Trautwein, "Facebook Free Basics Lands in Myanmar," *Myanmar Times*, June 6, 2016, http://www.mmtimes.com/index. php/business/technology/20685-facebook-free-basics-lands-in-myanmar.html; Philip Heijmans, "The Unprecedented Explosion of Smartphones in Myanmar," *Bloomberg*, July 10, 2017, https:// www.bloomberg.com/news/features/2017-07-10/the-unprece-dented-explosion-of-smartphones-in-myanmar.

47 Michael Safi, "Aung San Suu Kyi Defends Her Handling of Myanmar Violence," *Guardian*, September 7, 2017,http://www.the-guardian.com/world/2017/sep/07/aung-san-suu-kyi-defend-shandling-myanmar-violence-rohingya.

48 Tarleton Gillespie, *Custodians of the Internet: Platforms, Content Moderation, and the Hidden Decisions That Shape Social Media* (New Haven, CT: Yale University Press, 2018); Sarah T. Roberts, "Content Moderation," Department of Information Studies, University of California, Los Angeles, February 5, 2017, http://es-cholarship.org/uc/item/7371c1hf.

49 Hannah Arendt and Margaret Canovan, *The Human Condition* (Chicago: University of Chicago Press, 1998); Elisabeth Young-Bruehl, *Why Arendt Matters* (New Haven, CT: Yale University Press, 2006).

50 Siva Vaidhyanathan, *The Anarchist in the Library: How the Clash Between Freedom and Control Is Hacking the Real World and Crashing the System* (New York: Basic Books, 2004).

51 Neil Postman, *Technopoly: The Surrender of Culture to Technology* (New York: Knopf, 1992).

52 Douglas Rushkoff, "Why I'm Quitting Facebook," *CNN*, accessed June 8, 2017, http://www.cnn.com/2013/02/25/opinion/rushkoff-why-im-quitting-facebook/index.html.

53 Nicholas Thompson, "Social Media Has Hijacked Our Minds. Click Here to Fight It," *Wired*, July 26, 2017, https://www.wired.com/story/our-minds-have-been-hijacked-by-our-phones-tristan-harris-wants-to-rescue-them.

54 Michael Zimmer, "The Zuckerberg Files: A Digital Archive of All Public Utterances of Facebook's Founder and CEO, Mark Zuckerberg," accessed July 4, 2017, https://www.zuckerbergfiles.org.

55 Siva Vaidhyanathan, "The Rise of the Cryptopticon," *Hedgehog Review* 17, no. 1 (Spring 2015), http://www.iasc-culture.org/THR/THR_article_2015_Spring_Vaidhyanathan.php.

페이스북은
어떻게 우리를 단절시키고 민주주의를 훼손하는가

초판 1쇄 인쇄 2020년 5월 5일
초판 1쇄 발행 2020년 5월 10일

시바 바이디야나단 지음 | 홍권희 옮김

펴낸이 김연홍
펴낸곳 아라크네

출판등록 1999년 10월 12일 제2-2945호
주소 서울시 마포구 성미산로 187 아라크네빌딩 5층(연남동)
전화 02-334-3887   팩스 02-334-2068

ISBN 979-11-5774-664-4 03320